LA ORACIÓN EN LA PSICOTERAPIA

William R. Parker y Elaine St. Johns

La oración en la psicoterapia

Título de la obra en inglés: *Prayer can Change your Life*
Traducción: Hernando Flórez Arzayús

Portada: Julieta Bracho.estudio Jamaica

Primera edición en Terracota: octubre de 2020

ISBN: 978-607-713-255-4

© 2020, Editorial Terracota, SA de CV
Av. Cuauhtémoc 1430
Col. Santa Cruz Atoyac
03310 Ciudad de México

Tel. 55 5335 0090
www.editorialpax.com

Impreso en México / *Printed in Mexico*

2024 2023 2022 2021 2020
5 4 3 2 1

Índice

Introducción 9

Capítulo I. Experimentos sobre la oración 17
¡Usted tiene que mostrármelo! 18
Los conejillos de Indias 23

Capítulo II. Midiendo el poder de la oración 23
Los grupos de control 24
La medida científica y sus usos 31
Lo que revelan las pruebas psicológicas 33

Capítulo III. Examen de los resultados 41
Panorama de los resultados 41
Casos individuales 42
Límites de la oración y la psicología 48

Capítulo IV. El reino interior 53
La llave del reino 55
El hipnotismo y el inconsciente 57
Acerca de nuestro poder oculto 60

Capítulo V. Los cuatro demonios 63
El círculo vicioso 63
El temor: el esqueleto en el armario 64
Temor de fracasar 67

Temor a la sexualidad 68
Temor a defenderse 68
Temor de confiar en los demás 69
Temor de pensar y temor de hablar 69
Temor a la soledad 70
Culpabilidad normal y anormal 71
Sentimientos de inferioridad 75
El amor mal orientado (el odio). 77

Capítulo VI. El poder curativo 81
¿Qué es Dios? 81
¿Dónde está Dios? 83
El poder del amor vs el poder de la muerte 84
El mandamiento del amor 87

Capítulo VII. Cómo alcanzar la meta del vencedor 91
Primera actitud: el lebrel del cielo 91
Segunda actitud: Amo porque amo 93
Tercera actitud: comenzando por nuestra propia casa 95
Cuarta actitud: ángeles disfrazados 97
La curación de naciones 102

Capítulo VIII. Cómo expulsar los demonios 107
Enséñanos a orar y que sobrevengan señales manifiestas 107
Hacer de la oración una actividad de todos los días 109
Hacer de la oración un acto de entrega 111
Hacer de la oración algo positivo 115
Hacer receptiva la oración 121

Capítulo IX. Las señales subsecuentes 129
De todas maneras lo sabe 131

Capítulo X. Ulteriores experimentos 135
Lo que hemos aprendido 137

Capítulo XI. Cómo llegar a ser honesto consigo mismo 145
Preludio a la oración 145
El reconocimiento de nuestros mecanismos de defensa 148

Signos inequívocos 154

CAPÍTULO XII. TÉCNICAS PARA EL CONOCIMIENTO DE SI MISMO 163
Lo que estamos valorando 164
Mirando en todas direcciones 165
La culpabilidad 167
Los sentimientos de inferioridad 168
El odio 169
Encarando las exigencias de la vida 173

CAPÍTULO XIII. LA TERAPIA DE ORACIÓN COMO ACTIVIDAD COTIDIANA 177
Reedificando un reino armonioso 178
Ruptura de viejos hábitos 180
Hacia la instauración de nuevas pautas de conducta 183

CAPÍTULO XIV. ADELANTE Y HACIA ARRIBA 187
Diez peldaños hacia una vida plena y más rica 187
El hombre perfecto 196

CAPÍTULO XV. SABIDURIA ANTIGUA Y MODERNA 201

AGRADECIMIENTOS, SUGERENCIAS BIBILOGRÁFICAS 221

Introducción

La oración puede cambiar su vida en cualquier tiempo, en cualquier lugar y en cualquier edad. Puede curar sus enfermedades, renovar su mente y su cuerpo, calmar las tempestades del vivir cotidiano superando el miedo y el dolor que se levantan amenazadores y aun las lloviznas que sobrevienen a diario en las relaciones humanas y que constantemente agitan nuestra barca y nos hacen mirar el mundo a través de una niebla deformante.

Estas no son palabras dulces ni filosofía sentimental. He probado esta verdad en mi propia experiencia personal más allá de las sombras de la duda. Puedo afirmar con autoridad que, si usted puede, y quiere, seguir las técnicas sencillas aquí indicadas, también usted puede comprobarla. La ayuda que usted puede lograr mediante la oración tan solo depende de la capacidad de la copa que usted presente para que se le llene.

Puedo reafirmar que, en condiciones de estricto rigor científico, lejos del incienso o de cualquier fuerte sugestión emocional, he visto sus resultados benéficos. En el ambiente investigativo de clase hemos realizado experiencias acerca de la oración, en condiciones que satisfacen todas las exigencias del hombre "científico" moderno.

Nuestras investigaciones han dado como resultado una clave. Esta descubre el acceso a técnicas específicas, y mediante estas técnicas pudimos probar que la oración no es simplemente un suplemento para otras formas de tratamiento, ni una especie de muleta que da apoyo y valor, sino que puede ser el instrumento más importante en la reconstrucción y rehabilitación de una personalidad.

Traduciendo sencillamente este lenguaje académico podemos decirlo una vez más: "La oración puede cambiar su vida."

Durante los últimos cinco años nuestros experimentos en la universidad de Redlands han probado que la oración puede producir una renovación, un renacimiento, que los hombres y mujeres *pueden* "convertir en hermosura las cenizas", liberarse de los temores, la depresión, el abatimiento y las dificultades conyugales. Hemos presenciado curaciones físicas dramáticas en que el tartamudeo, la artritis, los continuos dolores de cabeza, la presión arterial alta, han cedido ante el poder de la oración. Un profesor retirado a causa de la tuberculosis, pudo volver a enseñar. Una mujer, que había sido sometida a una intervención quirúrgica cerebral, debido a los ataques epilépticos que padecía, encontró una completa liberación en el transcurso de nuestras clases.

Aun más alentador que estas mejorías espectaculares fue la paulatina adaptación a la vida, logrando disfrutar de una "vida más abundante", de una alegría y una paz *precisamente ahí donde se está*, y esto en individuos que estaban convencidos de que solo un millón de dólares, la desaparición de la suegra, un nuevo esposo, o un tratamiento turístico (preferiblemente en las cercanías de París o de Roma), podían hacer de sus vidas una experiencia realmente satisfactoria.

Para aquellos que fueron liberados de angustias y temores nerviosos, parecía milagroso descubrir que el reino de los cielos está exactamente donde Jesús de Nazaret dijo que se hallaba: dentro de nosotros mismos. Nuestra clave devuelve a cada hombre el poder de disfrutar su propia vida, liberándolo de la tensión y frustración que implica el tener constantemente que pedir a alguien afuera que le otorgue la propia felicidad.

La combinación de esta clave con técnicas específicas de oración la hemos denominado terapia de oración. El propósito de este libro es revelar esta clave, detallar nuestros experimentos e indicar precisamente cómo la oración fue aplicada a nuestros problemas individuales siguiendo las enseñanzas de quienes han sido verdaderos maestros de la oración. Los nombres reales se han cambiado por discreción, pero los casos que se relatan son verídicos. Los resultados son innegables. Así como la terapia de oración funcionó y fue efectiva para nosotros, así también lo puede ser para usted.

Si usted ora y no experimenta el correspondiente aumento en lo referente a alegría, paz y aprecio por la vida, es que usted ora inadecuadamente. De esto nosotros llegamos a convencernos, sin ninguna autocondenación, cuando nuestro experimento inicial proporcionó fuertes indicaciones de que lo mismo puede decirse sinceramente de gran parte del mundo cristiano. El poder de la oración se ha mantenido constante en los últimos 2000 años. Jesús de Nazaret, la persona que ha orado con más fuerza y que es reconocido como Maestro por todos los cristianos, estableció ciertas reglas y principios acerca de la oración. Él afirmó que siguiéndolos se obtendrían determinados resultados. Una vida más abundante, una paz que supera todo entendimiento, una salud, una integridad, una plenitud de gozo, un amor perdurable.

Durante un cierto tiempo sus discípulos (o estudiantes), siguiendo sus enseñanzas, continuaron orando en forma eficaz. Pero parece que en alguna parte algún error u obstáculo se interpuso entre los principios y la práctica. La respuesta no se obtuvo con seguridad; los resultados no se presentaron.

Si nos atrevemos a mirar a nuestro alrededor en la actualidad, sin los parpadeos de la superstición, podemos llegar a uno de tantos aspectos de la oración. Parecía que esta no estuviese produciendo muy buenos frutos. Existe muy poca paz, alegría y plenitud de vida en el mundo. Las explicaciones varían: primero, la oración no funciona en forma regular y de acuerdo con determinados principios sino que depende de un poder caprichoso que ejerce favoritismos e incluso puede ser sobornado... algunas veces; segundo, la oración es una ilusión y es totalmente ineficaz; tercero, la gente no ora, y cuarto, se realiza una oración inadecuada.

Nuestros experimentos prueban que las tres primeras afirmaciones son absolutamente falsas y que la cuarta es por lo general verdadera. Debemos recordar que los mismos discípulos del Maestro nunca le pidieron que explicara cómo hacer milagros, cómo multiplicar los panes y los peces, cómo encontrar dinero en la boca de un pez, cómo resucitar a un muerto, no obstante lo conveniente que esto hubiera sido. Por el contrario, ellos hicieron una petición: "Enséñanos a orar."

Con esto comenzó nuestra clase. Ciertamente, ninguno de nosotros fue un experto en la oración desde el comienzo.

Nadie puede decir sinceramente que la oración sea un asunto que no le atañe. La oración nos interesa a todos. Entendida adecuadamente, constituye un punto focal de nuestra vida personal. Alguien ha dicho : "Usted es lo que usted come". Nosotros descubrimos que "usted es lo que usted ora", sépalo o no. Lo que hizo Hitler fue su oración. Lo que ha hecho Alberto Schweitzer es su oración. Pero ocurre que la oración no era parte de mi profesión.

Como profesión, yo soy un profesor universitario, un psicólogo, un especialista en patología del lenguaje y la dicción. En nuestra clínica yo estaba interesado en curar pero, hasta hace unos siete años, yo no tenía ningún interés particular en la conexión que existe entre la terapia y la oración.

Yo iba a la iglesia, con regularidad pero sin mucha devoción. Yo oraba convencionalmente, más bien con una actitud de respeto que con la esperanza de que la oración pudiera cambiar o mejorar las cosas, tanto dentro de mí como a mi alrededor. Confieso que honestamente nunca me preocupé de que hubiese algo en mí que necesitase un cambio. Las cosas seguían la corriente con una calma superficial. Luego me apareció una úlcera.

Exteriormente la vida a la que volví después de la segunda guerra mundial era ideal... el territorio universitario de Redlands era sereno, mi trabajo era satisfactorio, mi esposa y mis hijas pequeñas eran perfectas. No había ningún conflicto o tensión manifiesta. Sin embargo, padecía yo de síntomas que obviamente tienen sus raíces en desajustes de la personalidad.

Habiendo sido entrenado para reconocer que de los síntomas es preciso pasar a diagnosticar sus causas, me sometí a una serie de pruebas psicológicas las cuales revelaron que yo estaba siendo víctima de los cuatro grandes agitadores de la personalidad: el odio, el miedo, la inferioridad y la culpa. En mi caso se acentuaba sobre todo una forma de odio conocida como hostilidad encubierta. La úlcera resultante era innegablemente dolorosa. Era igualmente innegable que yo no podía enfrentarme a esta dolencia de forma adecuada. El tratamiento normal sería el diván del psicoanalista y 25 dólares por sesión. Evidentemente yo no podía sostener a la vez a una psicoanalista y a una familia en aumento. Pero tampoco podía dejar que emociones nocivas hiciesen estragos en mi mente y en mi organismo. Estaba claro que yo debería liberarme de esa hostilidad. Pero ¿cómo? Decir: "Deja de ser hostil, lo que necesitas es amor", era para mí lo mismo que decir: "Ya no sufras más, lo que necesitas es salud" o "No te preocupes, lo que necesitas es fe".

De hecho, cuando se consulta la opinión de personas expertas y se halla que algún demonio, grande o pequeño, destroza la vida cotidiana de casi toda una población de adultos, saber cómo se puede uno liberar de cualquier variedad de los cuatro grandes enemigos antes de que el daño mental o físico se produzca, se convierte en la pregunta del millón de dólares.

En la actualidad, clérigos, médicos, psicólogos y psiquiatras saben que muy pocos individuos se libran de la confusión mental, de conflictos internos, de tensiones crecientes, de difíciles relaciones humanas. Aunque los síntomas orgánicos quizá no aparezcan, se ha probado hasta la saciedad que el miedo y sus parientes (el odio y el rencor) alteran el ritmo normal de la salud y bloquean los poderes curativos. Ambas cosas obnubilan la mente y una mente así engendra la confusión.

Cuando estas emociones se intensifican producen trastornos orgánicos. Un famoso médico, que fue profesor de ética social en la Escuela de Medicina de Harvard, afirmaba que 75% de la labor curativa de los médicos podría hacerla un pastor religioso. Muchos médicos internistas consideran que entre 50 y 75% de los pacientes que solicitan tratamiento médico no sufren realmente de algo orgánico. En tales casos se pueden aliviar los síntomas. Una curación permanente en el campo de la medicina psicosomática implica el tratamiento de todo el hombre: cuerpo, mente y espíritu.

Estados Unidos tiene, per cápita, mayor número de casos de enfermedades mentales graves que cualquier otra nación del mundo. De cada 20 americanos, uno puede estar seguro de llegar a estar recluido en alguna institución mental. Si se considera el alcoholismo como una obsesión de la mente, de cada cinco familias una tendrá que hacer frente directamente a casos de trastorno mental.

En este panorama, una terapia que pueda producir una mejoría de nuestra personalidad, que ejerza un poder curativo sobre la mente, será indudablemente de un gran beneficio para el hombre integral. Terapia, según la definición de Webster, es "aquello relacionado con el arte de curar. Curativo. Que posee cualidades que sanan".

Llegué a preguntarme, cuando tenía problemas personales, si la oración, específicamente aplicada, entraría dentro de esta definición y cumpliría lo que promete. Decidí probarlo.

Mi primera sorpresa la tuve cuando me di cuenta de cuán poco sabía yo acerca de la oración. La segunda fue cuando me detuve a considerar cuál era mi concepto de Dios. ¿A qué o a quién oraba yo? Cuando comencé me sentí como el niño a quien su madre encuentra "pintando el retrato de Dios".

"¡Pero, hijo! —dice ella—. Nadie sabe cómo es Dios".

"Espera, mamá —responde él— ya lo sabrás cuando yo haya terminado". Yo no sabía qué "retrato" de Dios resultaría de mis esfuerzos. Mi primer encuentro con la oración fue buscar a tientas sufriendo varios tropezones. A pesar de esto, al cabo de tres meses yo no sufría ya de la úlcera y tenía una nueva visión de la vida. No podía quedarme ahí. Era un reto para mí, como hombre. Como científico, quería controlar los resultados, explorar y perfeccionar las técnicas que tan solo había vislumbrado fugazmente en mi experimento personal.

Así, pues, en 1951, en la Universidad de Redlands llevamos a cabo, en condiciones de rigor científico, el primer experimento controlado acerca de la oración como una terapia específica o un factor curativo. Nos vimos enfrentados a una serie de problemas específicos. Tuvimos que adoptar métodos para combinar todos los conocimientos disponibles en este campo. Encontramos cómo poder evolucionar del miedo hasta la fe; cómo manejar el odio, tan destructivo en cualquiera de sus formas, y tan extendido en la actualidad; cómo amar a nuestros enemigos, al jefe, a los parientes, a aquellos que nos persiguen; cómo transformar la inferioridad en estimación de sí mismo, la culpabilidad en tolerancia y en perdón; en fin, cómo llegar al aprecio y a la evaluación honesta de cada uno de nosotros como un hijo del hombre y un hijo de Dios.

Una señora que entró a las clases cuando su marido, de acuerdo con el dictamen médico, tenía tan solo seis meses de vida, se enfrentó valerosamente a las amenazas de muerte y al reto de la vida. Cinco años más tarde su esposo vivía aun bueno y sano, y los médicos no hallaban explicación posible. "En cierto sentido, ambos hemos muerto", decía la señora. "Hemos muerto a nuestra manera antigua de ver las cosas y la vida; se podría decir que ambos hemos renacido."

¿Hemos hallado acaso, para nosotros y para nuestros hijos, un antídoto contra las fuerzas emocionales destructoras? Hemos encontrado que la respuesta está en la oración y que la terapia de oración es un medio preventivo tan seguro y efectivo como la vacuna contra la viruela.

Un universitario joven y ambicioso, jugador de football y líder estudiantil, ingresó a nuestra terapia de oración porque, como él decía de manera franca y un tanto cínica, no quería perder una apuesta acerca de "si la oración tenía algún poder". El joven tenía sus propias opiniones. "Yo pensaba que aquello quizás arrullaría y calmaría a una mujer", dijo él después. "Pero ¿podría acaso realizar algo concreto? Fui para observar los efectos de laboratorio en los otros... conejillos de Indias."

Su sorpresa fue tremenda cuando los principales efectos se vieron en él mismo, cuando experimentó lo que el contacto con este poder nuevo y real producía en la renovación de su vida. "El encuentro con este poder, dentro de un ambiente de libertad, comunica una inmensa esperanza y da un nuevo significado a cada existencia individual."

Nuestro trabajo es diferente no solo en cuanto al enfoque sino en cuanto al énfasis. Diferentes grupos religiosos se han esforzado por asimilar la psicología y demás ciencias afines referentes a la personalidad. Pero se ha puesto tal énfasis en las "ologías", tanto en la terapia individual como en la de grupo, que en muchos casos se ha llegado a la conclusión errada de que el *poder* radica en este tipo particular de terapias.

Nuestros experimentos prueban que el *poder* radica en *Dios*. Nadie en nuestras clases recibió ayuda o fue curado por el poder del grupo, la aplicación de la psicología, ni por mí mismo como director. El trabajo se cumplió durante las "tareas" asignadas entre las reuniones de cada semana. Estas reuniones tuvieron como objeto estudiar y compartir. Descubrimos que la oración había que practicarla con toda honestidad. La oración es como un puente, ya que el poder curativo radica en ese Dios de amor que cada estudiante debe encontrar "al entrar en su habitación y cerrar la puerta".

Cuando los primeros informes de nuestros experimentos fueron publicados, los resultados estaban aun incompletos. Todavía centenares de personas escribían, telegrafiaban o llamaban por teléfono diciendo que deseaban venir inmediatamente para recibir instrucción. Lamentamos tener que rechazarlas pues no era este nuestro plan y superaba nuestras posibilidades. Nuestro trabajo se orientó más hacia la investigación, la experimentación y el control de resultados, y este trabajo ha ido creciendo y extendiéndose. Actualmente otros experimentos, basados en el nuestro, se están efectuando en universidades de Estados Unidos y de Inglaterra. Nadie puede predecir qué puede suceder si en esta ciencia, que contiene uno de los potenciales más extraordinarios, se lleva a cabo una investigación tan abundante, cuidadosa y objetiva como se ha realizado en las ciencias físicas. ¿Dónde estaríamos hoy en día si la investigación espiritual hubiera ido de la mano con otras investigaciones durante los últimos dos mil años?

Sabemos por más de 10 000 cartas recibidas, la mitad de ellas escritas por hombres y muchos de ellos profesionales, cuán agudo es el deseo de mayor conocimiento y lucidez. Este no es un libro de clase. No es un libro académico. Es sencillamente el informe de nuestro trabajo, un humilde ofrecimiento con el deseo de compartir gozosamente la luz que nos fue otorgada y que constituye, en verdad, un arte de curar, una terapia adaptada a toda edad, a todo problema y a toda condición.

¡Y la ofrecemos gratuitamente a todos!

William R. Parker
Redlands, California

Este libro está dedicado con aprecio y gratitud al grupo original de la terapia de oración, a esos quince voluntarios, "conejillos de Indias", cuyos esfuerzos precursores para probar y validar el poder de la oración hicieron posible este libro.

Capítulo I.
Experimentos sobre la oración

Hace algunos años, cuando nos enfrentábamos a uno de los primeros problemas de nuestra investigación, el humorista Will Cuppy hizo un comentario muy interesante sobre "Cómo llegar a ser extinto". "Si el lector desea llegar a ser un extinto —decía el Sr. Cuppy— e insiste en enfrentarse a esta dificultad..." Muchos de los lectores pensarán probablemente que no existe ninguna dificultad al respecto. Según el Sr. Funk y el Sr. Wagnall, extinguirse es "apagarse, ahogarse, y por lo tanto estar inactivo, en desuso, gastado" y eventualmente "extinguido y exhausto". Como según esto extinguirse es todo esto, el esfuerzo no parece merecer la pena.

Sin embargo, cada día, cada hora y cada año muchos de nosotros hacemos incontables esfuerzos y gastamos una cantidad considerable de energía solamente para resultar con que nos colocamos "fuera de combate, nos tornamos inactivos, agotados" y, en casos extremos, nos limitamos y paralizamos en forma tal que prácticamente la fuerza de la vida se "extingue". Nos convertimos en inútiles, viejos prematuros, preocupados, temerosos, enfermos o simplemente confusos e inseguros de que esta vida tenga en realidad algún sentido. Si queda alguna esperanza será para "mañana". Si pensamos que hay algo en el futuro y somos optimistas, quizá miremos hacia el cielo, nuevamente mañana, o algunos días y años pasado mañana.

Obviamente nadie desearía deliberadamente marchar hacia su extinción. Sin embargo, es imposible detenerse. Nos movemos en alguna dirección. Si no experimentamos una vida más abundante cada día, podemos estar seguros de que nos estamos alejando de la vida y es igualmente cierto que, a menos que cambiemos radicalmente nuestra dirección hoy mismo, no podremos mirar hacia adelante con esperanza. Lo hacemos ahora, hoy o nunca.

Esta convicción ha aparecido firmemente en una u otra forma, a lo largo de los siglos, en hombres que piensan profundamente. El apóstol Pablo insistía en que "Hoy es el día de la salvación". Más recientemente, el gran escultor Augusto Rodin se quejaba: "Yo no entiendo por qué exigimos otra vida, si no hemos aprendido a disfrutar y entender esta enteramente." Blaise Pascal dijo esto mismo con gran claridad: "Si miramos siempre hacia el futuro para poder ser felices, es inevitable que nunca llegaremos a serlo". Según estos pensadores, la plenitud de la vida es algo que nosotros podemos comenzar a descubrir ¡hoy mismo!

Luego, la pregunta importante es, ¿cómo? ¿Cómo podemos cambiar nuestra dirección y marchar con serenidad, bienestar físico, mente sana y propósito lúcido, hacia una vida más abundante? ¿Cómo podemos comenzar a comprender y disfrutar nuestra existencia de cada día?

Al percibir la urgencia de estos interrogantes, hombres de diversas especialidades se han esforzado por responder de la mejor manera posible. Clérigos, filósofos, psiquiatras, psicólogos y, a su manera, hipnotizadores, astrólogos, espiritistas, todos sinceramente ofrecen sus teorías y promesas. "Sígame." "Pruébame." "Coma... bébame..." hasta que el confuso investigador se siente un poco como "Alicia en el país de las maravillas" probando primero esto, luego aquello, añadiendo teoría a teoría, confusión a confusión, hasta que la situación de la persona se convierte en peor que la anterior.

¡Usted tiene que mostrármelo!

Puesto que este libro dará algunas respuestas definidas a estas preguntas, puesto que estas respuestas se apoyan en experimentos científicos, exactos y mensurables, el primer paso consiste en indicar por qué osamos reivindicar para la oración un poder salvador y terapéutico tal como lo descubrimos en el experimento de nueve meses que llevamos a cabo en la Universidad de Redlands.

Un banquero retirado que había oído hablar de nuestra investigación y estaba interesado en ingresar al siguiente curso de terapia de oración, solicitó una entrevista para hablar conmigo. Había estado hablando con un miembro del grupo original de terapia de oración, quien le aseguro que nuestras técnicas de oración, además de ser una clave que ofrecía la psicología, habrían de "curar sus enfermedades, renovar su mente y su cuerpo, calmar las tempestades de su vida diaria". En síntesis, lo llevaría a un reino de vida abundante, de paz que supera todo entendimiento, aquí y ahora. Él necesitaba todas estas cosas. Exteriormente, materialmente, esta necesidad no era muy manifiesta. Un hombre muy digno y controlado, el mencionado señor parecía poseer todo lo necesario para constituir un verdadero éxito. Sin embargo, su esposa estaba a punto de separarse de él, sus relaciones con su hijo único eran lamentables, su riqueza acumulada carecía de significado, y los años gastados en adquirirla parecían años perdidos.

Su tragedia, como la de muchos de nosotros, no era precisamente la de que estuviera a punto de ser recluido en un hospital o en un asilo para dementes, sino la de que, como una persona normal e inteligente, estuviese soportando una vida de "tranquila desesperación". Cuanto más buscaba y se esforzaba por hallar una respuesta, tanto más abatido retornaba, desconfiando de cualquier nueva solución. Aunque este banquero se adhería a una fe en un principio que él llamaba Dios, había llegado en realidad a un escepticismo respecto de las diferentes normas de acercarse a Él.

"¿Usted recuerda —me decía, sentado tranquilamente en mi oficina durante nuestra entrevista— un discurso pronunciado por un senador, hace un siglo, en un banquete naval en Filadelfia? Él dijo: 'Yo vengo de un estado en el que se cultiva el maíz, el algodón y… la elocuencia espumosa ni me convence ni me satisface. ¡Yo soy de Missouri! ¡Ustedes tienen que mostrármelo!'"

Nadie —dijo— recuerda hoy si el senador William Duncan Vandiver se refería a una máquina para hacer dinero o a una medicina por patentar, o a una nueva filosofía. "Y yo soy de Arizona", agregó. "Sin embargo, yo he ensayado la máquina de hacer dinero, muchos medicamentos patentados y un par de nuevas filosofías. He buscado seriamente ayuda en la oración. He consultado psiquiatras. Ya estoy cansado. El amigo que me envió acá me dijo que probablemente yo había estado 'orando erróneamente'. ¿Qué le hará pensar así? Él dice que la psiquiatría no profundiza suficientemente. ¿Cómo lo sabrá? El piensa que la terapia de oración es lo que yo necesito. O usted posee una proposición revolucionaria que merezca toda mi atención, o usted tan solo ha aumentado la inundación mundial de 'elocuencia espumosa'. Bien, yo estoy en buena disposición, ¡pero usted tiene que demostrármelo!"

Lejos de molestarme, me di cuenta de que este era el único acercamiento saludable. Espero que usted, leyendo estas páginas, lo comparta. Exactamente en este espíritu se llevó a cabo el experimento original.

En lo que a mí respecta, he tenido una experiencia personal y he experimentado una curación efectiva y convincente. Yo no puedo dudar de la realidad del poder que vino en mi ayuda, o del método que se me fue revelando, ante mis esfuerzos vacilantes y mis tanteos, ¿pero podría esto repetirse? ¿Puede acaso comprobarse? ¿Se basa en un principio?

Soy un profesor universitario, un animal entrenado académicamente. Aun en el campo de la religión y la oración, por tanto tiempo aislado supersticiosamente de lo que pueda constituir un estudio y comprobación científica, estoy seguro de que muchas personas que buscan honestamente en todos los estados de la Unión Americana, incluyendo Missouri, recuerdan las palabras de Santiago: "La fe sin obras está muerta". El mismo Cristo afirmó que "estas *señales* las harán aquellos que crean..." en el poder de expulsar los demonios, de curar a los enfermos.

Una famosa periodista caminaba recientemente en Nueva York y vio casualmente grabadas en una lápida de una iglesia muy elegante las instrucciones que Jesús dio a sus discípulos: "Curad a los enfermos, resucitad a los muertos, limpiad a los leprosos, arrojad los demonios" (Mat. 10, 8). De repente, ella se dirigió a la casa cural y solicitó ver al párroco.

"Vi su anuncio", dijo ella. "¿En verdad es usted capaz?"

"¿Anuncio?", preguntó el desconcertado señor. "¿Capaz yo? ¿De qué?"

"¿Es usted capaz de curar a los enfermos, resucitar a los muertos, limpiar a los leprosos y arrojar los demonios? Si usted no es capaz, entonces no haga tal propaganda."

Ella no pretendió hacer un despliegue de ingenio o de sarcasmo. Fue como preguntarse honestamente si esas "señales" acompañan realmente a la persona que cree. En una ocasión discutimos, mi amiga y yo, la afirmación de que 75% de la labor curativa de los médicos la podría hacer el pastor realigioso. Porque ella creía que, precisamente por querer creer, se estaba enfrentando a un reto. Una búsqueda de algo sólido en qué creer, y una incapacidad de aceptar promesas vacías, según la índole predominante de nuestro tiempo. Según esta mentalidad, cuando se nos ofrece un nuevo concepto, la reacción es inmediata: "Pruébeme que eso vale la pena que yo lo investigue. Si usted es capaz, dígame simplemente y sin espumas ni elocuencia, cuál es su técnica y cómo la puedo usar yo".

Esta es una proposición directa, honesta. Exige una respuesta directa, honesta, a esos puntos, exactamente como han sido formulados. Y es este precisamente mi plan en este libro: ofrecer primero una prueba de que la terapia de oración puede cambiar vidas, que en un principio ha sido efectiva, y que nuestros experimentos indican en dónde está el *defecto* de la oración tal como la mayoría de nosotros la practicamos habitualmente, y qué le *falta* a la psicología sin la oración.

Solucionadas estas preguntas, usted, que está buscando, puede tener una mente abierta, una confianza honesta y una benevolencia hacia la simple exposición que se desprende de lo que es la terapia de oración y cómo puede emplearse en la vida personal.

Los conejillos de Indias

Si el experimento sobre la oración que iniciamos en la Universidad de Redlands en septiembre de 1951 pretendía probar algo, debía ofrecer resultados mensurables. Así los "conejillos de Indias" que participaron fueron, en gran parte, "el cojo, el lisiado y el ciego", un corte transversal de la humanidad ordinaria que sufre en algún grado desórdenes de la mente y del cuerpo. Cuanto peor fuese la condición de las personas, tanto más obvios serían los resultados. El grupo total se limitó a 45 voluntarios, de los cuales las dos terceras partes se seleccionaron deliberadamente para que no proviniesen de la misma universidad sino de las poblaciones y ciudades vecinas. Había amas de casa, trabajadores metalúrgicos, rancheros, mujeres muy refinadas, profesores, comerciantes, un clérigo, un artista… ricos, pobres, jóvenes de 22 años y personas mayores de 60 años.

Algunos venían recomendados por médicos, por clérigos, por amigos, o simplemente porque habían oído hablar de nuestro proyectado experimento y estaban interesados en participar.

Hay que aclarar que ninguno, excepto el clérigo (su fracaso en poner a "trabajar" su teología se considerará adelante), era teólogo, o filósofo, o estudiante de psicología, estaba interesado en discusiones de grupo, ni en dogmas antiguos, ni en teorías nuevas. El nexo que los unía era el que cada uno de ellos tenía una necesidad bien definida a la cual buscaba solución con una mente muy abierta. ¡Querían resultados!

Es cierto que algunos creían efectivamente encontrar su remedio en la oración. Otros se inclinaban más hacia la psicoterapia. Había también quienes no sabían qué creer ni siquiera si había algo en qué creer. Lo que sí sabían positivamente era que estaban en camino de volverse "inactivos, agotados" y aun "extintos". Unos tenían solo temores exagerados, amplias sombras de preocupación y depresión de las que nos persiguen a todos de tiempo en tiempo. Otros pertenecían a ese 50 o 70% de personas que buscan tratamiento médico cuando no hay ningún mal orgánico. Esto no hay que confundirlo con la hipocondría. Existen verdaderos síntomas y verdadero dolor, pero su naturaleza es psicosomática. Puesto que lo psicosomático significa sencillamente una enfermedad física inducida por factores emocionales, es obvio por qué el tratamiento médico puede tan solo aliviar esos síntomas. No se hizo ninguna recomendación en pro o en contra de algún tratamiento médico iniciado antes del experimento. Puesto que se reconocía que la causa tenía sus raíces en el individuo, en la integración de su personalidad, era preciso llevar la curación hasta allí y el tratamiento médico no interferiría en la exactitud de los resultados. No solo era humanitario permitir que el individuo estuviese cómodo en cuanto fuera posible, sino que nuestro propósito explícito era utilizar toda la sabiduría y ayuda que estuviese a nuestro alcance.

Evidentemente, fuera que sufrieran de visibles síntomas psicosomáticos, entre los cuales se incluyen las jaquecas, la artritis, la tuberculosis, los trastornos funcionales del corazón, la alta presión arterial, el acné, las alergias, o que sufrieran simplemente de fácil agotamiento nervioso, los 45 individuos se estaban alejando cada vez más de esa "vida victoriosa", la cual algún instinto inextinguible parece conservar en el hombre.

Este constituiría un material apropiado en el cual probar el poder de la oración cristiana. Entre las muchedumbres que seguían al carpintero de Nazaret, Jesús, quien estableció los principios de este poder, había siempre quienes clamaban pidiendo su curación corporal, o el que fuesen expulsados los demonios que atormentaban su mente. Y Él los curaba, arrojaba sus demonios y les prometía a "aquellos que creyeran" que ellos podrían hacer otro tanto; ¿fue esta una inútil promesa? ¿Se podría probar que constituye una posibilidad, incluso en nuestros días? Estas fueron preguntas que tuvimos que responder.

Capítulo II. Midiendo el poder de la oración

Si el hombre común y corriente ha llegado finalmente a un punto en el que dice francamente, "Usted tiene que probármelo", el mundo académico es aun más exigente. Para que cualquier experimento sea realmente válido en el ámbito científico, debe responder a las exigencias de comparación así como a la de resultados mensurables.

El punto de comparación fue un verdadero reto. Cada uno en su propio campo, el clérigo con la religión, el experto académico con su psicología, el médico especialista con su psiquiatría, han luchado por liberar al hombre de la creciente confusión mental, de sus conflictos y tensiones interiores, de las relaciones humanas enajenantes que producen mucho del mal que nos acosa.

Cada campo proclama victorias y derrotas, progresos y atrasos. Pero los muros de malas interpretaciones, de teorías y procedimientos, el celo por defender su propio territorio, parecen haber impedido el que unieran sus esfuerzos para resolver el problema común.

Algo parecido a la situación que Will Rogers encontró en Washington durante los fríos días de la depresión. Por todas partes hallaba debates, planes, esquemas, actividad, pero vio poca esperanza de aliviar "al compañero que está hambriento aquí y ahora". Will dijo: "Yo no pienso que haya alguien en Washington que no quiera darles de comer, pero lo quiere hacer cada uno a su manera".

Puesto que el grupo de terapia de oración se esforzaría por combinar los mejores descubrimientos de todas estas especialidades en un nivel universitario en el que habría libertad para mezclar y experimentar sin temor de ofender los derechos de esas barreras indefinidas que limitan el uso efectivo de todas, era preciso someterlo a riguroso escrutinio.

Así como hubo médicos, clérigos y psicólogos progresistas que recomendaron algunas personas para el experimento, hubo también reaccionarios que no ayudaron o se opusieron. Algunos clérigos objetaron la necesidad de ayuda psicológica en la oración ya que la confesión está a la disposición de todos. Unos cuantos psicólogos y psiquiatras, justamente orgullosos de los adelantos de sus procedimientos clínicos, objetaron el propósito de agregar religión.

Estos problemas tuvieron que ser resueltos. Algunos resultados supuestamente favorables se observaron en el uso de la terapia de oración (oración, adecuadamente entendida y practicada, y además psicología). ¿Quién, con toda honestidad, podría decir si el uso de la psicoterapia sola, sin ninguna oración, no hubiera podido dar aun mejores resultados? ¿O que la oración habitual de la persona devota, sin ninguna ayuda de la psicología o de nuestras técnicas, no hubiera podido dar una más rápida y complera solución al problema?

Académicamente se formularía la siguiente pregunta: ¿Se pudo acaso clínicamente probar, primero, la eficacia de la terapia de oración, y segundo (suponiendo que se haya probado su eficacia), comparar sus méritos con el plan de sola oración y el plan de sola psicología?

Las técnicas de laboratorio con ratas, ratones y verdaderos "conejillos de Indias" son bastante conocidas aun por los legos en estas materias. Si un científico quiere establecer los efectos relativos de una dieta de cereal más vitaminas, comparados con los de una dieta de solo cereal, se toma un grupo de conejillos de Indias llamado grupo de control y se le somete a una dieta de solo cereal, mientras el otro grupo recibe alimento fortificado y los resultados se observan cuidadosamente y se tabulan. Evidentemente un experimento acerca de la terapia de oración no puede ser menos completo y riguroso, y debe incluir grupos de control.

Los grupos de control

Con este propósito los 45 voluntarios fueron entrevistados y cuidadosamente divididos en 3 grupos iguales de 15 individues cada uno. Este número nos pareció lo suficientemente amplio para indicar una fuerte tendencia, y a la vez relativamente pequeño para poderlo manejar en forma efectiva.

Grupo I-15—Psicoterapia.
Grupo II-15—Oración común y corriente.
Grupo III-15—Terapia de oración.

Al grupo I se le proporcionó lo mejor que la psicología puede ofrecer en *counseling* o consejo individual, una vez por semana, para aclarar y curar desórdenes emocionales. No se hizo mención alguna de la religión y los 15 individuos seleccionados para esta categoría manifestaron una preferencia definida por la psicoterapia o habían sido recomendados específicamente por sus médicos para este tipo de tratamiento. Este grupo de control representaría el plan de solo psicoterapia.

Los del grupo II habían sido formados en una denominación teológica y eran cristianos fieles y practicantes. Cada uno manifestó su confianza en la oración como una solución para sus problemas, para sus enfermedades físicas y emocionales, creían que la psicología era un aditamento innecesario y que ellos ya sabían cómo orar. Aceptaron orar cada noche antes de acostarse, durante el transcurso del experimento, nueve meses del año universitario, usando su actual concepto de oración con el objetivo específico de superar los problemas que tenían entre manos. Ninguna ayuda psicológica se les proporcionó acerca de cuáles de sus conflictos interiores necesitaban la ayuda de la oración, ni se les sugirió ninguna técnica de oración. Estos quince individuos, a quienes denominamos "oradores fortuitos", representaron el grupo de control del plan de solo oración.

El grupo III, que llegó a ser el primer grupo de terapia de oración, se reunía semanalmente en sesiones de dos horas, en las barracas militares que habían sido acondicionadas para la clínica de lenguaje de la Universidad. Algunos de los de la clase que encontraron su camino directo hasta el laboratorio improvisado, oculto en un bosquecillo de robles entre la puerta trasera del imponente edificio de la administración y el parque de la Universidad, hicieron un viaje de 60 millas desde Los Ángeles, y otro vino regularmente desde Long Beach, a 72 millas al sur. Aquí, en medio de los grandes bloques de edificios, del martillo de madera y los instrumentos musicales usados por los niños en terapia de juego, quince adultos serios y entusiastas comenzaron la primera investigación sobre la oración que se sometía a las rígidas exigencias de la investigación científica.

Los grupos separados no tenían ninguna conexión o comunicación entre sí, y solo yo, mis ayudantes y los psicólogos externos que administraban las pruebas nos dábamos cuenta de cuán cercanas eran las afinidades entre algunos casos.

Había, por ejemplo, tres mujeres, una en cada grupo, a quienes sus médicos les habían diagnosticado agotamiento nervioso.

Mabel N. era una mujer atractiva de 33 años, con una educación superior. Estaba casada con un exitoso comerciante en bienes raíces y tenían dos hijos. Después de la muerte de su suegra, hacía algunos años, Mabel, que había odiado a esta señora con mucha vehemencia, sucumbió al agotamiento nervioso. Hacía poco había estado bajo tratamiento médico para la anemia y una afección en la espalda. Cuando el Dr. Y. no pudo encontrar la causa de su enfermedad de la espalda, habló largamente con Mabel y se dio cuenta de que gran parte de su enfermedad era emocional y nos la recomendó para psicoterapia personal.

Cuando yo hablé por primera vez con ella, el experimento acerca de la oración se estaba organizando y ella demostró mucho interés. Sin embargo, ella no pensó mucho en la oración, pues "había tratado de orar pero no había experimentado ninguna ayuda", a pesar de haber sido educada en una atmósfera religiosa, de enviar a sus hijos a la escuela dominical, y de "suponer que ella creía en Dios". Puesto que ella había venido para psicoterapia y la deseaba, fue asignada al grupo I, el grupo control del plan de solo psicoterapia.

Ester W., por el contrario, confiaba que la oración, la modalidad suya de oración le daría la ayuda que necesitaba. Ester había oído una conferencia en una iglesia protestante local en la que el proyectado experimento de la Universidad se describía, e inmediatamente ella se ofreció para formar parte del grupo de solo oración. Profundamente devota, Ester, con sus 33 años, había asistido con regularidad a la iglesia y, desde que su salud marchaba mal, la frecuentaba casi constantemente. Casada, con dos hijos, se había graduado en una gran universidad, era una experta en música y había estado enseñando en una escuela pública por algún tiempo.

Ella era consciente de su necesidad de la ayuda divina, decía Ester. Después de un examen médico de un mes, el doctor no pudo encontrar causa orgánica de su exagerada condición nerviosa, de su pérdida de energía física, de su depresión. Ella "no podía soportar" sus quehaceres domésticos, "no soportaba" sus clases en la escuela, "no soportaba" nada en su vida diaria. Su médico le dijo que podría prescribirle algo para calmar sus nervios, pero le aseguró que, a menos de recibir una ayuda mental y emocional, no descartaba la posibilidad de que sufriera un agotamiento nervioso.

En la primera entrevista Ester se dio cuenta de que el factor principal que contribuía a su condición nerviosa era la presencia en su casa de una cuñada divorciada, que solo Dios podría hacerla salir de su casa y que "la oración puede darme la única ayuda posible mental y emocional". Así pues, ella accedió a orar regularmente cada noche en su casa teniendo su necesidad específica como objetivo de su plegaria.

La terapia de oración de ninguna manera tuvo los casos más fáciles.

La Sra.V. había abortado tres veces, había sufrido agotamiento nervioso a los 18 años, a los 26 y nuevamente a los 38. Ahora, de 53 años de edad, su médico pensaba que ella estaba al borde del cuarto agotamiento. Mujer muy rica y de alta sociedad, una dirigente social, graduada en una famosa universidad femenina, la Sra V. tenía que admitir que algo en ella marchaba mal. Había contraído matrimonio hacía casi 30 años, dos de sus tres hijos grandes estaban casados, y su adaptación a la nueva vida y papel de suegra le parecía superior a sus fuerzas. La prueba de que ella sentía que su estado era serio lo constituía el hecho de que ella, que estaba lejos de ser una egoísta, lejos de pensar en hacer cosas que nadie hubiera hecho, estaba dispuesta a unirse a los otros 14 conejillos de Indias e ir en forma manifiesta y cada semana a nuestro improvisado laboratorio.

Yo confesé mi sorpresa cuando ella me pidió que la admitiera y le advertí que era preciso que todos los que formaran parte del proyecto permaneciesen hasta el fin. Ella se sonrió y dijo: "Dr. Parker, yo he estado en todas partes, he probado todo... y necesito encontrar ayuda. Quizá no lo parezca pero yo estoy... pues bien, estoy desesperada".

El parecido existente entre la Sra.V., Mabel y Ester, desde un punto de vista obvio y externo, era semejante al que existe entre un paño de vicuña, un jarrón chino y un gato casero... Pero como casos clínicos tenían una profunda semejanza y queríamos con gran interés seguir de cerca el proceso y desenlace. Al final, el progreso de Mabel N. ilustró una faceta de nuestro experimento mucho más claramente que cualquier otro caso individual que hayamos tenido.

Igualmente interesantes fueron, desde el punto de vista comparativo, tres hombres "ineficaces" que tomaron parte en el experimento, cada uno en diferente grupo.

Bart parecía ser un empleado de banco, de clase media, con una esposa encantadora, de clase media también, y tres niños muy sanos. Su médico no había podido localizar la causa de una interminable lista de dolencias que llevaban a Bart a su clínica cada semana, y le aconsejó que buscase ayuda psicoterapéutica con nosotros.

Cuando Bart vino a la primera entrevista tenía una actitud desafiante y de acusación contra la vida en general. Decía que él siempre era postergado en el banco cuando llegaba el momento de las promociones. Sus compañeros no eran mejores que él. Su actitud hacia ellos era de una superioridad injustificada y mal disimulada que le conquistó el rechazo y la impopularidad entre ellos.

En casa, Bart, era una persona totalmente diferente. Lejos de asumir alguna superioridad, lavaba platos, limpiaba con la aspiradora, se molestaba porque sus hijos trataban de imponer sus caprichos. No era el hombre del hogar en su casa, y no se sentía lo suficientemente seguro en el banco. "Mi vida profesional es una confusión —decía— y mi vida familiar es peor." A la edad de 41 años él sentía sencillamente que si todo iba a continuar así, ya no lo soportaría.

Al mencionarle la terapia de oración salió a luz el hecho de que en su juventud había recibido un tal entrenamiento religioso forzado que lo había vuelto francamente antagónico, si no ateo, pero él estaba complacido de poder participar en el experimento dentro del grupo de pura psicología. "Los demás están de todas maneras chiflados y nadie podrá sacar nada de ellos", decía.

Esto estaba por verse. Pero lo que sí era evidente era que este hombre era ineficaz y necesitaba ayuda. No era este, sin embargo, el caso de Jerry S. Exceptuando una especie de ceño perpetuamente fruncido, Jerry era un joven apuesto y pelirrojo, de 22 años, hijo único de un ministro protestante, y no parecía muy ineficaz en su vida.

Sin embargo, no había terminado sus estudios de secundaria y no podía perseverar en ningún empleo, estaba deprimido, nervioso y padecía dolores de cabeza que parecían no tener una causa orgánica. Pero la tragedia real que Jerry reveló fue la de su convicción de que él era un desadaptado. No podía relacionarse con los demás y experimentaba que las relaciones humanas eran insoportables. Gastaba una cantidad tremenda de tiempo discutiendo violentamente con sus padres, de quienes no obstante seguía dependiendo. Fue su padre quien, ya desesperado, lo persuadió para que hablase conmigo.

La conversación reveló que Jerry sufría también una gran desesperación. No confiaba en el futuro, no creía en la vida, y no podía vislumbrar ninguna perspectiva o salida a sus problemas. Él era, y además lo sabía, ineficaz, y esto hacía de él un hombre agresivo.

"Su más profunda necesidad, pienso yo —le dije— es encontrarse a sí mismo, descubrir quién es usted realmente, y cuál es su sitio en el plan de Dios." Estuvo de acuerdo, pero cuando yo le mencioné la psicoterapia como un medio de hallarse a sí mismo, me advirtió que él "no creía en Freud ni en todos esos pajarracos". Además, no estaba tampoco interesado en el grupo de terapia de oración porque, como él decía, "yo ya sé acerca de Dios, honestamente creo en Él y he sido educado en la oración toda mi vida". Deseaba mucho formar parte del grupo de oración fortuita o eventual. "Nunca he orado específicamente por mis problemas, pero sé que si lo hiciera sería escuchado. Tomar parte en el experimento me ayudará a orar fielmente cada noche."

El último del trío de hombres ineficaces, el que formó parte del grupo de terapia de oración, era un ministro protestante. De 60 años de edad, casado y con tres hijas grandes, el reverendo G. tenía un grado de doctor e intelectualmente era brillante. Sin embargo, había pasado toda su vida ocupando un segundo lugar, ya con un pastor ya con otro, pero nunca se le había ofrecido una iglesia en propiedad. Tampoco lograba ninguna confianza, amistad o amor de parte de los miembros de su congregación. "Yo soy un fracaso y lo sé", decía. Su título de doctor le producía más perjuicio que beneficio pues, obviamente, asumía una superioridad intelectual que lo separaba de los demás y lo dejaba aislado y solitario. Aunque tenía una espléndida contextura y era un hombre robusto, su personalidad reflejaba un aire sombrío a su alrededor, su manera de hablar era crítica y exigente, a la vez que sus frustraciones y tensiones internas se traducían en un tic nervioso y en la exasperante costumbre de hacer ruido constantemente con los dientes.

El reverendo G. solicitó especialmente la admisión en el grupo de terapia de oración. "Quiero participar en su investigación. He estado orando hace ya muchos años", dijo. "Seguramente o habrá que orar mucho más de lo que yo sé, o mucho menos de lo que yo esperaba."

Yo habría de recordar estas reveladoras palabras más tarde cuando él ya había empezado su trabajo específico en la terapia de oración, pero en un comienzo yo estaba simplemente contento de dar la bienvenida a este interesante conejillo de Indias, y científicamente me interesaba el hecho de que, a pesar de las evidentes diferencias de edad, síntomas y circunstancias, estos tres hombres ineficaces tenían en común estar sufriendo una tremenda frustración y soledad como lo demostraban sus vidas fracasadas. Sin embargo, era preciso que cada caso fuese sometido a una forma diferente de tratamiento.

Klaus no tenía rival en ninguno de los grupos. Era único y, por otra parte, creo que constituía el mayor reto para la terapia de oración. Porque Klaus no daba ninguna esperanza. Así lo decía la medicina. La psiquiatría afirmaba lo mismo. La religión también lo decía, o más bien Klaus se lo había dicho a la religión, pues era ateo. A la vez desesperadamente enfermo y "pecador", en muchos sentidos, Klaus era la persona a quien nadie deseaba.

Tenía 37 años cuando pidió ingresar en el grupo experimental de terapia de oración. "Supe de este experimento y creo que es mi última esperanza. Tengo que ensayar algo. Dicen que ya no puedo tener ayuda médica." Dibujante con talento y entrenamiento artístico, había trabajado en un taller de alfarería, "pero yo nunca sé hasta cuando voy a trabajar en alguna parte". Por aquel entonces Klaus sufría hasta seis ataques epilépticos diarios del tipo gran mal, que son los más graves de todos. Entre 1935 y 1936 había estado como paciente en Craig Colony, Nueva York. Recientemente había sido hospitalizado en una institución del condado y estuvo bajo cuidado médico y psiquiátrico por parálisis, una vez por agotamiento nervioso y dos por alcoholismo. Durante años había estado soportando fuertes dosis de sedantes. Aunque era casado y tenía dos hijas, Klaus confesó fácilmente que también había estado bajo tratamiento para curarse una enfermcdad venérea.

Los antecedentes de este hombre eran una pesadilla de desolación y frustración. Siendo huérfano y sin haber conocido a sus padres, había vivido por un tiempo con una familia indeseable. Cuando ellos fueron llevados a la cárcel, Klaus, que era aun adolescente, se vio abandonado a su suerte. A los 37 años era evidente que su suerte no había sido muy buena. Además de sus enfermedades físicas, él y su mujer tenían serios problemas sexuales y vivían en un ambiente de tensiones explosivas increíbles para una persona normal.

Cuando Klaus entró en nuestro grupo sufría la gama completa de males humanos: un problema conyugal, un problema financiero, mental y moral. Era un conejillo de Indias excepcional para cualquier experimento imparcial y, como científico, le dio la bienvenida. Como un ser humano, le ofrecía mi simpatía pues, a pesar de sus evidentes limitaciones, de su amargura y su desilusión, los ojos de Klaus brillaban con una inteligencia natural, su sentido del humor era tímido pero agudo, incluso sus ridículos bigotes negros le hacían aparecer más como el vagabundo Charles Chaplin, que come solo, que como el apuesto caballero que quizá Klaus hubiera imaginado. Y el sufrimiento de Klaus era tan intenso que le quitaba toda presunción. Por lo menos no se sentía cómodo en sus "pecados".

Este, por supuesto, no termina la lista de casos individuales, pero sirve más bien para ilustrar el punto de comparación. Había otros que sufrían úlcera, artritis, asma, jaquecas, esta especie de enceguecedor ataque furioso que no se sabe de dónde viene y acaba con un hombre fuerte reduciéndolo a completa inutilidad indefinidamente.

En ulteriores capítulos esta y otras historias serán compartidas con el lector para aclarar ciertos interrogantes. Los que acabamos de presentar fueron seleccionados por ser relevantes desde el punto de vista de las teorías y técnicas que se adoptaron para solucionarlos. Después de este importante aspecto, nos vimos enfrentados con una segunda exigencia de todo experimento científico: el control cualitativo y cuantitativo de los resultados.

La medida científica y sus usos

la psicología nos proporcionó los instrumentos para medir los resultados… Cinco pruebas usualmente aceptadas y científicamente elaboradas para revelar el inconsciente y los factores nocivos que están latentes en la personalidad. Estas pruebas psicológicas fueron administradas privadamente a cada uno de los participantes en el experimento, tanto al principio como al final, por un psicometrista muy competente, graduado en psicología y quien de ninguna manera estaba involucrado en el trabajo que realizábamos.

Las pruebas o tests incluían el Rorschach, llamado comúnmente el test de las "manchas de tinta". Concretamente es una serie de diez láminas, especialmente diseñadas, con manchas de tinta. Por las respuestas imaginativas que da el sujeto se revelan muchos aspectos de su personalidad. No se basa en respuestas "lógicas", como ocurre en la mayoría de los tests en que se emplean lápiz y papel. La capacidad intelectual, así como el deterioro funcional de esta capacidad, los conflictos emocionales, el daño cerebral y la naturaleza de la enfermedad pueden descubrirse cuidadosamente con el Rorschach. Debe ser administrado únicamente por un experto bien entrenado y competente.

El test de Szondi utiliza fotografías de enfermos mentales, cuyas enfermedades han sido específicamente diagnosticadas, y se basa en la hipótesis de que "los afines se atraen". Los patrones de elección se tienen en cuenta mucho más que la elaboración proyectiva. El uso clínico de esta prueba indica que los patrones de elección son característicos de determinados síndromes de la personalidad .

El test de Apercepción Temática, conocido con la sigla TAT, consiste en un determinado número de láminas que varían desde figuras humanas hasta representaciones vagas y abstractas, y sirven para estimular la fantasía. Las fotografías y dibujos permiten la libre expresión de actitudes y sentimientos internos. El TAT, sirve a menudo para precisar algunos aspectos tan solo sugeridos en el Rorschach.

Dos pruebas muy conocidas son las de frases incompletas y de asociación de palabras. Se presenta o se lee, al sujeto, parte de una frase y aquel debe terminarla, con el primer pensamiento que le venga a la mente. Esto puede ser extraordinariamente revelador. Es el test de frases incompletas.

En el test de asociación de palabras se le presenta verbalmente al sujeto una serie de palabras escogidas clínicamente y se le deja el tiempo necesario para que responda con las primeras palabras que se le ocurran. Se le advierte que no importa cuál sea su respuesta sino que sea la primera palabra que piense tan pronto oiga la palabra pronunciada por el examinador. Pues solamente el tiempo de reacción, la respuesta dada y la conducta observada se toman en cuenta.

En el último test, al final del experimento, un psicólogo bien entrenado puede descubrir con bastante certeza la eliminación o superación o reaparición (regresión) de alguna dificultad emocional específica.

La mejoría de los síntomas será, por supuesto, bastante evidente. Las entrevistas personales serán de gran interés y ayuda para afinar algunos datos técnicos. Pero en lo referente a las medidas científicas, estas pruebas reconocidas constituyen la mejor base posible para la evaluación del éxito o fracaso individual en el tratamiento.

También sirven como base para un pronóstico o predicción que hace el experto acerca de la evolución del sujeto, teniendo en cuenta el material subyacente en el inconsciente.

Los resultados de las pruebas y el pronóstico no fueron, por supuesto, comunicados a los sujetos involucrados. Aquellos habrían de servir, sin embargo, como guías para el consejero individual en el grupo de psicoterapia. También sirvieron como bases para la clave que habría de usarse en la terapia de oración. Puesto que la clave fue un factor muy importante en nuestro trabajo de terapia de oración, es preciso considerar ahora su "por qué" y su "cómo". El "por qué" es obvio.

Aunque algunos clérigos objetaban la necesidad de esta ayuda psicológica ya que la confesión está al alcance de todos, mi experiencia personal me probaba que yo mismo había estado sin saber a ciencia cierta qué cosas habían causado mi úlcera. Los exámenes de conciencia, tal como lo practicamos la mayoría de nosotros, se ocupan fundamentalmente de "pecados", de pecados de omisión y de comisión. "He mentido... He hecho trampas... He robado... Me impaciento..." La culpa normal, cuando es reconocida, se convierte en un aguijón que hace adoptar nuevos patrones de conducta espiritualmente saludables. Pero las cosas que causan el mayor dolor, la más profunda vergüenza, "Yo temo... y a qué le temo... Yo odio... y a quién odio...", estos "pecados" emocionales eluden la mirada de la conciencia, se sumergen en el inconsciente para emponzoñar en la oscuridad y engendrar la mayor parte de nuestros males personales. Los verdaderos pensamientos de "pecado" y condenación actúan como centinelas entre el conocimiento consciente y el inconsciente reprimido.

El "cómo" traer estas cosas a la conciencia del sujeto sometido a la terapia de oración lo trabajamos cuidadosamente mi asistente y yo, antes de iniciar el proyecto. Decidimos pasar a cada uno de los miembros, cada semana, un sobre cerrado que contenía una hoja de papel en la que se le señalaba un aspecto negativo de su personalidad tal como había sido revelado en los tests del individuo.

Fuera de los psicólogos, ajenos a la Universidad y que administraron las pruebas, solo mi asistente y yo vimos los resultados completos y el pronóstico de todos los sujetos. Utilizamos este conocimiento para seleccionar la emoción indeseable que había de darse a conocer al individuo. Su "tarea" habría de ser precisamente la eliminación o mejoría de este aspecto específico mediante la oración, un tipo definido de oración.

Los sobres se recogían al final de cada sesión y estaban cerrados para garantizar la reserva personal. No sugerimos ninguna confesión pública. Sin embargo, a medida que el experimento avanzaba y los participantes adquirieron mutua confianza, ellos mismos comenzaron libremente a discutir el contenido de sus problemas personales y a compartir sus dificultades. Las inhibiciones y barreras fueron derribándose a medida que reconocían que cada uno de ellos necesitaba ayuda y curación, y que cada uno tenía algo que podía compartir con el otro, aunque solo fuera el mutuo estímulo. Sin embargo, durante todo el experimento seguimos la política del sobre cerrado, dejando a las personas el que ellas mismas trajeran el contenido para la discusión en la clase.

De esta innovación propuesta por la psicología desarrollamos la clave más detallada que presentamos en el capítulo 4, y los nuevos métodos de autoevaluación, moderno examen de conciencia que surgió del grupo de terapia de oración, presentado especialmente para uso del lector en los capítulos 11 y 12.

Lo que revelan las pruebas psicológicas

Presentando al lector los resultados de alguna de las primeras pruebas o tests será fácil ver el común denominador subyacente en síntomas semejantes.

En el caso de Mabel N. —la atractiva madre de 33 años que había sufrido un agotamiento nervioso después de la muerte de su suegra, y cuyo médico la envió para tratamiento personal, temiendo que estuviese a punto de sufrir otro agotamiento nervioso— era muy rígida en su deseo de conformismo. En su conversación con el examinador estuvo insistiendo en que "todo era precioso", porque las cosas eran como debían ser y, sin embargo, luego criticaba a todos los que la rodeaban, incluyendo a su suegra difunta, por cada situación molesta que ella se rehusaba a encarar en su "precioso" mundo.

La necesidad de someter a todo y a todos los que la circundaban a un patrón rígido de conducta, añadido a su incapacidad de enfrentarse o adaptarse a la realidad, formaban dos mundos irreales... el "precioso mundo" al cual los demás no se conformaban y el país de su propia fantasía en el que ella se refugiaba cuando ya no podía tolerar la realidad o no quería tomar una decisión.

Su dificultad básica estaba en que ella no podía creer firmemente en nada. No se sentía capaz de amar a nadie, excepto a ella misma, y pensaba que "hay algo que me falta". Temía hasta sus propios pensamientos, y la angustia, la depresión y la tensión eran los obvios resultados de ese tratar de encajar todo dentro de la irrealidad.

El pronóstico en su caso era bueno y el examinador esperaba que "si a ella pudiera ayudársele a aceptarse (amarse) a sí misma como es realmente, estaría en camino de recuperarse".

Ester W., la devota maestra de 32 años del grupo de oración eventual, que estaba a punto de sufrir un agotamiento nervioso, era igualmente rígida en su necesidad de conformismo, aunque explicaba las razones que la asistían para rehusarse a enfrentar la realidad o a tomar decisiones, ya que "el mundo era perverso de todos modos y nada valía". Ella definitivamente no esperaba nada bueno por *ahora* pero esperaba obtenerlo en un posible reino *más tarde*; esto le servía a ella como una razón muy lógica para dar la espalda a sus problemas, despreocuparse de solucionarlos y recrearse en su mundo de fantasía.

Los sentimientos de inseguridad de Ester eran fuertes y su deseo de no ser notada y de eludir las decisiones personales la llevaban a la tentativa rígida de hacer que su vida y la de todos los demás se conformaran a los patrones de formalidad externa. Una vez más, ella criticaba a su cuñada por no "encajar" en tales patrones, y lo mismo hacía con su esposo, sus estudiantes y casi todo el mundo. Sus relaciones físicas con su esposo eran una tortura para ella, pues no había ni relajamiento ni aceptación en su actitud, y la misma ceremonia del matrimonio la había aterrorizado. En vista de los resultados obtenidos en sus nueve meses de oración, es importante notar aquí que su padre, aunque profundamente religioso, se había manifestado severo, crítico y áspero, y ella había recibido muy poco cariño o estímulo de él. El pronóstico era positivo.

La Sra.V., la dirigente social de 53 años con tres agotamientos nerviosos en su haber y enfrentándose al cuarto, asignada al grupo experimental de terapia de oración, era la más trágicamente confusa del trío.

En este caso las pruebas psicológicas revelaban una mujer excepcionalmente dotada, mental y espiritualmente, dueña a la vez de todos los bienes materiales que el corazón humano puede desear. Sin embargo, todos los bienes materiales la beneficiaban muy poco, mientras sus cualidades invisibles estaban reprimidas, rígidamente supeditadas a un programa de conformismo respecto de obvias, exteriores y estériles costumbres sociales. Ella estaba dispuesta a aceptar las normas de cualquiera, por inferior que fuese, como propias. No podía tener confianza en sí misma, ni en sus juicios, ni en sus impulsos, y tenía que someter todas las cosas rígidamente a algún código, incluyendo sus hijos, su vida sexual, su posición como suegra, o sus relaciones con los demás. Torturada como suegra, como esposa, como amiga, nunca estaba segura de hacer "lo correcto" según la apreciación de los demás; el temor a su propia inadecuación le impedía incluso atreverse a discernir qué era correcto en su propia opinión.

Como quien estuviera luchando por encerrar gatos en un canasto, cada vez que la señora V. juzgaba que ya tenía todo completamente bajo control, algo o alguien se salía de la línea y entonces ella se enfurecía. Este mundo suyo era su escape, el país de sus fantasías, pero tanto miedo e ineficacia, tanta represión e inseguridad habían desarrollado en ella una terrible hostilidad sepultada firmemente bajo la fachada de cortesía, aunque humeando siempre bajo tan rígido control como un volcán en continuo peligro de erupción.

Su pronóstico era excelente, si algo lograba persuadirla de que abandonase esa falsificación de la vida y se enfrentase a vivir la realidad. El común denominador de estas tres mujeres era un rígido deseo de conformismo y, a la vez, una tendencia a criticar a los demás, sumado todo esto a una incapacidad de tomar decisiones y de encarar el mundo tal como se les presentaba.

De los tres "hombres ineficaces", los dos primeros (Bart en psicoterapia personal, y Jerry, el joven hijo del ministro protestante, en el grupo de oración eventual) demostraban una definida voluntad de fracasar. Esta voluntad de fracaso es mucho más frecuente de lo que nosotros creíamos y muy fácil de sucumbir a ella puesto que siempre existe una inmensa probabilidad de que se logre cumplir la voluntad de quien desea fracasar. Se necesitan esfuerzos, pero cualquiera lo puede hacer.

Una de las principales recompensas de quien no prueba o se arriesga, es la de que, mientras usted nunca sabe a qué altura hubiera podido llegar, tampoco logra saber cuáles son sus propias limitaciones. Siempre estará el "habría podido ser", "si yo hubiera realmente probado, habría hecho algo mejor" y, mientras usted no haga la prueba realmente, nadie habrá que se lo impida.

Claro que el otro obtiene su paga, obtiene su triunfo, pero el individuo con "voluntad de fracaso" está intacto. Los que se protegen a sí mismos con la recompensa del fracaso (el bebedor, el soñador, el dormilón que no quiere vivir más de doce horas y no puede menos de soñar las otras doce en actividad incosciente, el devorador patológico de libros, el perezoso) se apartan de vivir la vida y solo triunfan tan fugazmente como se lo permite su ciega necesidad de fracasar. Realmente marchan hacia la "extinción", sépanlo o no.

De ahí que fuese sorprendente encontrar a los ineficientes Bart y Jerry compartiendo una voluntad de fracaso. El fracaso le había producido a Jerry una extraordinaria cantidad de "éxitos". Si fallaba en el colegio, si perdía sucesivamente sus empleos, si se alejaban de él sus amigos y sus novias en rápida secuencia, las verdaderas causas no eran consideradas por Jerry y sus padres. Todas estas cosas eran confortablemente racionalizadas, Jerry seguía negando plácidamente su amargura y su fracaso, y encontraba alguna nueva cosa deleitable por hacer. Jerry permanecía emocionalmente inmaduro. Naturalmente, con muchos pretextos inventados, Jerry seguía fracasando, ahorrándose la necesidad de controlarse y esforzarse realmente por triunfar. Como Bart, el deficiente empleado de banco y esposo, Jerry se burlaba de sí mismo con el "si yo hubiera querido", "si los demás fueran diferentes", "si me lo permitiera mi familia", entonces haría cosas maravillosas. Esta especie de cuento tampoco permitía a Bart un crecimiento emocional hacia la madurez.

Estos dos hombres eran obviamente dependientes y por debajo sepultaban en el inconsciente una profunda hostilidad y una gran culpa por su fracaso como hombres.

Bart, que era 19 años mayor que Jerry, decía que él "hubiera podido tomar el hogar en sus manos si hubiera querido ser un padre severo". El podría continuar racionalizando y disculpándose a sí mismo y quizá nunca se daría cuenta de que era mentira. Así se ahorraba muchos problemas. El también creía que "habría podido triunfar en el banco si hubiera accedido a ser un mediocre como los demás". Estas racionalizaciones tan plausibles lograban que él no necesitase hacer ningún esfuerzo y continuase en su mundo de fantasía creyendo que era verdadero. Una tarea de la psicoterapia personal habría de ser descubrirle su bien disimulada voluntad de fracaso.

Con Bart y Jerry había más dificultad de tener éxito, y necesitaban más responsabilidad de la exigida por una persona francamente dependiente. En ambos la inseguridad personal era muy fuerte, el miedo a la humillación era profundo, y debían luchar por conquistar la autoestima y confianza en sí mismos. Para ambos el pronóstico era favorable, si podían desarrollar paulatinamente una actitud más positiva, basada en la esperanza de que habrían de triunfar en su realización personal.

En el ineficaz reverendo G. que se hallaba en el grupo de terapia de oración, su voluntad de fracasar se había originado en un complejo profundamente oculto a su conocimiento consciente. Se trataba de un ministro protestante que *le tenía miedo a Dios*. No es de maravillar que su deseo inconsciente fuese fracasar para poder convencer a cualquiera de la necesidad de salvación por medio de Cristo a quien él había predicado durante más de 30 años. *¡Él mismo no creía esto!*

El caso de este ministro era la tragedia de un gran éxito o logro intelectual, unido a una total carencia de confianza afectiva o convicción; otro caso más de atraso en el desarrollo emocional, de inmadurez, "la letra sin el espíritu" había malogrado su vida. Estaba atormentado con el miedo y la culpa de quien enseña, predica o vende algo que o no entiende o en que no cree. Siempre se ha de pagar un precio muy alto de desorden interno cuando hay una falta de integridad, por más que esta se halle oculta al conocimiento consciente.

El reverendo G. había elegido una profesión respetable y provechosa, usaba su mente brillantemente para estudiar cada una de sus ramificaciones, y estaba al borde del fracaso por saber muy poco sobre la vida.

En este caso ocurría todo lo contrario de lo del cura de Ars a quien alguien criticaba por ser un hombre carente de cultura. "Yo no sé si tiene mucha cultura o no —observó su obispo—, pero lo que sí sé, es que el Espíritu Santo hace de él una fuente de iluminación."

El reverendo G. era muy culto pero espiritualmente carecía de lucidez y esto hacía de él un ministro confuso, infeliz y desvalido, ya que la educación formal nunca ha sido ingrediente necesario de la fe. Era fácil ver que había mucho debajo de ese deseo manifiesto de formar parte de nuestro grupo experimental de terapia de oración, pues en verdad "o había mucho más acerca de la oración que él desconocía… o había mucho menos de lo que él había siempre *esperado*".

Él tenía, además, grandes dificultades. Desde el punto de vista de su superioridad intelectual no tenía en cuenta a la gente y sus necesidades. Él pensaba que debía controlar toda situación y que hacía todo mejor que cualquiera; de ahí que nunca quisiera delegar su autoridad. El tremendo conflicto entre su necesidad de controlar completamente y su incapacidad para manejar a la gente o relacionarse con ella, producía una verdadera frustración. Él quería conservar la distancia social e intelectual, aunque ahora, después de treinta años de estar de segundón, sometido ya a un pastor, ya a otro, tenía que admitir que era un hombre solitario, un fracaso.

Todo esto es lo referente al aspecto consciente del reverendo, quien de muchas maneras seguía enteramente satisfecho de sí mismo, y su pronóstico no era muy halagüeño. En el caso de Klaus, el conejillo de Indias de la terapia de oración, que parecía poseído por los siete diablos bíblicos, el pronóstico, a pesar del fracaso que la psiquiatría y la medicina habían tenido con él, era excelente. La diferencia radicaba en el hecho de que Klaus no estaba de ninguna manera satisfecho de Klaus.

Naturalmente inteligente, más que intelectual, Klaus hizo un comentario sorprendente al examinador durante la primera en trevista. "Yo realmente quiero descubrir en qué debo trabajar, aunque duela, para que así pueda eliminar los escombros y vivir una vida que tenga propósito y dirección, y un cierto grado de plenitud juntamente para el hombre interior y exterior."

Sus pruebas psicológicas revelaron que aquello en que él debía trabajar se hallaba completamente mezclado hasta el punto de que aun la aceptación de Dios como una posibilidad parecía superior a sus fuerzas. A pesar de todo, esta era la única forma de terapia que él no había probado… y la probaría, aunque Dios y la evolución sencillamente eran incompatibles en su esquema personal y mental del mundo.

Estas mismas pruebas psicológicas lo revelaban como un individuo lleno de amargura, de resentimiento y hostilidad tan grandes que superaban su pequeña estatura. Su vida de niño tenía mucho que ver con esto, pero además había una desconfianza y agresión tremendas, y puesto que no podía descargar esto hacia afuera, lo volvía contra sí mismo; de ahí los estallidos espontáneos, los ataques epilépticos, cuando la presión se hacía excesiva para sus débiles controles.

Respecto del sexo experimentaba culpa y temor, y su esposa sufría tanto como él. La culpa, el temor y la angustia lo traicionaban en sus relaciones con los demás; el continuo y corrosivo terror de un ataque en que la gente lo habría de mirar con asombro y pensando que estaba loco o borracho; la posibilidad de perder, en un abrir y cerrar de ojos, un empleo, un amigo reciente o un viejo amigo; estos espectros habían aterrorizado a Klaus durante años. De ahí que, a pesar de su talento artístico, de su fina inteligencia, Klaus saboteaba sus propios esfuerzos y habilidades por el temor al fracaso, el temor a ser juzgado y condenado, el temor a ser censurado por aquellos con quienes vivía.

Las otras ciencias habían fallado. Klaus no creía en Dios ni en el poder de la oración. ¿Podía acaso la terapia de oración ayudarlo? Era el supremo desafío.

Aquí estaban nuestros conejillos de Indias: Klaus, el reverendo G., Jerry, Bart, la señora V., Ester, Mabel y otros 38. Los grupos de control fueron establecidos y se tenían los resultados de las primeras pruebas psicológicas. El grupo I comenzó a informar con regularidad acerca de las sesiones semanales de psicoterapia individual. El grupo II oraba fielmente cada noche. El grupo III comenzó sus reuniones semanales en las barracas militares.

Durante nueve meses, por primera vez en la historia, los resultados de un experimento controlado sobre la oración habrían de ser científicamente medidos, comparados y evaluados.

Capítulo III. Examen de los resultados

El 18 de junio de 1952, exactamente después de nueve meses y diez días de iniciado el experimento, la última serie de pruebas psicológicas aplicadas a los 45 integrantes de los tres grupos había sido evaluada por un examinador imparcial. Se estudiaron los progresos y retrocesos en cada caso y el psicometrista asignó arbitrariamente un porcentaje de mejoría a cada persona.

La definitiva curación de síntomas fue evidente en muchos casos. Esto fue muy satisfactorio y, en algunas ocasiones, hasta dramático. Jaquecas, tartamudeo y úlceras respondieron muy bien a la psicoterapia, pero en el caso de la terapia de oración se dieron curaciones totales. El profesor joven que se había retirado a causa de la tuberculosis y entró en el grupo de terapia de oración, se vio liberado de los síntomas y esperaba volver a enseñar en el otoño.

Por conmovedora que fuese esta evidencia, no era suficiente para nuestro propósito científico. La cosa más importante fue el resultado de las pruebas psicológicas, el progreso demostrado tanto por los grupos como por los individuos después de nueve meses de terapia específica.

Panorama de los resultados

El grupo I, compuesto por quienes recibían psicoterapia sin ninguna mención de la oración o de la religión, obtuvo 65% de notable mejoría en lo referente a los tests psicológicos y a los síntomas. Estos resultados, desde el punto de vista del psicólogo, fueron excelentes.

El grupo II, de oración fortuita o eventual, integrado por aquellos que oraban cada noche, según la modalidad preferida de cada quien, y sin la ayuda de una comprensión psicológica, no demostraron ningún progreso en las pruebas psicológicas, incluso tuvieron bajas en algunos casos. Los síntomas no variaron notablemente.

El grupo III, el de terapia de oración, hizo un progreso de 72% con un grado significativo de mejoría, tanto en lo referente a los síntomas como a las pruebas psicológicas, incluyendo las dramáticas curaciones antes mencionadas que fueron bastante evidentes para los médicos y para quienes los conocieron durante el tratamiento.

Grupo I —65% de progreso (Psicoterapia)
Grupo II —Ningún progreso (Oración eventual)
Grupo III —72% de progreso (Terapia de oración)

Comparando estos resultados, examinadores muy exigentes admitieron que parecía concluyente que la terapia de oración era no solamente un factor de curación muy efectivo sino que la oración adecuadamente entendida y practicada puede ser el instrumento más importante en la reconstrucción de la personalidad de un sujeto.

Se hallaron fuertes indicaciones de que algo funcionaba mal en la oración tal como la entendían y practicaban las personas que oran tan solo eventualmente, que "han pedido y no han recibido", y en alguna forma sin darse cuenta han "pedido inadecuadamente", mientras los participantes en la terapia de oración "pidieron y obtuvieron". Aun más, los resultados indicaban que la terapia de oración aporta algo adicional a la psicología, algo necesario para completar el proceso curativo.

Un aspecto muy interesante fue que, mientras aquellos ayudados por la psicoterapia estaban ahora preparados para irse y tomar su propio camino, los participantes en la terapia de oración deseaban volver nuevamente el año siguiente para ayudar a otros, así como ellos habían sido ayudados. Esto indica que esta última técnica había tenido éxito al hacer volver las miradas y el oído del sujeto hacia el exterior, hacia sus prójimos y compañeros, ya que es una cosa cierta que la atención vuelta únicamente hacia el interior no experimenta ni comprende la necesidad de ayudar y ser ayudado.

Casos individuales

Si el peso de la evidencia de todos los resultados confirmó el valor de la terapia de oración, fue el estudio de los casos individuales lo que probó en forma más esclarecedora los "cómos" y los "por qués".

De los tres hombres ineficaces, dos fueron ayudados: Bart y el reverendo G.; Jerry, el hijo del ministro protestante que estuvo en el grupo de oración eventual, continuó sufriendo innumerables dolores de cabeza, peleando con sus padres y con todo el mundo. Su progreso en todos los campos fue insignificante y, sin ser consciente de ello, continuó viviendo con su "deseo de fracasar". Hacía grandes esfuerzos en este sentido, y sus esfuerzos constantes desembocaban en constantes fracasos.

Bart, el empleado de banco, tuvo éxito mediante la psicoterapia personal, y reconoció su tendencia a fracasar. Realizó un esfuerzo definitivo para adoptar una actitud más positiva, para enfrentarse a las circunstancias como fueran y tratar de resolverlas. Tomó mayor conciencia de sí mismo y superó su tendencia a racionalizar y a emprender cualquier cosa con la idea de que habría de fracasar. Esto produjo en él una actitud más masculina y afirmativa en su hogar, y una mentalidad de mayor cooperación en su banco, mejorando notablemente ambas situaciones. Aunque su progreso fue satisfactorio, sin embargo, Bart no puede considerarse como una persona integrada. La confianza en sí mismo se le agotaba rápidamente y su seguridad se resquebrajaba cada vez que él se percataba de que era falible. Bart, sin ayuda, podía fallar y falló y, sin un gran poder al cual recurrir, cada vez que fallaba, se hallaba de nuevo en el atolladero tratando desesperadamente de encontrar su salida.

El reverendo G., en terapia de oración, dejó de hacer ruido con los dientes y le desapareció su tic nervioso, con gran satisfacción de él y de todos los demás. Pero su camino no fue fácil. Cuando los primeros defectos les fueron comunicados al grupo de terapia de oración, las reacciones variaron desde la indignación, la sorpresa y la incredulidad hasta la aceptación humilde, como en el caso de Klaus. El ministro protestante de aspecto imponente y pelo gris encontró muy duro enfrentarse al hecho de que él era "exagerado, crítico, rígido" y de que "no tenía en cuenta a la gente y sus necesidades", que el orgullo socavaba no solamente "su vida intelectual sino igualmente su vida espiritual, erigiendo un muro en torno a su deseo de recibir..." Pero su tarea más ardua fue encarar la afirmación que se le hizo de que a él "le faltaba estar convencido de la salvación por Cristo" si quería predicar, y predicar con fruto.

Esta constituyó una tremenda sacudida, un terremoto, que lo obligó a no engañarse a sí mismo, a salir de su mundo de fantasía, a ver dónde estaba él realmente y a querer emprender algo al respecto. Él no podía cambiar el mundo exterior. Pero sí podía cambiar él mismo mediante la oración. Sin embargo, era preciso que comprendiera que no podemos huir de nosotros mismos. Samuel Hoffenstein, en un verso de muy pocas palabras, lo sintetizó diciendo: "A donde yo vaya, allí estaré yo, echándolo todo a perder".[1]

Su primera tentativa de ser honesto lo enfrentó al hecho de que él *temía* a Dios. Tomando como tarea la invitación bíblica: "Reconcíliate conmigo y estarás en paz", decidió honestamente conocer más acerca de Dios, experimentar mediante la oración quién es Él realmente. Poco a poco empezó él a relacionarse mejor con los demás, con el universo y con un Dios de amor. Su progreso era notorio y, al final, mediante la honestidad, la oración y la meditación, encontró a Dios, como realidad viviente y amable.

Luego no fue nada milagroso cuando abandonó su tendencia personal a ser siempre la estrella central del espectáculo, cuando le permitió a Dios que se expresara inteligentemente por medio de los demás, o aun cuando, a la edad de 61 años, llegó a ser pastor de otra iglesia, esa tan anhelada "iglesia propia".

Uno de los más tristes fracasos fue el de Ester W., la maestra que estaba al borde de un agotamiento nervioso y había entrado confiadamente en el grupo de oración ocasional. Ella había estado ávida de participar y muy segura de que habría de demostrar lo que el poder de la oración puede realizar. Sus pruebas psicológicas al final de la experiencia no indicaron ningún progreso, a pesar del buen pronóstico al comienzo. Aunque su cuñada, a la cual había reprochado erróneamente muchas cosas en su vida diaria, se había ido hacía algún tiempo, ella continuaba creyendo que si los demás actuaran tendría entonces ella mayores oportunidades. Seguía pensando que el mundo es malo y que, por consiguiente, el mejor medio de salir adelante consiste, como ella lo había probado, en aceptar la depresión y el desaliento en este mundo y escapar en los sueños diurnos hacia un futuro mundo de fantasía en el que no habría problemas.

Aparecieron nuevos síntomas físicos en forma de asma y, la última vez que volví a saber algo de Ester, me enteré de que ella se había visto forzada a dejar la enseñanza y paulatinamente se había alejado de la vida activa. Continuó rígidamente en sus patrones de conducta conformista, rechazando la terapia de oración y, por supuesto, todo aquello que no estuviese prescrito por todos y para todos.

Lo opuesto ocurrió con Mabel N. que estuvo en psicoterapia personal debido a problemas muy parecidos a los de Ester. Al final del experimento Mabel había hecho algunos progresos pero con cierta lentitud, sin llegar a la etapa en que la terapia puede suspenderse.

[1] Samuel Hoffenstein, *Pencil on the Air*, Nueva York, Doubleday, 1947.

Ya no estaba tan temerosa de sus propios pensamientos, se había enfrentado a la hostilidad reprimida y a la culpabilidad que había experimentado después de la muerte de su suegra. Ella había avanzado mucho en honestidad, admitiendo que su mundo no era "siempre precioso", y trataba de superar su tendencia a criticar a los demás. Sin embargo, ella sufría todavía fuertes angustias y ataques de depresión cuando pensaba que estaría mejor si estuviese muerta.

"Yo he sacado a la luz de la conciencia muchos de mis conflictos", decía. "Pero todavía no puedo liberarme y no sé qué hacer con ellos." Algunos meses después de concluido el experimento sobre la oración, cuando todavía recibía tratamiento de psicoterapia, decía con cierta tristeza: "Yo he estado buscando algo hace muchos años. Si pudiera alcanzar a Dios, nunca lo dejaría irse y entonces sí encontraría mi felicidad".

Mabel ingresó al siguiente curso de terapia de oración. Esto constituiría un factor integrador en su vida, enseñándole qué hacer con las cosas negativas de las cuales ella había adquirido conciencia. A medida que su confianza en Dios aumentó, ella fue perdiendo su rigidez y fue capaz de abandonar las cosas negativas o desprenderse de ellas.

La señora V. había encontrado su libertad en el grupo original de terapia de oración. Esto llevó algún tiempo porque ella, como Ester y Mabel, siempre trataba de achacar los defectos y culpas a los demás, a las circunstancias, pues este mecanismo le ayudaba a creer que su mundo interior estaba en perfecto orden. Ella se vio enfrentada al hecho de que su "rigidez y su insistencia en el conformismo, en hacer exactamente como hacen los demás" le había robado su flexibilidad, su individualidad, su espontaneidad y su confianza.

En alguna ocasión preguntó en clase: ¿Cómo es posible que cosas en apariencia tan insignificantes puedan causar tan grandes problemas? La respuesta la encontró en sí misma. El pasto, las matas y los arbustos pueden aguantar un ciclón. El árbol seco y quebradizo será arrancado y azotado por el huracán. Cuando las tensiones y esfuerzos soplan en la vida, la persona normal se inclina suavemente sin quebrantarse. La señora V. no solo se agotó nerviosamente en una ocasión sino que recayó dos veces. Respondiendo únicamente a la presión social y a las inflexibles exigencias impersonales del mundo exterior, era lógico que su mundo interno se tornase estático, frágil, teniendo sus riquezas interiores completamente subdesarrolladas.

No había un soplo de vida que la conservase flexible, confiada; no había un "dar" y un "recibir" en su vida y cuando se veía atacada, cuando las circunstancias se resistían, ella no hacía sino lo que podía: se desintegraba.

Rechazaba todo esto hasta que una observación afortunada de uno de sus compañeros dio en el blanco. La señora V. había estado describiendo a un compañero suyo, empleado metalúrgico, los abrumadores preparativos que ella estaba realizando con motivo de la visita de su hijo y su esposa. Los ojos de su compañero brillaron cuando ella describió los agotadores esfuerzos que estaba haciendo. Al final él le dijo: "¿Se preocupa siempre usted por hacer lo mismo consigo misma?"

Este fue un dardo certero. Más tarde la señora V. le confesó a sus compañeros con sorprendente honestidad que ella había ido luego a casa y había preguntado en sus oraciones: "Dios mío, ¿me preocupo acaso tanto *por mí* misma? ¿Me preocupo acaso tanto *por ti*, Señor?" Ella contaba después que la respuesta la había obtenido cuando estaba leyendo un libro espiritual y había visto lo que Juan José Surin respondió cuando le preguntaron por qué había tan pocos santos siendo que eran tan numerosos los que se dedicaban al servicio de Dios. "La principal razón —respondió Surin— es que a menudo se le da un lugar muy importante en la vida a cosas insignificantes."

La señora V. comenzó a comprender de muy diversa manera lo que era la "conformidad", según la voluntad de Dios. ¿Cuando no hay dos rosas, ni dos personas, ni siquiera dos pelos de la cabeza que sean completamente idénticos, por qué tratar de que todo el mundo sea igual? ¿Acaso la originalidad, la individualidad y la misma personalidad no son un don de Dios? ¿La felicidad consiste en agradar a Dios o a los hombres? Si ella cooperaba con Dios, Él cooperaría con ella y siguiendo este camino no habría tantas tensiones y esfuerzos agotadores. Desde aquel momento cualquier idea de agotamiento nervioso desapareció y, como su pronóstico indicaba, tan pronto como su vida de oración le diera la confianza y le hiciera abandonar esa "imitación de vida" para vivirla realmente, ella había realizado la gran conversión hacia una vida útil y abundante.

Así como la señora V. había necesitado emprender un nuevo camino, así nuestro amigo Klaus debía marchar por la vía descubierta por la terapia de oración. Su progreso fue sorprendente y parecía tener su origen en su agudo inconformismo, en su deseo demostrado desde el principio de avanzar y liberarse a sí mismo, en su convicción de que el equipaje que había estado cargando no le había causado sino dolores y tristeza. Con cada sucesivo señalamiento que se le hacía, Klaus iba buscando pronta y honestamente la verdad dentro de sí mismo, para ser liberado por ella. Llegó a ser capaz de aceptar el concepto de Dios no como algo "que está alejado de los seres vivos", sino como la Inteligencia omnipresente y divina de la cual la misma evolución es un efecto y reflejo. Klaus comprendió inmediatamente la afirmación de que una tal Inteligencia no lanzaba las creaturas y la creación, abandonándolas, como el ingeniero que pusiera un tren en movimiento y lo dejase locamente correr sin conductor en la oscuridad de la noche. Dios estaba con Klaus asistiendo y guiando su progreso.

La oración llegó a ser el medio de dirigir y orientar su vida. Como una parte del gran plan divino, como un participante, por así decirlo, de la evolución, Klaus se liberó, después de varios meses, de su hostilidad, de su miedo, de su sentimiento de incapacidad, y sus esfuerzos honestos encaminados a cooperar con esta fuerza fueron liberándolo de su agobiante fardo de culpabilidad.

Durante el curso del tratamiento los ataques epilépticos de Klaus disminuyeron constantemente. Cuando en una ocasión le sobrevino el ataque durante una sesión de terapia de oración, sus compañeros permanecieron de pie, cerca de él, orando con sencillez y serenidad. Cuando él volvió en sí no halló, en quienes habían presenciado su ataque, ni horror, ni condenación, sino benevolencia, comprensión y el deseo de ayudarlo. El grupo mismo experimentó el extraordinario poder de amar al prójimo como a sí mismo, y a partir de esta aceptación completa del prójimo, Klaus comenzó a perder el miedo a los ataques epilépticos, y fueron disminuyendo su resentimiento y su hostilidad. Pasaron varios meses sin que el ataque se repitiera. Después de los nueve meses del experimento, ya no tuvo que recurrir a los sedantes y en los últimos cinco años no ha vuelto a padecer ningún ataque.

Con su aceptación de los dones de Dios y una actitud de sencillez y de confianza, la atmósfera familiar cambió. Fue capaz de asumir una actitud normal respecto de las relaciones sexuales. Su esposa había seguido de cerca su trabajo en la terapia de oración, con la intensidad y ansiedad que la soledad y el temor suscitan en el corazón de una mujer que vive con un hombre que parece consumirse en un infierno de destrucción. Ella pudo prestarle una gran ayuda.

Las últimas pruebas psicológicas de Klaus, una vez terminado el experimento, presentaban un hombre renacido, avanzando diariamente hacia una vida más abundante. En esta ocasión le dijo al examinador que había encontrado su orientación en las sugestivas palabras de la *Theologia Germánica*: "Gustosamente yo sería para la Eterna Bondad lo que la mano propia es para el hombre". Con este objetivo ante él, la vida de Klaus logra actualmente el propósito que él buscaba al principio, y experimenta un alto grado, de realización personal, exterior e interior.

LÍMITES DE LA ORACIÓN Y LA PSICOLOGÍA

Después de las entrevistas personales al final de la experiencia, empleando el razonamiento y la lógica juntamente con la evidencia, se vieron cuáles habían sido los límites de la psicología y cuáles las fallas de la oración.

En el caso de Mabel N., quien recibió ayuda psicoterapéntica pero fue curada únicamente cuando ingresó en la terapia de oración, era obvio que *el hombre sin ayuda fracasa.* "Todo lo que usted necesita es confianza en sí mismo", esto no fue más eficaz con ella, aunque se le señalaran los motivos de sus defectos, que con Bart. ¿En qué debía basarse la confianza en sí mismo? Únicamente cuando ella se encontró a sí misma en relación con Dios, a sí misma como imagen, criatura e hija de Dios, tuvo algo sólido en qué fundamentar su anhelada confianza.

Klaus no había podido superar la hostilidad, el resentimiento y el temor por la sencilla razón de que, solo, permanecía sin relación, extraño al universo y a la sociedad. El hombre bien integrado tiene seguridad en su relación consigo mismo, con sus prójimos y el mundo. Klaus no había encontrado nada que fundamentara estas relaciones, una unidad integradora.

Cuando Dios y la evolución se reconciliaron en su mente, él pudo asumir estas imperfecciones sobre las cuales la psiquiatría le había llamado la atención durante tantos años aburridos, sin que curase, y pudo hablar a Dios mediante la oración, estando seguro de que Dios, dirigiendo su gran evolución, no permitiría que su obra fuese saboteada si existía un deseo sincero de colaborar. Dios le otorgó la ayuda necesaria para convertirse en un instrumento suyo. Las relaciones con el Ser supremo, una Fuerza todopoderosa para el bien, comunicaron a Klaus con todas las cosas, incluyendo sus prójimos.

Un peligro siempre presente en la terapia personal fue la tendencia del paciente a volverse totalmente dependiente respecto del terapeuta. El grupo de terapia de oración, si bien usaba las pruebas psicológicas para la comprensión, llegó a reconocer lo divino dentro de cada uno como una fuente de ayuda siempre presente, superior a todo ser humano, por más sabio, amable y perspicaz que pueda ser un terapeuta.

La psicología y las ciencias modernas acerca de la mente han demostrado ser instrumentos valiosísimos para lograr la comprensión de una persona, pero por sí solas no pueden realizar todo el tratamiento, así como los rayos X que localizan el hueso fracturado no pueden colocarlo en su sitio.

En el caso del grupo de oración ocasional la necesidad de intuición y comprensión psicológica fue muy evidente. En ningún caso pudo el sujeto tener éxito en la búsqueda de sus desajustes que, según las pruebas psicológicas, eran causantes de la tensión emocional.

En sus confesiones o exámenes de conciencia ni siquiera uno pareció ir más allá de la obvia transgresión de las leyes morales y de aligerar los sentimientos de culpa con la constante afirmación de que son "miserables pecadores", totalmente indignos, ofreciendo así al inconsciente una sólida dieta de autocondenación, de conmiseración consigo mismo y de desesperanza. De todas maneras continuaron sin esperanza, porque aparentemente el Dios a quien ellos pedían perdón nunca lo otorgaba definitivamente. Una y más veces, como el niño puede pedirle agua a una roca, ellos anhelaban perdón y se puede tan solo asumir que la respuesta era negativa y los esfuerzos vanos y fugaces, pues iban dirigidos a oídos sordos o distraídos.

Su forma de oración también era negativa, en franca oposición a la clara instrucción: "Cuando oréis, creed que recibiréis y recibiréis". Pero esta promesa se *cumplió* porque, cuando ellos reiteraban sus dolorosos síntomas manteniéndolos en el foco de su atención mental, reafirmándolos, efectivamente los perpetuaban y no los dejaban desaparecer. Lo que creían, lo obtuvieron. La oración negativa produce resultados negativos.

Jerry, el hijo del ministro protestante, empleaba la mayor parte de las veces oraciones aprendidas de memoria, reiterando sus sentimientos de culpa y de ser "un pobre gusano", constantemente pidiendo un perdón que nunca obtuvo. Su concepto de Dios era el de un ser lejano, lo cual aumentaba su sensación de dependencia y de incapacidad porque nunca podía estar seguro de que Él lo estaba escuchando. Cada noche él confirmaba sus síntomas, sus disgustos, su desesperanza, siguiendo a continuación la declaración positiva de que él no valía nada, y durante 271 noches le estuvo repitiendo directamente a Dios y a sí mismo que los dos eran verdaderamente un fracaso como pareja de trabajo.

Ester, la joven maestra de escuela que había tenido tantas esperanzas en el poder de la oración y se había visto luego tan defraudada, tenía un concepto de Dios que hallamos en muchos de los del grupo de oración ocasional. Dios, para ella, era un Dios severo, un Dios de ira y, como el reverendo G., ella le tenía miedo. Fue interesante observar que ella extrajo este concepto más del uso de la palabra "padre" que del Antiguo Testamento en la Biblia. Era claro para San José que cuando Jesús de Nazaret empleaba el término humano padre se refería a la relación trascendente entre el hombre y su Creador. Pero el padre de Ester, como lo recordaremos, había sido un hombre severo, rígido y muy religioso. También había sido muy crítico, frío, carente de comprensión, de cariño y aprecio. Ester, pues, estaba paralizada ante un Dios Padre que no era sino la versión de su padre terreno. Hasta cierto punto era una historia comparable a la de la niña que preguntó a su amiguita si ella creía en el diablo. "Claro que no —respondió su amiguita—. Es el mismo que Santa Claus. Es simplemente tu papá."

Ella había sido incapaz, mediante su examen personal, de tomar conciencia de que sus sentimientos de inseguridad, su fantástico mundo, su tendencia a criticar a los demás, su temor al sexo y su rígido deseo de conformismo, tal como lo indicaban las pruebas psicológicas, eran causa de su condición neurótica y la convertían en inútil frente a Dios, a quien ella quería servir. Por otra parte, creía que ella, como el resto del mundo, era "perversa", lo que distaba mucho de la verdad, pero esta convicción le evitaba la necesidad de hacer un inventario honesto aunque probablemente doloroso de su actual condición emocional.

Ella aceptaba sus sufrimientos como un castigo o una lección y en los sentimientos de su oración se resignaba a esto con una total aceptación, de modo que no era sorprendente que ella no pudiera esperar algo mejor de parte de Dios mediante otro tipo de oración. A pesar de que su pronóstico había sido bueno, de que la represión o pérdida de sus talentos podría muy bien ser un pecado contra el Espíritu Santo, ella prefería "temerle" a Él ahora, aceptar sus sufrimientos, y quizá, si las cosas mejoraban, podría amarlo y Él la trataría con bondad.

Otras entrevistas con los del grupo de oración ocasional sencillamente confirmaron estas actitudes y criterios. Ellos comenzaban con un acto de condenación de sí mismos (un grito muy distante de una verdadera confesión, que va acompañada del perdón), seguía una oración negativa, su concepto de Dios oscilaba entre un Dios de ira, que venía a ellos con castigos y martirio, y un Ser lejano, muy ocupado con asuntos cósmicos que quizá, a lo sumo, podría oírlos, si ellos gritaban lo suficientemente fuerte.

Estas técnicas y conceptos estaban diametralmente opuestos a aquellos desarrollados y empleados con notable éxito por el grupo de terapia de oración. Aquí estaba la respuesta al banquero que vino a mi oficina diciendo: "Yo soy de Arizona… ¡pero usted tiene que probarme lo que dice!"

Después de cinco años más de experimentos, dejando de lado los grupos de control que habían servido con este propósito, estamos dispuestos a responder a las preguntas de miles más que desean conocer los actuales desarrollos y procedimientos que han probado científicamente, en un laboratorio académico, que la oración, adecuadamente entendida y practicada, puede cambiar la vida de una persona en cualquier lugar, en cualquier tiempo y a cualquier edad. Es compatible con cualquier religión organizada e incluso está abierta para el agnóstico. Está al alcance de cualquier bolsillo. Después del experimento original, 300 personas han hallado, a través de los métodos que en forma detallada se presentan en los subsiguientes capítulos, la respuesta a cómo podemos cambiar nuestra orientación, salir de la extinción y progresar hacia la serenidad, el bienestar físico y mental, hacia una plenitud de vida.

Capítulo IV. El reino interior

El doctor Carl Jung, gran pionero suizo de la edad de la psicología, afirma que el hombre "tiene únicamente que darse cuenta de que se halla encerrado en su mente y que no puede escapar de ella, incluso en la locura; y que la apariencia de su mundo y de sus dioses depende en gran medida de su condición mental". Esto es fraseología moderna.

Cristo Jesús lo dijo más sencillamente: "El reino de Dios, de los cielos, está dentro de vosotros mismos".

A la inversa, ¿qué pensar del reino del infierno?

William James, el famoso psicólogo y filósofo americano, responde: "El infierno futuro, del cual habla la teología, no es peor que el infierno que nosotros mismos hacemos en el mundo cuando con frecuencia modelamos nuestro carácter en mala forma".

Si los dos reinos están dentro de nosotros, en nuestras mentes o en nuestras conciencias, ¿no podemos acaso escoger abrir la puerta de uno de ellos, o vivir en el cielo, en la armonía y el bienestar, o en el caos, la confusión y el sufrimiento?

Inmediatamente viene la respuesta: "¡yo ciertamente no he escogido estar deprimido, miedoso y nervioso, sufrir jaquecas y úlcera!" Klaus, en nuestro experimento de terapia de oración, no escogió conscientemente la epilepsia, la afición a las drogas, el alcoholismo como parte de su vida. Sin embargo, el primer paso consistió en aceptar el hecho de que las causas, ya sean con nuestro consentimiento o sin él, se hallan ciertamente dentro de nosotros mismos. Jesús lo dijo. La psicología moderna también lo afirma. Y, aun más, nuestro experimento lo comprobó. Así, pues, si la causa está adentro, la curación tiene que estar también adentro. Esto también lo comprobamos.

Juan el Bautista y Jesús insistieron en la necesidad del "arrepentimiento" ya que "el reino de los cielos está cerca". Y la traducción literal de aquella palabra es "cambio de mente". Para hacer esto encontramos que debíamos hacer una investigación y un intrépido viaje hacia el reino interior, para ver lo que hay allí y ser capaces de reconocer aquello de que debemos liberarnos antes de que podamos esperar establecer una armonía interna.

Es verdad que ningún hombre escoge a sabiendas volverse inútil, enfermo o un peso para sí mismo. Pero la ignorancia de las leyes que rigen el mundo interno, las buenas intenciones con las cuales dice el proverbio que está empedrado el infierno, aun vivir limpiamente y "ser bueno", no han sido suficientes para ayudar a Jerry, el hijo del ministro protestante, ni a Ester, la joven maestra de escuela, ni a los 13 otros integrantes del grupo de oración ocasional a escapar precisamente de tales manifestaciones. Para la mayoría de nosotros esta región interior es tan oscura e inexplorada como el África de Livingstone en la que no se puede penetrar sin un mapa y un guía.

En el año 400 antes de Cristo, Sócrates lanzó su famoso reto: "Conócete a ti mismo". Jesús fue aun más explícito: "Debes conocer la verdad, y la verdad te hará libre". El Nazareno suscitaba una protesta perentoria en sus oyentes: "Somos libres", decían. "Hemos nacido libres y no somos esclavos." Humanamente, en el aspecto externo, esto era verdad. Entonces Él tuvo que hacer referencia a su reino, "no de este mundo" sino "dentro de vosotros mismos". El no habló de libertad de cadenas y azotes y de esclavitud en el sentido material de estas palabras, sino de la libertad de las cadenas y latigazos del miedo, la tensión, la preocupación, la depresión que nos mantienen en cautiverio mental y emocional, y nos arrastran hacia un verdadero infierno en la tierra.

¿Por qué sucumbimos? Porque, hasta ahora, muy pocos de nosotros hemos aprendido cómo conocer la verdad acerca de nosotros mismos, y ni nos atrevemos a mirar hacia el interior. Quizá haya tesoros ocultos pero también sospechamos que quizá haya gran cantidad de basura y de escombros. Es fastidioso y aun doloroso excavar y mirar lo que se saca, y la reacción individual ante tal exploración es la de mirar solo las cosas hermosas e ignorar los rincones oscuros.

¡No hay engaño tan grande como el autoengaño, ni tan peligroso!

Es bueno recordar, antes de que nos alejemos de la necesidad de "encontrar aquello en que debemos trabajar aunque duela", como decía nuestro amigo Klaus, que el hombre no tiene poderes o facultades para olvidar sino solamente para recordar. Sin embargo, nosotros podemos escondemos de nosotros mismos. Nuevamente, *¿por qué?*

En primer lugar porque tememos ser condenados por nosotros mismos y por los demás. Por una parte, nuestra propia estimación se quebrantaría. Por otra parte, la gente no nos querría. Ellos absuelven y condenan. Lo sabemos de hecho. ¿Acaso nosotros mismos no absolvemos y condenamos a los demás? Y así, aunque no podamos olvidar, podemos sepultar lo que es desagradable, dejando así que la ponzoña se manifieste en síntomas orgánicos y neuróticos. Pero no nos equivoquemos al respecto. Hasta que no saquemos todo aquello, ¡allí estará! Así, pues, el primer paso que dimos en la terapia de oración fue *hacer de la oración una práctica de honestidad.*

La llave del reino

Las guías que empleamos, una vez que aceptamos esta clave o llave como la necesaria para entrar en el reino interior, serán presentadas en detalle en capítulos ulteriores. Pero hallamos que primero teníamos que creer que esta era la llave y deberíamos usarla, deberíamos honestamente mirar hacia el interior. Si no lo hacemos, tendremos muy poca comprensión acerca de qué nos impulsa y por qué; en otras palabras, no tendremos un control consciente sobre nuestras decisiones y acciones. Nuestras personalidades superficiales serán como autómatas siguiendo patrones inconscientes de conducta profundamente ocultos y no seremos esa individualidad dotada de voluntad y libertad en la cual todos creemos.

¿Es esto difícil de aceptar? ¿Creemos que estamos en el asiento del conductor durante todos los momentos en que estamos despiertos? Pensemos en el exitoso ranchero: un ingreso económico muy cómodo, llevando una vida rural fácil, con una esposa y unos hijos encantadores, que ingresó a nuestro experimento de terapia de oración cuando una clínica médica muy conocida había recomendado una operación para extirparle una parte del estómago. Aquí parecía no presentarse la situación de preocupación y de tensión responsable de su dolorosa úlcera.

Ciertamente él podía negar y de hecho negó que hubiera escogido la úlcera. Claro que conscientemente no lo había hecho. Pero con los señalamientos que le formulé desde sus primeras pruebas psicológicas, comenzó a ver lo que había escogido. Uno de estos señalamientos decía: "Él es tremendamente crítico hacia todo ser humano. Siente como si todos le hubiesen hecho daño". Otro dice: "No puede realmente apreciarse a sí mismo. Teme enfrentarse al resentimiento y a la hostilidad que ha acumulado con base en desaires reales o imaginarios".

¡Amargo criticismo! ¡Hostilidad! ¡Temor! Desde que el sentimiento de culpa reprimió todo esto profundamente no se presentó ninguna manifestación de enemistad hacia su prójimo, pero aparecieron los síntomas de la úlcera. Más tarde él mismo comentó: "Nadie quiere pensar que sea capaz de odiar, aunque no sea en gran escala. Si mi úlcera no hubiera sido terriblemente dolorosa, yo probablemente me hubiera vuelto a casa después del primer señalamiento".

Aquí reside el valor de este alarmante dolor. Él tuvo que enfrentarse y reconocer que el odio, la hostilidad, la amargura, la crítica habían sido sus fuerzas impulsoras durante años, aunque él no lo supiera.

"Mi primer paso fue asumir el riesgo", decía. "Darme cuenta de que una emoción negativa no surge porque lo miren a uno... y que era preciso ser honesto consigo mismo." En otras palabras, *hacer de la oración una práctica de honestidad*.

Si usted no cree que este precepto sea difícil, espere hasta que usted haya terminado el capítulo acerca de los cuatro demonios y los capítulos 11 y 12, ¡y luego haga la prueba! Emprenderlo intrépidamente puede causar un verdadero terremoto en ese reino interior. Recuerde que no vamos a detenemos ahí.

El joven cultivador de naranjas admitía que el simple descubrir los lugares oscuros, las tendencias ocultas detrás de la máscara, no lo liberaban de sus problemas ni realizaban un completo cambio de sus actitudes. Eso vino más tarde con el uso directo de la oración. Pero le dio a él la oportunidad de hacer una elección consciente, y de ponerse alerta acerca de lo que él había escogido en el pasado. En ese momento no llegó a ser lo que quería ser, lo que Dios deseaba que fuese. Simplemente descubrió lo que él era y lo que *no* deseaba ser.

El primer paso solo requiere una voluntad de ver honestamente lo que hay en nuestra mente. La reacción normal cuando se escudriña un rincón oscuro es la de volverse inmediatamente al bullicioso mundo de cada día, encender la televisión y distraerse. Creemos que es más fácil estar con la muchedumbre, dirigir nuestra atención solamente hacia las cosas que impresionan nuestros cinco sentidos, olvidando la afirmación de Jung de que la apariencia de este mundo, nuestra reacción ante ella, además de nuestro crecimiento hacia la madurez, nuestra salud corporal, nuestra evolución espiritual, dependen, no del mundo exterior, sino de nuestro mundo interior. "El reino de los cielos está dentro de vosotros mismos."

Si queremos cambiar nuestras vidas, el primer cambio debe venir de nuestro interior, del ámbito de nuestra propia conciencia. Ahora bien, ¿qué sabemos acerca de la conciencia humana?

EL HIPNOTISMO Y EL INCONSCIENTE

Más abajo del nivel de nuestra mente pensante y racional, la mente consciente que ha estado condicionada por la educación, el medio ambiente y la experiencia, subyace una gran corriente de conciencia, la cual, en su mayor parte, desconocemos.

A medida que varían las profundidades, facetas e intérpretes, varían también sus nombres o denominaciones. Inmediatamente debajo de la superficie se halla un estado que Jung llama el inconsciente personal en el que se conservan recuerdos reprimidos y material emocional. Esta región de penumbra que nosotros mismos enriquecemos, se halla situada entre nosotros y los niveles más profundos de la actividad inconsciente como una especie de dictador en las dos direcciones. La gran corriente actual de la conciencia, además de esto, contiene no solamente nuestra herencia de instintos y patrones de conducta de toda la raza, sino la capacidad de actuar de acuerdo con las sugestiones que se le hagan. Para la mayoría de nosotros todo esto es más una teoría complicada y la evidencia es muy relativa. ¿Tenemos acaso algunos ejemplos concretos que prueben la existencia y el poder de este invisible pero talentoso inconsciente, y de cómo funciona?

Una manera de ver ambas cosas se logra cuando el consciente, la mente condicionada, con todos sus poderes de veto, de supersticiones, de temores, etc., está sometida bajo control. Esta condición se realiza en el hipnotismo.

F. W. Myers en su obra *Human Personality*[1] da un ejemplo típico en que una joven sin estudios ni práctica fue llamada de improviso para representar el papel principal en una obra de teatro. Ella estaba totalmente abrumada por el temor a salir al escenario y sentía que no podría hacerlo. Sin embargo, bajo la influencia de un ligero hipnotismo, pudo actuar en forma muy brillante y mereció excelentes juicios de los críticos teatrales.

La función de la hipnosis aquí fue, primero, la de dejar descansar o relajar las inhibiciones de la mente consciente, penetrar en el inconsciente personal lleno de recuerdos sepultados de fracasos anteriores, y evocar luego el gran inconsciente para que se manifestara mediante el uso de la sugestión. ¡Y se manifestó!

Es posible probar, sin sombra alguna de duda, el efecto de la sugestión sobre el organismo de una persona por medio de la hipnosis. En un experimento en el que yo participé, el sujeto hipnotizado, un joven de 25 años, fue interrogado si quería fumar. El hipnotizador, en lugar de darle un ciga-

[1] F. W. H. Myers, *Human Personality and its Survival of Bodily Death*, Londres, Longmans Green, 1903.

rrillo, le dio un pedazo alargado de yeso, el sujeto lo aceptó y comenzó a chupar y aspirar exactamente como si estuviera fumando. Interrogado si le gustaba la marca de cigarrillo, respondió afirmativamente. Enseguida, el hipnotizador dijo con tono fuerte y de terror: "¡Mire! ¡Se está quemando el dedo!" Inmediatamente el joven arrojó el pedazo de yeso y se quejó de que le dolía el dedo. El hipnotizador le sugirió enseguida que efectivamente se había quemado. Cuando examinamos el dedo, una ampolla había aparecido en donde anteriormente sujetaba el trozo de yeso, sin que momentos antes existiera.

Obviamente la mente de este joven se liberó de la creencia consciente y habitual de que el yeso no quema y los cigarrillos encendidos sí, ya que no solamente él aceptó mentalmente esta sugestión sino que *su cuerpo la aceptó* y obedientemente manifestó las quemaduras.

Hay innumerables casos de fortaleza física en personas débiles, de extraordinario valor en sujetos con temores particulares, como el hombre que le teme a los lugares altos pero es capaz de caminar por una tabla estrecha y elevada, en estado hipnótico, comprobando nuevamente el hecho de que, cuando se remueven bloques interiores, el inconsciente puede armoniosa y libremente actuar produciendo los resultados deseados.

Sin embargo, el hipnotismo no es una panacea para los males de todo el mundo. No es un arte nuevo y sus usos no son desconocidos para la psicología y la psiquiatría. Veamos cuáles empleos le dio Freud y por qué abandonó la sugestión hipnótica en favor del análisis consciente.

Hace un siglo que Sigmund Freud, el famoso revolucionario de la psicología médica tal como la conocemos en la actualidad, aceptó el desafío de convertir esta ciencia, de un estudio mecánico de los lóbulos y divisiones del cerebro y de las diversas ramificaciones del sistema nervioso, en una ciencia de la mente y de la conciencia.

Al principio Freud utilizó el hipnotismo para mantener inhibida la actividad de la mente consciente mientras él penetraba y exploraba directamente el inconsciente.

Emest R. Trattner, en su biografía de Freud,[2] cuenta que este, después de un periodo breve, comenzó a encontrarle diversos inconvenientes a la técnica hipnótica. "A menudo solo procuraba un alivio pasajero. Además era peligrosa para personas que, hipnotizadas con frecuencia, adquirían la tendencia a una cierta flojedad de ánimo y una predisposición a la suscepti-

[2] Ernest R. Trattner, *Architects of Ideas*, Nueva York, Carrick & Evans, 1938.

bilidad respecto de la más leve sugestión por parte del médico, aun cuando estuviesen despiertos."

Freud había descubierto que las técnicas conscientes, aunque a menudo requieren mayor esfuerzo por parte del terapeuta, funcionaban mejor y producían efectos más duraderos. Fue entonces cuando, según Trattner, "ocurrió un incidente que precipitó su decisión. Una paciente a la cual había tenido bajo tratamiento hipnótico por un cierto tiempo, en una de esas sesiones entró en trance y repentinamente abrazó a Freud por el cuello, y habría surgido una situación muy embarazosa si no hubiese entrado inesperadamente una sirvienta disipando así la atmósfera tensa. Freud no quiso más incidentes parecidos, los cuales de ninguna manera podía prever fundado en la información recogida en el tratamiento hipnótico".

Aunque el hipnotismo manejado por expertos tiene un valor terapéutico en casos específicos, no es juego mágico y debe desaconsejarse el empleo no científico que hacen algunos aficionados.

Debemos también observar aquí que igualmente el psicoanálisis freudiano tampoco es para aficionados y cuando no se conoce ni se sabe manejar, puede indudablemente causar mucho más mal que bien. En ningún momento queremos en este libro sugerir o fomentar el análisis profundo por parte de aficionados, cuando se trata de personas seriamente enfermas mental y emocionalmente y que necesitan la ayuda de un experto. Lo que nosotros queremos indicar es como la mayoría de nosotros, que llevamos una "vida de tranquila desesperanza", sufriendo síntomas psicosomáticos o experimentando, en general, que nuestra vida diaria no es lo que debía ser, podemos adquirir la capacidad de hacer de la oración una práctica de honestidad, para conocer la verdad sobre nosotros mismos, como un primer paso hacia la libertad.

Al considerar la evidencia del poder del inconsciente tal como se manifiesta en el hipnotismo, hay otro aspecto que debe tenerse en cuenta. La sugestión como acto de una mente que ejerce una influencia en otra mente. Supongamos que se trata de una mente "buena", "correcta", posiblemente inteligente y sabia, y sabemos que la persona hipnotizada no puede ser inducida a *ejecutar* algo que se oponga violentamente a su propia voluntad o a su carácter natural. Sin embargo, cualquier cambio inducido por el hipnotismo, por benéfico que sea, *no puede cambiar su mente consciente*, ni acercarla a nuestro primer paso, la honestidad consigo mismo. La joven artista que fue capaz de actuar bajo los efectos de un ligero hipnotismo que le sugirió la superación de sus temores, no dejó de tenerlos. Ella continuó dependiendo del hipnotismo, y el hipnotizador tenía que estar presente en su camerino para dirigir su pensamiento durante varias semanas. Ella se vio libre de esa dependencia solo cuando la "sugestión posthipnótica" fue sustituida.

Nada de esto nos ayuda a lograr la anhelada posesión de nosotros mismos; encontrando aquello en que realmente queremos trabajar, para alcanzar nuestra propia salvación.

El hipnotismo no es tampoco el único método de conocer el poder del inconsciente. Nosotros obtenemos resultados iguales si no tan dramáticos algunas veces cuando la mente y las emociones están completamente despiertas pero bajo exigencias y presiones inusitadas que sacuden nuestros patrones habituales de pensamiento y nuestras creencias adquiridas sobre nuestros límites.

Acerca de nuestro poder oculto

En el aspecto negativo tenemos ejemplos que nos da Alexis Carrel.[3] "Las emociones —dice— inducen, en individuos especialmente sensibles, sorprendentes modificaciones de los tejidos y los humores. El pelo de una mujer belga condenada a muerte por los alemanes se volvió completamente blanco durante la noche precedente a la ejecución. A otra mujer le apareció una erupción en el brazo durante un bombardeo. Después de la explosión de cada bomba la erupción se hacía más roja y más extensa."

En el aspecto positivo hay innumerables ejemplos de hombres y mujeres completamente conscientes pero que bajo una gran presión son capaces de realizar cosas que considerarían totalmente irrealizables en su vida diaria. Casi toda persona que vivió la última guerra mundial presenció hechos dramáticos como los indicados. Recientemente los diarios informaron de un caso en el que una mujer fue atropellada por un automóvil y había quedado oprimida debajo del mismo. Los espectadores que se juntaron estaban haciendo planes apresurados para levantar el automóvil cuando, de repente, salió de entre la muchedumbre un negro y, delante de más de cien testigos, solo y sin que le prestasen ayuda, levantó el automóvil de manera que la mujer pudo salir. Al día siguiente los periodistas le pidieron que levantara el mismo automóvil para que los fotógrafos pudiesen tomar algunas instantáneas. Fue incapaz de moverlo. Parecería que una crisis pudiese elevamos temporalmente por encima de todo pensamiento de limitación y de temor, y permitiese emplear *fuerzas ocultas y acumuladas que estaban listas para ser utilizadas*.

[3] Alexis Carrel, *Man, The Unknown*, Nueva York, Harpers & Brothers, 1935.

Otra interesante evidencia es la que presenta el doctor E.R. Carlson. Siendo él un enfermo que padecía espasmos espásticos, no solo llegó a ser médico sino cirujano. Cuando iba a iniciar sus estudios universitarios, logró persuadir a las autoridades académicas de donde había hecho sus estudios anteriores para que suprimiesen de sus registros escolares estas dos palabras: "retrasado mental". No solamente sufría trastornos espásticos sino que tenía la tensión y el temblor que a menudo se presentan en tales casos. Sin embargo, cuando se disponía a hacer una incisión quirúrgica, estaba completamente firme y seguro, todo temblor y tensión desaparecían y él podía realizar la operación con gran habilidad.

Parecería que lo que la mente más profunda desea, el cuerpo se esforzara por realizarlo o expresarlo. Esta es la razón por la que nuestro estudio de nuestras verdaderas actitudes y deseos, de nuestras emociones y pensamientos ocultos, es de inmediata y vital importancia. Estamos en la actualidad obteniendo resultados directos de este estudio.

Si queremos los resultados tendremos que realizar un cambio interior. Ahora bien, hemos admitido que conscientemente no deseamos muchas de las cosas que sufrimos. Pero ¿qué es lo que nuestra mente consciente reprime en el subsuelo de nuestro inconsciente personal para fermentar y determinar desde allí "la apariencia de nuestro mundo y de nuestros dioses"? Para hacer de la oración una práctica de honestidad es preciso que nosotros aprendamos a mirar hacia adentro y a saber qué es lo que buscamos.

Capítulo V. Los cuatro demonios

La psicología ha descubierto los cuatro principales agitadores del inconsciente personal. Son el temor, la culpabilidad, los sentimientos de inferioridad, el amor extraviado (el odio). En nuestra terapia de oración, a medida que los miembros ganaban confianza y empezaban a compartir el contenido de los secretos señalamientos que se les hacían, cada individuo hallaba mucho consuelo al descubrir que raramente uno de ellos estaba inmune de estos demonios y que la mayoría tenía un poco de todos constituyendo así un círculo vicioso en la conciencia.

Anteriormente mencionamos al joven cultivador de naranjas cuyos síntomas de úlcera tenían sus raíces en la hostilidad, el resentimiento y el miedo. Exactamente ¿cómo operaban los cuatro demonios en ese caso? Una vez que aceptó el desafío y comenzó a hacer de la oración una práctica de honestidad, se fue enfrentando a la presencia de estas fuerzas negativas. Enseguida, él se vio forzado a preguntar *¿por qué?*

El círculo vicioso

Él recordó una parte de su vida cuando era joven, con sus padres trabajadores y sus hermanos mayores muy ocupados; evocó un fuerte sentimiento de haber sido descuidado, no deseado (inferioridad). Aunque ellos no se interesaban en él, por el contrario él deseaba profundamente amarlos y ser amado de ellos. Esta carencia de afecto y una creciente amargura produjeron en él una vergüenza que trataba de ocultar a los demás y terminó ocultándose a sí mismo (culpa). Surgían después vagos y nebulosos temores y él se defendía de ellos con hostilidad y resentimiento (odio).

Al final de la sesión él hizo una declaración que todos los demás recordaríamos más tarde: "Hoy he recordado con qué violencia he tratado de ocultar mi vergüenza, y me siento más tolerante. Sé que la hostilidad viene de abajo, donde hay dolor y temor, no de la vileza. Cuando usted encuentra rastros de la presencia de uno de estos demonios, seguramente podrá descubrir la presencia de los otros. El más fuerte, que en mi caso era el odio, disfrazado de amargura y hostilidad, fue aquel por el cual inicié la ruptura del círculo vicioso en un proceso de exorcismo o expulsión".

Este proceso de expulsión será detallado en un capítulo ulterior pero por ahora examinemos cada uno de los demonios, de manera que podamos reconocerlos en nosotros mismos.

El temor: el esqueleto en el armario

Uno de los primeros problemas que debemos enfrentar cada uno de nosotros es el del temor. Un hecho médico bien conocido es que el temor actúa sobre las glándulas endocrinas produciendo la disfunción de todo el sistema. Hablando en general, nacemos con dos temores: temor de caer y temor a los ruidos estruendosos. A la edad en que se llega a la madurez seguramente hemos acumulado docenas de temores: temor a la oscuridad, a las alturas, a los lugares cerrados, al sueño, a las serpientes, a las arañas, a la muerte.

Pero a la cabeza de la lista, debido a los efectos nocivos que produce, debemos colocar el temor a nuestros propios pensamientos. No nos atrevemos a pensar acerca de nosotros ni a vemos tal como somos realmente. Negamos determinados pensamientos y emociones. La honestidad interna, como hemos dicho antes, es sumamente dolorosa. Esta negación es una "defensa del yo" y esta "defensa del yo" puede hacer, de la persona, un prisionero, dentro de la cárcel de sus propios pensamientos. Esto implica que las puertas interiores de la mente se cierran. El esqueleto en el armario no debe ser visto por la mente consciente ni por los demás, y es entonces cuando se crea una especie de muro entre el consciente y el talentoso inconsciente, y se erige una turbulenta "zona de nadie" entre los dos. Las puertas de estos dos territorios pueden tan solo abrirse libremente o hacia el afuera del consciente o hacia el adentro del inconsciente. La energía del consciente se utiliza para apoyar ese muro resistente y mantener sepultado el material indeseable, mientras que el inconsciente trata de liberar o descargar esa presión. Por eso la primera tarea para superar el temor a los propios pensamientos es reconocer que reprimirlos, sumergirlos, enterrarlos, no nos trae ningún provecho.

¿Por qué el yo es tan defensivo? ¿Por qué tenemos la tendencia a presentar siempre nuestra mejor apariencia? Los deseos espontáneos y naturales de la más temprana infancia entran en conflicto con el medio ambiente. El niño comienza construyendo un yo y, al mismo tiempo, un superyó (conciencia). El yo elabora mecanismos de defensa contra el ambiente. Y es aquí exactamente donde se comienza a poner en práctica el autoengaño. Desde la niñez se nos dice que debemos ser muy cuidadosos con lo que decimos. Aprendemos que, si decimos ciertas cosas, podemos crearnos problemas. Fácilmente deducimos que es mejor ni siquiera pensar en ellas. Así se va haciendo cada vez más imposible transcurrir un día siendo absolutamente honestos. Inconscientemente reprimimos muchas cosas indeseables... sin embargo, ahí están.

Una de las damas más encantadoras que participó en el grupo original de terapia de oración fue Claudia R. Intelectualmente brillante, había realizado sus estudios con una beca. Más tarde había sido una exitosa artista, profesora de teatro en dos universidades, había contraído matrimonio y tenía una hija. Exteriormente parecía encantadora, una mujer con éxito y gran dominio de sí en todos los aspectos. Ella podía controlar sus emociones completamente, con una sonrisa resplandeciente, pero su organismo la estaba delatando con ataques de ciática, jaquecas, baja presión arterial, vértigos y... un excepcional talento victoriano para el fingimiento.

Mediante los señalamientos que se le hicieron de "inmadurez emocional, tensión, temores, con más sentimientos de culpabilidad que cualquier otra persona que yo haya examinado", ella pudo llegar a admitir, sin subterfugios, que "había sufrido torturas indescriptibles durante años debido a la inferioridad, la culpa y el temor a la gente y a sus opiniones". "No es nada bueno triunfar exteriormente si uno continúa sintiéndose, interiormente, miserable."

Pero el bloque más tremendo que tuvo que ablandarse fue el de su auténtico terror a sus propios pensamientos. Cuando niña había tenido una tía que solía mirar a sus dos hermanas mayores, realmente hermosas, y enseguida dirigiéndose a Claudia le decía: "Pues bien, ya que nunca serás hermosa, tendrás que ser *buena*". Su madre corroboraba esto y, dando énfasis a su viveza intelectual, añadía: "Tú tienes que *triunfar*". Por su esfuerzo en tratar de ser *buena* y *triunfar*, que para ella significaban en el fondo la misma cosa, se fue volviendo artificial, falsa, deshonesta consigo misma y particularmente, puesto que era una joven muy devota, con Dios. Ante todo, antes de que ella tratara de ponerse en su presencia, debía asumir la cara de "niña buena" y decirle a Él tan solo las cosas buenas que había pensado o realizado.

Ella experimentó una gran liberación cuando yo le escribí al pie de uno de sus comentarios confidenciales: "No tema hablar de esto abiertamente con Dios. Él lo sabe de todas maneras… y lo comprende".

Para muchos de nosotros la base de 90% de nuestros temores está en nuestros deseos, proyecciones, que se vuelven contra nosotros mismos. Mala voluntad, resentimiento, hostilidad, envidia rápidamente reprimidos por ese centinela que es la mente consciente, se vuelven contra nosotros convirtiéndose en temor. Jesús sabía exactamente lo que decía cuando insistía en que debemos perdonar a nuestros enemigos, con prontitud, más de 70 veces siete, *antes* de ofrendar nuestras oraciones en el altar. Esta ley, si fuese llevada a la práctica por todos los que profesan el cristianismo, constituiría una prevención psicológica para muchos de nuestros temores.

Los temores que se vuelven contra nosotros aparecerán agigantados, mucho más horribles e intolerables de lo que son en realidad, debido a que el superyó los aumenta y distorsiona. Cuando cualquier temor se apodera de nosotros, es preciso darse cuenta de que tiende a crecer y a parecer peor de lo que fue en un comienzo.

Cualquier psicólogo descontará 50% a la "terrible azotaina" que el paciente dice haber recibido cuando era niño. Su estatura en aquel entonces, además de la ampliación exagerada que el superyó realiza en 99% de los casos, han deformado lo que quizá no llegó a ser sino una ligera zurra.

Recientemente vi a un médico que decía que, aunque había fumado durante años, nunca había vuelto a fumar en presencia de su mamá porque él recordaba con terror el castigo que ella le había dado en una ocasión. Ella era una dama pequeña y frágil, nunca había sido robusta, y lo que yo conocía de ella hacía inverosímiles las afirmaciones de su hijo.

Con la ayuda de su conciencia él había ampliado estas cosas hasta el punto de que se volvió mucho más severo consigo mismo de lo que pudo haber sido su propia madre.

Si rencorosamente conservamos nuestra mala voluntad y no nos liberamos de ella mediante el perdón, se manifestará en nuestras vidas. Y es un hecho comprobado que, cuando tenemos miedo, odio, resentimiento o envidia y los descargamos a través del pensamiento o de la expresión externa, solo conseguimos cosechar lo que sembramos, haciendo que los demás reaccionen, contra nosotros y, a fin de cuentas, que sintamos temor de nuestros propios actos.

Los temores son alarmas presintomáticas. Si el temor es expelido de la mente consciente, superado, nuestros amigos y los de la familia podrán decir que hemos crecido, que estamos maduros. Y si se ha descubierto un método para liberarse de ellos, esto será cierto. Pero si tan solo se sepultan y reprimen podrán reaparecer bajo la forma de síntomas tales como el tartamudeo, los dolores abdominales, la presión arterial alta, un tic, una alergia, una inclinación a la bebida. Sin embargo, los síntomas no son tan peligrosos ni tan dañinos para la personalidad como una completa supresión del temor sin liberación interior. Se tendría entonces una presión volcánica, en la "tierra de nadie", que podría o estallar de repente, produciendo una auténtica catástrofe, o adquirir sencillamente la forma de un alejamiento paulatino de la verdadera vida.

El temor es el motivo de todas las represiones e inhibiciones. El temor a la culpa, el temor de ser descubierto, de ser humillado, comúnmente llamados "neurosis de angustia" son tremendamente dañinos y lo que entonces se requiere, como con todos los temores, es encontrar el objeto que espanta, sacarlo a plena luz y encararlo. Si la confesión y los exámenes particulares de conciencia pueden hacerse con sencillez y honestidad, la supresión y la represión serán superadas.

La persona que se aferra a estos temores sepultados, a menudo se paraliza y se vuelve inactiva. La imaginación de una persona inactiva es incontrolable y no hay límites acerca de qué cosas pueda conjeturar o fantasear.

John Dollard, célebre piscólogo de la universidad de Yale,[1] ha enumerado siete clases de vanos temores bastante comunes entre nosotros.

Temor de:

1. Fracasar.
2. La sexualidad.
3. La defensa de sí mismo.
4. Confiar en los demás.
5. Pensar.
6. Hablar.
7. La soledad.

Examinemos brevemente cada uno de estos temores.

Temor de fracasar

Creer interiormente que se es inferior, pequeño o débil, hace que la persona no se atreva o se desaliente fácilmente. Todos nosotros tenemos en oca-

[1] John Dollard, *Victory Over Fear*, Nueva York, Reynal and Hitchcock, 1942.

siones tales sentimientos y, obviamente, en tales casos estamos derrotados antes de emprender la batalla.

Temor a la sexualidad

Es la causa de que muchos sufran verdadero dolor. En gran medida nuestra educación se basa en un miedo o una mala interpretación de todo lo relacionado con la sexualidad, asociándola fácilmente con la culpabilidad. Un gran número de gente casada continúa experimentando temor ante el sexo y se rehúsan a aprovechar su libertad para cimentar sus relaciones dentro de este modo natural y normal de expresión del amor conyugal.

Aunque actualmente los padres de familia y el clero se consideran suficientemente ilustrados en este tema, la lucidez es a menudo solamente intelectual, y experimentan todavía emocionalmente una desconfianza y un bochorno al tratar de la sexualidad. Quizá debido a que esta tendencia cuando está mal orientada (y lo mismo ocurre con todas las tendencias poderosas) se torna violenta y devastadora y conduce a callejones oscuros, y parece casi imposible, para quienes son responsables de la actitud de los niños respecto de la sexualidad, tratarla como la cosa natural y hermosa que el Creador quiso que fuese.

Para comenzar a superar ese torpe temor al sexo, el individuo debe determinar en qué medida este temor está determinando su conducta y desenmascararlo, ya sea que aparezca bajo la forma de frigidez, de moralidad, de egoísmo o lo que se quiera. Enseguida es preciso identificar el impulso que origina ese temor y, una vez identificado, se está listo para responder en forma sana.

Temor a defenderse

Surge de una pérdida del propio respeto y estimación, y consiste en una incapacidad para defender sus propios derechos e insistir en una justa distribución de las cosas. Esta tendencia lleva a sufrir en silencio mientras el resentimiento crece interiormente. Para muchos aquí se presenta una confusión con ciertos principios religiosos. La mansedumbre y la humildad en el sentido en que las enseñó Jesucristo no nos niegan el derecho de ser hijos de Dios y coherederos con Cristo. De hecho, Él nos manda que nos esforcemos para lograr esta identificación.

Tenemos el ejemplo de una mujer que vino a una de nuestras sesiones de terapia de oración y era totalmente consciente de que su esposo tenía una relación extramarital con una mujer a quien ella conocía bien. Sin embargo,

Tina estaba sufriendo esto con "mansedumbre y caridad cristianas". Para la mayoría de nosotros esto constituye una irritante distorsión de la idea de caridad, aunque es más frecuente de lo que creemos. En este caso particular, la mujer se apreciaba a sí misma muy poco, estaba muy lejos de sentirse una verdadera hija de Dios, hecha a imagen y semejanza de Él. No existe ninguna exigencia religiosa según la cual nosotros debamos minimizar la confianza y el respeto que debemos a nuestra propia persona. En verdad, esta mujer había asumido para sí, desde su niñez, todas las formas de deficiencia y limitaciones. De niña había sido severamente castigada por cualquier travesura y, cuando cualquier actitud agresiva de su parte suscitaba una contraagresión violenta, su pequeña estatura la imposibilitaba para defenderse.

Una vez que ella reconoció que el temor a defenderse equivalía a un insulto a la personalidad que Dios le había dado, estuvo pronta para revalorizarse ella misma. Su esposo empezó a tener un nuevo concepto de ella y su matrimonio continuó armoniosamente pero sobre nuevas bases.

Temor de confiar en los demás

Es una falla constante en nuestras relaciones humanas. "No dependa de los demás y no será defraudado." "Si usted quiere que se haga algo, hágalo usted mismo." Un joven que había vivido en una continua carencia o vacío de amistad llegó a admitir que él "se protegía a sí mismo anticipándose a hacer a los demás lo que él temía que le hicieran (y efectivamente se lo hacían), criticándolos antes de que ellos pudieran sorprenderlo, herirlo o desilusionarlo. Y luego, puesto que tenía tan pocos amigos, pensaba que su sentimiento era justificado. Durante la Segunda Guerra Mundial quería desesperadamente llegar a ser oficial, pero descubrió muy pronto que los mejores oficiales eran aquellos que podían delegar su autoridad con confianza y también dirigir cuando era el caso. Él comprendió que su vida dependía de la confianza que tuviera en alguien... quisiéralo o no... y así la vida le confió a él el secreto y la experiencia de la verdadera confianza. Fue progresando paulatinamente y, cuando lo logró, pudo llegar a ser un excelente oficial.

Temor de pensar y temor de hablar

Nos sobrevienen en algunas ocasiones, debido principalmente al tipo de educación de nuestra mente consciente, que produce tantas inhibiciones. Nos castigan por cuchichear en la escuela y todos hemos pasado por la agonía de soñar o imaginar que algún mal pensamiento o alguna palabra incorrecta se nos escapara en plena iglesia o en una reunión social. Un momento de descuido podría revelar lo que está detrás de la máscara que presentamos al mundo.

El temor de pensar aumenta cuando comprendemos que nuestros pensamientos afectan al mundo externo de alguna manera. Pero una mayor comprensión nos libera de este temor. Descubrimos que precisamente los pensamientos que retenemos, conservamos, afirmamos y reiteramos, en otras palabras, los pensamientos en que fijamos la atención, son los que producen efectos. Todos, incluso aquellos que llamamos santos y que estaban continuamente alerta, somos atacados por los denominados "malos pensamientos". Una cosa importante que hay que recordar es que, una vez reconocidos y francamente manejados, estos malos pensamientos *no tienen absolutamente ningún poder de hacer daño.*

A menos de que comprendamos esto, tendremos cada vez más miedo de nuestros propios pensamientos. La conciencia de la raza y las poderosas sugestiones a las que estamos expuestos todos nosotros en la actualidad nos lanzarán "bolas sucias", como en el juego de béisbol, pero depende de nosotros aceptarlas o *lo que capta su atención, lo capta a usted.* Pero antes *tiene que captar su atención.*

A veces es demasiado obvio en los pequeños lapsus o errores que cometemos al hablar. Uno de mis ejemplos favoritos es narrado por Louis Untermeyer a propósito de la encantadora familia Morrow. La señora Dwight Morrow debía ofrecer un té al gran financiero J.P. Morgan. Las dos hijas de ella, una es la actual Anne Morrow Lindbergh de fama literaria, habrían de presentarse en la reunión. La señora Morrow, conociendo el candor usual de Anne, empezó a temer a la lengua ligera de su hija ya que el señor Morgan tenía una nariz muy grande, colorada, que constituía un objetivo perfecto para la curiosidad infantil. La señora Morrow les había insistido en forma indirecta a sus dos hijas acerca de la necesidad de no llamar la atención sobre la irregular o insólita fisonomía del huésped.

El señor Morgan llegó oportunamente y las dos jovencitas se portaron con admirable compostura, siendo prontamente invitadas a que se alejaran a sus actividades juveniles. Cuando la señora Morrow experimentó ya una sensación de alivio y de descanso, se volvió hacia su invitado y le preguntó con la mayor amabilidad del mundo: "Señor Morgan, ¿desea usted uno o dos terrones de azúcar en su nariz?"

Lo que le ocurrió a la señora Morrow, esta pesadilla del desliz o la equivocación en la vida social, puede habemos ocurrido a todos. Nos sentimos nerviosos y nos reímos cuando se nos relata uno de estos incidentes. Algunas veces esos temores los soñamos y entonces nos vemos llegando al Metropolitan Opera House con pijama y en bicicleta. Pero, cuando sube de grado, experimentamos un terrible temor oculto que puede producir el tartamudeo y una conducta irracional.

Aquellos que padecen un marcado temor de pensar o de hablar son personas francamente dependientes, sometidas, a menudo sugestionables. Cuando son demasiados en una nación o en un grupo, pueden fácilmente verse privados de su libertad de expresión y someterse rápidamente a un dictador que les prometa realizar por ellos todo lo que sueñan, eliminando así el temor.

Temor a la soledad

Es uno de los temores más comunes. Podemos recordar ocasiones en que nos hemos quedado solos o en que nos castigaron enviándonos a nuestra habitación. Las amenazas de abandono son frecuentes. Cuando se pronuncian, ese temor torna inquieta y ansiosa a la persona que buscará a toda costa compañía y distracción. En ciertos casos la soledad es una condición para el encuentro de ideas creadoras, para la meditación, la oración, el ensueño, el pensamiento profundo, y se obtienen óptimos frutos cuando podemos estar serenos y tranquilos en nuestra propia compañía, lejos del "mundo, su barahúnda y sus caprichos".

La persona sabia se examinará honestamente y admitirá los temores que reconozca. Reconocimiento y admisión son el principio de la honestidad para consigo mismo. Es preciso recordar que el temor consume energías que el organismo necesita, nos hace gastar y pagar más de lo que hemos acumulado y afecta a las células del organismo. Hay que recordar igualmente que aunque nuestros temores particulares puedan parecer absurdos a mucha gente, sin embargo, a nosotros nos causan una gran angustia mental y física. Una vez que los hayamos descubierto e identificado estaremos preparados para emprender su eliminación tal como lo detallamos en ulteriores capítulos.

Culpabilidad normal y anormal

Cada uno de nosotros tiene sentimientos de culpa y debe enfatizarse desde el comienzo que aquí no nos referimos a la *culpa normal*.

Podemos observar las leyes que rigen el universo y al hombre. Toda persona racional admitirá que el universo está regido por leyes "naturales".

Podemos confiar en ellas, se pueden determinar y son buenas. El hombre también, cuando funciona adecuadamente, es regido por leyes que nosotros concebimos como divinas, no hechas por hombre alguno. Estas son muy diferentes de las leyes de tráfico, por ejemplo, en las que si usted comete una infracción pero no atropella a nadie ni es detenido por la policía, no pasa nada. Estas leyes divinas no son tan obvias, aunque no puedan transgredirse sin que se produzca algún efecto en nosotros y generalmente también en otros. No quebrantamos una ley divina sino que nos quebrantamos a nosotros mismos en esa ley.

Una mujer de edad avanzada que ingresó en nuestro grupo de terapia de oración había estado quebrantando constantemente, aunque de manera inconsciente, la ley del amor. La señora S. estaba convencida de que su nerviosismo exagerado, su debilidad, sus tensiones, su artritis y en general su mala salud eran una consecuencia necesaria de su edad. Había ingresado a la terapia de oración, decía ella, debido al consejo de un clérigo de que "ampliara su concepto de oración y acrecentara su poder de *ayudar a otros a cambiar sus vidas*". Yo conocía personalmente a ese clérigo y sabía que él esperaba otras cosas de la terapia de oración. En su opinión, la incapacidad de ella para reconocer sus propias motivaciones estaba arruinando no solo la vida de ella sino la de su hijo y su nuera. Su reacción ante el señalamiento inicial que se le hizo fue de un enojo enorme, pues se le indicó que ella estaba quebrantando la ley del amor de múltiples maneras. Para afianzar su propia personalidad y compensar su creciente sensación de inutilidad, no halló nada mejor que censurar todo lo que hacía su nuera. Continuamente la subestimaba y trataba de convencer a su hijo de que su posición financiera se debía a la mala administración de su esposa. Estas relaciones tensas fueron más allá de las tradicionales y humorísticas anécdotas sobre las suegras, y llegaron a constituir una verdadera amenaza.

Uno de los señalamientos que se le hicieron decía: "Ella está *gozando* con sus problemas y sufrimientos, inspirando compasión como un medio de atraer hacia sí la simpatía y la atención (sustitutos del amor)." Sí, ella buscaba amor. Pero quebrantando esa misma ley, solo lograba ahuyentar el amor de su propia vida.

Si nosotros quebrantamos una ley superior al nivel de lo simplemente impuesto por el hombre, nos daremos cuenta de que eso tiene un resultado directo. Que alguien descalifique a la psicología con la idea de que "justifica la conducta discutible, dando razones de por qué usted hace lo que hace, sencillamente no entiende lo que es la psicología". El objetivo de esta ciencia es proporcionarle a usted una mayor lucidez de conciencia, explicarle por qué existen esos demonios interiores, de manera que usted pueda hacer una elección más razonada y libre.

Una mujer que vino a pedir ayuda, pudo finalmente enfrentarse a la idea de que ella conservaba una tremenda hostilidad hacia su madre y, mirándome con enojo, confesó: "¡Usted sabe perfectamente que si yo odio a mi madre es porque ella me trajo al mundo!" Esto sin duda era cierto, pero se necesitó tiempo para hacerle comprender que, una vez reconocida, no hay justificación que valga para que se perpetúe así una hostilidad... ni liberación posible para quien se aferra al rencor.

Si yo miento, engaño, robo o cometo cualquiera de los actos conscientes que me hacen sentir culpable, esto no constituye un "subterfugio psicológico" que deba eliminarse. Esta culpa normal es la consecuencia de mi mal obrar. El dolor mental o moral es una alarma tan segura como el dolor del cuerpo lo es de que algo dentro de nosotros no marcha bien. Los sentimientos normales de culpabilidad nos llevan a adoptar una actitud nueva y sana de espíritu.

Acerca de la culpabilidad normal este punto debe enfatizarse debido a su importancia. Si yo engaño o calumnio a otro, por ejemplo, yo sé profundamente en mi interior que soy de la clase de personas que puede y de hecho hace tal cosa. El psicólogo así como el pensador religioso llama a esto "deterioro del carácter". A menos de que ese proceso destructivo se detenga o, mejor aun, se invierta, la repercusión de estos sentimientos puede ser fatal.

Un estudiante joven que vino a verme recientemente me contó que había sustraído cinco dólares de la billetera de su compañero de habitación mientras este estaba bañándose. Sabía que su amigo nunca sospecharía de él, pero sufría mucho y deseaba mi ayuda. "Yo no puedo aliviarte de tu culpabilidad normal", le expliqué. "Pero tú puedes ayudarte a ti mismo. Devuélvele el dinero o, mejor aun, dale un vuelco positivo a la situación confesándole honestamente, a él, lo que tú hiciste." El joven devolvió el dinero pero fue incapaz de decir la verdad y la falta de confianza fue creciendo entre él y su amigo.

El caso contrario es el de un muchacho que vino a verme a la universidad, y me dio diez dólares, diciendo: "Yo se los debo a usted. Una noche tomé en su nombre unos boletos para una representación y esto me ha estado quemando los dedos. Desde entonces no he sido capaz de enfrentarme a usted." Puesto que no podía haber ningún reproche de mi parte para un hombre que tenía el valor de semejante conversión, desde entonces aquel joven y yo fuimos mejores amigos puesto que pude reconocer y admirar el esfuerzo y el valor que constituían extraordinarias fuerzas de su carácter.

El sentimiento de culpa normal es una cosa saludable. Sin embargo, se da el peligro de exageración cuando excede las debidas proporciones. Los muchachos y muchachas que en sus citas se acarician apasionadamente experimentan algunas veces intensos sentimientos de culpa, y como la curiosidad sexual en los niños y, más tarde, la masturbación pueden convertirse en fuentes exageradas de culpabilidad que perduren, haciendo reaccionar ante la sexualidad con culpa o con temor. La culpabilidad exagerada engendra la morbosidad y el miedo.

Algunas personas solo tienen sentimientos de "culpabilidad social". Ellos sienten que seguramente sus familias o sus amigos desaprobarían lo que ellos hacen o quisieran hacer. Llevando esto a un grado mayor, llegarán a temer pensar esas cosas dejando que su propia conciencia decida, y podrán proseguir de todas maneras actuando en forma impulsiva. Este tipo de personas es casi siempre muy egoísta y presumido. Las gratificaciones se hallan fijadas en niveles infantiles. Como es fácil para ellos racionalizar, pueden continuar atacando y explotando a los demás para obtener su propia satisfacción. Para ellos, esto significa triunfar. Puesto que la gente tiende a parecerse a los pensamientos que tiene, estas personas pueden o llegar a ser degenerados, enfermos, insatisfechos de sí mismos y hasta suicidas, o llegar a sufrir síntomas psicosomáticos.

Además de la culpabilidad normal, de la exagerada y la social, encontramos otras cosas que nos causan profunda vergüenza y las cuales hemos reprimido al nivel preverbal, en donde envenenan y corrompen. Los resultados son generalmente devastadores. Los sentimientos de culpa pueden causar la disociación de las funciones del organismo hasta tal punto que resulten perjuicios parciales o totales. La medicina psicosomática ilustra esto muy claramente. Nuestros experimentos lo comprobaron. Los ejemplos son numerosos.

Conocí a un ministro que tenía tanto temor de pensar y de hablar que la culpabilidad reprimida le robaba literalmente el uso de la voz. Un mujer, cuyo esposo era alcohólico, sufrió una forma de ceguera histérica cuando asumió sobre sí misma la culpa de su esposo.

Durante la guerra un piloto de 24 años con quien participé en una misión aérea un miércoles tuvo que ser hospitalizado el jueves siguiente debido a la parálisis del brazo derecho. Se le podía punzar con agujas en este brazo y no sentía. Se requirió algún tiempo antes de que él pudiera asociar esto con un episodio que le había ocurrido cuando era bastante joven. En un ataque de furia, él golpeó a su hermana pequeña, causándole una lesión que perjudicó su oído. Bajo la tensión de la guerra esta culpabilidad, que estaba sepultada y había sido disimulada por sus padres, se manifestó bruscamente bajo la forma de una privación de las funciones normales del brazo "culpable".

El primer paso para liberar a alguien de ese sentimiento anormal de culpa es llevarlo al nivel normal, verbal, y examinarlo. La culpabilidad anormal es, pues, la hermana ilegítima de la conciencia normal. La una es destructiva. La otra es constructiva. Darnos cuenta de este hecho nos ayudará a reconocer la elección que hayamos hecho de una de las dos.

Sentimientos de inferioridad

No existe lo que pudiera llamarse un "complejo de superioridad". Hay un egocentrismo, una voluntad caprichosa. Las que parecen actitudes superiores en realidad suelen ser una máscara que esconde sentimientos de incapacidad. Es una cosa bastante conocida y verificada por los clínicos y terapeutas de la higiene mental, que nosotros nos apreciamos muy poco. ¿Por qué? En parte por las desilusiones y frustraciones que hemos sufrido en nuestro desarrollo. Muchos de nosotros hemos sido ridiculizados, humillados, subestimados en ciertos aspectos y en ciertos momentos de nuestra vida.

El niño es débil física e intelectualmente en comparación con los adultos, y si los adultos que encuentra en su vida no están motivados por la sabiduría y el amor (esta ley inquebrantable), seguramente sufrirá presiones y frustraciones que lo harán tímido, huidizo, esquivo. O reaccionará en forma opuesta siendo un exhibicionista, un rebelde y quizá hasta un delincuente. Si esta dificultad no se resuelve en la infancia, continuará el despliegue de reacciones infantiles.

Katz y Thorpe[2] asocian los sentimientos de inferioridad con un determinado tono emocional de temor. Estos autores señalan que la mayoría de nosotros nos sentimos inferiores durante breves periodos de tiempo y en determinados aspectos. Los sentimientos de inferioridad se consideran como desajustes de grado intenso solamente cuando la actitud de inadecuación afecta a todas las experiencias del individuo. Cuando esto acontece, el individuo tiene el sentimiento de una indignidad e inadecuación completa.

[2] Louis R. Thorpe y Barny Katz, *The Psychology of Abnormal Behavior*, Golden, The Ronald Press, 1948.

Katz y Thorpe señalan los siguientes síntomas como indicaciones de la presencia de un grado bastante pronunciado de sentimientos de inferioridad:

Aislamiento: el individuo evita estar con otros y rehúsa participar en actividades sociales y busca estar solo.

Conciencia de sí mismo exagerada: el individuo es reservado y lo impacienta fácilmente la presencia de otros.

Hipersensibilidad: el individuo es especialmente sensible a la crítica o a la comparación desfavorable con otras personas.

Proyección: el individuo culpa y critica a los otros viendo en ellos rasgos o motivos que sería indigno que él tuviese.

Autorreferencia: el individuo se aplica todos los comentarios desfavorables y las críticas hechos por los otros.

Llamar la atención: el individuo procura atraer la atención por cualquier método que le parezca que tenga éxito. Se esfuerza en que se fijen en él mediante artificios burdos con los cuales generalmente no gana ante los ojos de la sociedad.

Afán de dominio: el individuo trata de gobernar a otros generalmente más jóvenes y más pequeños que él, intimidándolos con sus bravuconadas y desaprobaciones.

Compensación: el individuo disfraza su inferioridad exagerando un rasgo o tendencia deseable, algunas veces de una manera aceptable socialmente, otras veces de una manera antisocial.

Un buen ejemplo de esto último se presentó en una de nuestras últimas sesiones de terapia de oración, bajo la forma de un "lobo" del campus universitario. Los señalamientos que se le hicieron revelaron que, aunque lejos de ser femenino, no era tan masculino como quería ser. Durante algún tiempo lo compensó de una manera aceptada socialmente, si bien algo afectada, contentándose con un caminar supermasculino, con una manera de hablar y de conducir su automóvil que satisfacían su idea mental de lo que es un macho de una pieza. Cuando esto resultó insuficiente para convencerse a sí mismo, recurrió a manifestaciones de "conquista" menos aceptables socialmente, su conversación y sus recuerdos se hicieron ligeramente vulgares y muy poco convincentes en cuanto a sus proezas.

Katz y Thorpe creen que los factores psicológicos ocultos detrás de este tipo de inferioridad están relacionados con el ambiente familiar y, con el fin de prevenir, podemos señalar aquí las actitudes de los padres que son más dañinas para la personalidad del niño: rechazo, comparación desfavorable, burla, desaprobación irracional, castigo severo y solicitud exagerada.

Cualquier individuo que tiene sentimientos de inferioridad sin duda tratará de llegar a alguna adaptación, principalmente retirándose o mediante la técnica de la evasión. Estos son los caminos que generalmente se toman ya que hay un sentimiento constante de desajuste o hay un temor de fracasar, con el ridículo consiguiente. Se vuelven frecuentes el soñar despierto y huir hacia un mundo de fantasía.

En el nivel de la infancia la primera defensa contra estos sentimientos es la negación. Ante una desgracia el niño dice: "¿Verdad mamá que yo no lo rompí?" Esta defensa o negación no desaparece con la infancia. Se prolonga con la edad adulta y entonces generalmente tiene manifestaciones más sutiles. En el adulto (excluyendo el caso de la mentira deliberada) esta defensa mediante la negación se hace automática, inconsciente y es dificil que el adulto se percate de lo que actualmente está haciendo. Por lo tanto debe hacerse consciente de sus mecanismos de defensa antes de poder llegar a ser honesto consigo mismo. Trataremos detenidamente estos mecanismos de defensa en el capítulo 11.

El punto principal para animar a la gente a que se atreva a ser honesto es quitarles de la cabeza la idea de que en este caso se trata de mala conducta deliberada. Si se insiste sobre los factores que causan estos demonios es para aliviar el sentido de culpabilidad, la negación inconsciente y permitirnos ver que mucho de lo que pensamos y sentimos no ha sido modelado por nuestra propia elección sino por los ideales, prejuicios y predisposiciones, etc., de nuestra familia, de nuestros amigos, de nuestros vecinos, por las costumbres, normas y tradiciones que nos rodean.

Una vez que nos percatamos de esto, somos libres. Libres para hacer nuestra propia elección y listos para la terapia de oración.

El amor mal orientado (el odio)

Nada exige tanto una consideración muy atenta en nuestra evolución de nosotros mismos como el concepto que tengamos del amor. Es tan importante que luego le consagraremos un capítulo completo. El temor, la culpa, los sentimientos de inferioridad giran en torno a nuestro concepto de amor, ya sea hacia nosotros mismos, ya sea hacia los demás. El opuesto del amor es el odio. Estrictamente hablando, hay solo tres actitudes fundamentales respecto de alguien. Lo podemos amar, lo podemos odiar o nos es indiferente. Lo que el odio y la indiferencia producen en nosotros mental, física y espiritualmente equivale a mantenernos enfermos o morir. El odio ha sido llamado "un amor frustrado" o un amor mal orientado.

El joven ranchero cultivador de naranjas que sufría de tan profunda hostilidad, llegó a percibir que "el odio es un amor mal orientado". Él dijo en una ocasión: "Es exactamente la misma energía creativa pero mal orientada, convertida en destructiva".

La señora S., la suegra entrada en años, cuando finalmente se enfrentó al problema de la honestidad consigo misma, se sorprendió ante lo que descubrió. "Mi forma de cristianismo —dijo ella— me ha hecho rígida y ciega respecto de mis motivaciones. Si usted quiere probar este punto vea con toda honestidad cómo siente usted el hecho de que Dios deje caer la lluvia sobre justos e injustos. Sinceramente esto siempre me había molestado." Una vez que ella comprendió que tales cosas pueden ocurrirle a un cristiano practicante, a una mujer "buena", ella adoptó dos salvaguardas para no volver de nuevo a su aflicción y a sus temores. Es un antiguo mandamiento, pero con un acento nuevo: "Velad y orad".

"Después de aceptar los señalamientos que me han hecho —decía ella— yo me doy cuenta de que se habían infiltrado en mí toda una quinta columna de huéspedes indeseables. Mediante la oración aprendí a eliminarlos. Pero yo solo puedo conservar mi conciencia clara si estoy alerta acerca de lo que no quiero y lo encaro con mis ojos bien abiertos." Ella comprendió que, al acercarse una emoción indeseada y negativa, no debía racionalizar ni excusarse. La tentación era la de aceptar la indignación *correcta*, la ira *justificable*, el resentimiento *normal*, la crítica *constructiva*. "Esta era otra manera de decir que yo estaba tratando de edificar echando abajo a los demás." Ella había superado bastante la autocomplacencia y la severa rectitud cuando pudo decir: "No obstante cualquier nombre que les des, estas emociones no arreglan la situación y no pueden menos de dejarte en un estado personal peor. Calificándolas con nombres muy suaves creerás que puedes orientar mal el amor sin hacerte daño a ti mismo si tienes una razón o un motivo 'útil'. Pero esto mismo te deja cansado, agotado. Y una vez que han penetrado tu guardia y se han adentrado en el inconsciente, ya no continuarán siendo correctas, ni justificables, ni normales."

La actitud más predominante que debe ser vencida por aquellos que todavía no han llegado a la zona peligrosa del amor desorientado, pero que van en esa dirección, es la de la indulgencia en criticar a los demás. Para damos cuenta de cómo es de común esta actitud pedimos a un grupo normal y simpático de mujeres, que solía reunirse periódicamente para jugar a las cartas, que evitaran, en la conversación de su merienda, toda observación crítica, jocosa o cualquiera que fuese acerca de los demás. "¿Cuál fue el resultado de su esfuerzo?" le pregunté a una de ellas. "Silencio consciente", respondió ella ruborizándose.

Las facetas del odio son tantas y tan variadas como las del amor. Es la otra cara de la moneda. De nuevo, una es constructiva y la otra destructiva. La persona que es francamente crítica encuentra a menudo muy difícil perdonar a otros, lo cual es una forma de odio. El odio siempre empobrece a su dueño, y la mayoría de nosotros reconocemos este hecho, pero se recubre de muchos disfraces que nosotros debemos desgarrar.

San Pablo en su carta a los romanos les encomienda: "Que os transforméis por la renovación de la mente, para que sepáis discernir cuál es la voluntad de Dios, buena, grata y perfecta".

Una vez que estemos de acuerdo en hacer de la oración una práctica de honestidad, que hayamos sacado provecho de la clave, la psicología puede ayudarnos a reconocer el estado actual de nuestra mente y nuestras emociones, y a aceptarnos a nosotros como realmente somos. Nosotros podemos reconocer conscientemente algunas de nuestras grandes tendencias y actitudes. Es preciso que no nos inquietemos por lo que encontremos, ya sea el temor, la culpabilidad, la inferioridad o el odio, pues ahora, tenemos una base para el cambio y, en los próximos dos capítulos, un método sencillo y comprobado para realizar el "cambio de mente". Pero en la medida en que eludamos cumplir esta primera tarea honesta y completamente, en que la negación esté presente en nosotros, ningún cambio se podrá efectuar. Si necesitamos más ayuda además de la clave, se hallan algunos "tests indicativos" en el capítulo sobre "Técnicas para el conocimiento de sí mismo".

Cuando nos conozcamos tal como somos realmente, estaremos preparados para luchar por llegar a ser mañana lo que deseamos ser. Si lo deseamos, podemos caminar recto hacia el reino de la armonía que se halla dentro de cada uno de nosotros.

Capítulo VI. El poder curativo

Uno de los psiquiatras más eminentes de nuestros días, el doctor Karl Menninger, director de la famosa Clínica Menninger en Topeka, Kansas, dijo: "Si podemos amar lo suficiente... esta es la piedra de toque. Esta es la llave para todo el programa terapéutico del moderno hospital psiquiátrico... El amor es la medicina para un mundo enfermo".[1]

Hace casi dos mil años Juan, el discípulo amado, escribía en una carta: "El amor perfecto echa fuera el temor; porque el temor supone castigo y el que teme no es perfecto en el amor". Podemos decir igualmente que aquel que tiene sentimientos de inferioridad, culpabilidad anormal, odio, no ha logrado ser perfecto en el amor. Desde Juan, a través de toda la literatura dedicada al alivio de la mente, del cuerpo y del espíritu, hasta la actualidad, encontramos siempre reiterado el mismo tema: *¡El amor es el poder curativo!*

¿Qué es Dios?

¿Por qué esto es así? Juan dio la respuesta en una de las pocas definiciones de Dios que tenemos en toda la Biblia: *"Dios es amor"*. Un Dios de amor es nuestro poder curativo.

Ahora bien, no hay nada de sensacional en esta declaración. Nosotros la hemos oído repetidas veces. Simplemente no la aceptamos. Si esto se convirtiese para nosotros en realidad, en parte misma de nuestra conciencia, veríamos milagro tras milagro. Pero ha sido repetido tan a menudo que lo decimos casi mecánicamente. De las innumerables personas a quienes

[1] Karl Menninger, *Love Against Hate*, San Diego, Harcourt, Brace and Co., 1942.

he pedido que me den una definición de Dios, prácticamente todas han incluido "Dios de amor".

En nuestra experiencia en la terapia de oración, así como en el grupo de oración ocasional, hemos encontrado que, aunque den aquella definición, en realidad no la entienden, ni la sienten, ni la creen. Dios, así como mamá y papá, como el profesor y Santa Claus, suscitaría un afecto muy débil, si se tratara de niños y niñas buenos, si fueran ya perfectos (lo que ninguno de no otros somos). No se les ocurrió que nosotros somos ahora, en este momento, tan perfectos como podemos serlo. Hicieron a un lado la dura lección del apóstol san Pablo de que "el bien que quiero no lo hago, pero el mal que no quiero, es lo que hago" hasta que, como dice él, "con la mente yo mismo sirvo a la ley de Dios" (que es amor) y acepto "el espíritu de adopción por el cual clamamos ¡Padre!"

A menos de que podamos aceptar que el amor de Dios nos envuelve ahora con todas nuestras faltas, debilidades y limitaciones, no seremos mejores mañana ni siquiera por un ápice de lo que somos hoy. A menos que podamos creer en un Dios de amor, nunca podremos llegar a ser honestos. El temor siempre nos separará del poder curativo. Nos encontraremos en el caso de la mujer que reprimió todos sus sentimientos hasta que fue liberada con la simple afirmación de que Dios "de todas maneras nos conoce y nos comprende". Como Claudia, debemos creer en su amor si hemos de aceptar su ayuda. Y así, es un imperativo absoluto que nuestro siguiente paso sea examinar sin miedo nuestro propio concepto de Dios.

En toda mi experiencia no he encontrado a alguien que no crea en un "poder superior a mí". He oído a algunos decir: "Yo no creo en Dios. Yo creo en la 'Naturaleza', en la 'Ley universal', en la 'Inteligencia creadora'". Y todo esto está muy bien. Ha habido sectas que llamaban al Ser supremo "Oom" y "Eter cósmico móvil" y, aunque el último pueda ser un poco pesado en casos de emergencia, nadie puede decir que esté equivocado. No hay razón alguna para avergonzarse de una honesta valoración de lo que Dios significa para usted hoy. Carl Jung dijo: "Aunque usted llame al principio de la existencia 'Dios', 'Materia', 'Energía' o lo que usted quiera, no habrá creado nada nuevo; usted simplemente habrá cambiado un símbolo". Y esto es cierto. De hecho, encontramos que el estudiante que cree en un poder benéfico llamado "ley universal" a menudo está mucho más cerca de un Dios de amor que el que cree en un "vengador Padre celestial".

La dificultad que hallamos con el símbolo abstracto en la terapia de oración fue que, aunque ciertamente pudiera ser parte de la infinita verdad acerca de Dios, nos fue personalmente poco o nada provechoso. Era difícil acercarse a la "Ley universal", o a la "Energía infinita", cuando, de hecho, no se amaba a la cuñada, se temía al jefe, o se fracasaba en las reuniones sociales. Era poco menos que imposible pensar que la "Naturaleza" o " Eter cósmico móvil" escuchara o respondiera a la cantidad de culpabilidad, de vergüenza, de terror o de odio con que infestamos nuestro reino interior.

Sin embargo, era posible situarse frente a ese aspecto del Ser infinito al que se refirió Jesús, en su sabiduría, cuando lo llamó Padre nuestro, un Dios de amor todopoderoso y bondadoso. Luego, sin temor alguno, nos dimos cuenta de que podíamos ser honestos, abrir nuestros corazones al poder curativo y buscar las gracias que necesitamos para restablecer la armonía de la mente, del cuerpo y del espíritu.

Este fue nuestro segundo paso. Era un desarrollo o complemento necesario del primero. Para poder *hacer de la oración una práctica de honestidad*, para buscar y que aflorara todo el temor, la culpabilidad, el odio y la inferioridad que había en nuestra mente, *teníamos que fijar nuestra atención en el concepto de poder curativo de un Dios de amor.*

¿Dónde está Dios?

Invariablemente cuando hablamos de Dios, el estudiante lo localiza en algún lugar... lejos... a la mano... allá arriba... en las montañas, de donde nos viene la ayuda... en la iglesia... en el altar. Y, en cierto sentido, esto es cierto. Pero no lo es suficientemente como para que nos sea de provecho inmediato. Quizá no estemos en la iglesia ni en las montañas. Y no lo estaremos probablemente sino el domingo próximo o en las próximas vacaciones. También podemos hacer una vaga afirmación: "Pues bien, Dios está en todas partes". Y esto es tan verdadero como afirmar que "Dios es amor". Pero no nos hará ningún bien sino cuando nos demos cuenta de que "en todas partes" nos incluye a nosotros mismos. Personificando esta afirmación "Dios está en todas partes" significa que "donde yo estoy, allí está Dios".

Por consiguiente, el sitio más maravilloso en donde encontramos a Dios, en donde lo "localizamos" y conocimos los que estábamos en la terapia de oración, fue en el reino interior, en su reino, en nuestra propia mente y conciencia.

Es una cosa completamente estéril conocer a Dios intelectualmente, "allá afuera" o "en el cielo" a donde usted debe llegar con mucha lucha. Esto suscita muchas dudas. ¿Podré llegar hasta Él? ¿Realmente existe un medio para lograrlo? A menos de que podamos sentir, emocionalmente, la idea de Dios, a menos de que de alguna manera podamos experimentar la presencia de Dios, todo lo que hayamos leído, escuchado o creído nos será de muy poco provecho. Nosotros "creemos" aquello que nos dijo otra persona. Lo que hemos oído o leído se basa igualmente en la experiencia de otro, y es este quien se ha beneficiado. Nosotros nos beneficiamos en la medida en que creemos que lo que el otro nos dice nos abre a una experiencia semejante. Los descubrimientos del cultivador de naranjas, de Klaus, de la rica señora V., de la suegra de edad avanzada, en la terapia de oración, constituyeron un estímulo válido para el resto de nosotros, pues, si era verdad que ellos declaraban haber realizado un cambio interior, nosotros podíamos comprobar el cambio exterior correspondiente. Los amamos más, en la medida en que se volvieron más amables. Pero nada cambió en nuestras vidas debido a su cambio de conciencia. Usted no podrá llegar al reino de la armonía, dentro de sí mismo, con el boleto de su ministro o sacerdote.

El problema más dramático cuya solución se halló en la terapia de oración se refería, en primer lugar, al poder curativo de un Dios de amor y, en segundo lugar, a la necesidad de que este concepto se convierta en una realidad viva.

El poder del amor vs el poder de la muerte

Cuando Clara C. vino para tomar parte en el experimento original, ella se enfrentaba al problema inmediato de la muerte. Su esposo, veterano de la Segunda Guerra Mundial, copropietario de un próspero supermercado, sufría de un fulminante tipo de cáncer incurable y le habían pronosticado doce meses más de vida.

Siguiendo el consejo de su médico, había vendido la parte que le correspondía en la próspera compañía, y se había tomado unas largas vacaciones junto con toda su familia; a su regreso compró una pequeña tienda de comestibles en la que podía tener un contacto directo y placentero con los vecinos a quienes servía. La idea era hacer de su último año de vida una gran aventura prestando un servicio a los demás, en un ambiente de paz y tranquilidad, y así el ex soldado, para quien la fisonomía de la muerte no era extraña, fue capaz de aceptar este reto. Su esposa Clara, madre de dos niños pequeños, experimentaba una creciente e insoportable desesperación a medida que se acortaba cada vez más el tiempo en que estarían juntos.

Cuando Clara ingresó en nuestro grupo de terapia de oración, seis de sus preciosos meses ya habían pasado y, como ella decía, "estaba perdiendo la cabeza. Después de los once años felices y tranquilos que habíamos vivido juntos, yo hallaba que los bienes materiales palidecían frente a la muerte. ¡Era preciso que encontrara algo duradero, algo que resistiera a la muerte y al cambio, antes de que fuese demasiado tarde!"

Puesto que se trataba de un grupo experimental, no podíamos ofrecer nada especial, incluso en un caso tan extremo como este. Si la terapia de oración se apoyaba en un principio válido habría de producir un reajuste emocional, una armonía en el reino interior. Esta sería la mejor protección contra la catástrofe de aflicción moral que podía desquiciarla.

Clara había recibido una educación religiosa ortodoxa y, aun en sus "años felices", ella había añadido a sus variadas actividades la respetabilidad propia de quien va a la iglesia. Pertenecía a ese tipo de personas que cumplen con sus prácticas religiosas en Navidad, en Pascua y algunas veces los domingos. Su concepto de Dios era vago e indefinido… un poder que se halla en alguna parte, y ahora, aunque ella oraba mucho, solo obtenía un ligero consuelo. Sus oraciones eran esfuerzos y ciegas tentativas para entrar en contacto con un extraño distante.

Apoyándonos en el resultado de sus pruebas psicológicas pudimos revelarle gradualmente la confusión de demonios y de dudas que rondaban en su mundo interior. Era preciso que ella los encarara. El ardiente resentimiento, la conmiseración consigo mismo… "¿Por qué esto tenía que ocurrirnos a mí, a mi esposo y a mis hijos?" Austojustificación… "¿Por qué no he de estar resentida y dolida? Si hay un Dios en alguna parte, yo no lo puedo encontrar, y no hace nada por nosotros."

Un señalamiento que se le hizo aludía al hecho de que el odio era una fuerza creciente en su conciencia, y que alimentaba un deseo de venganza contra el mundo. "Yo no lo creo", gritó ella. Sin embargo, esto era cierto y más tarde llegó a reconocerlo. Basándose en su propia investigación agregó a esto la confesión de que efectivamente ella había crecido con una actitud irritable, de oposición, de pereza y desinterés, basada en un egocentrismo y en un amor mal orientado. "Yo he tenido que aceptarme y dejar las pretensiones", dijo ella. "He descubierto que soy tan capaz de odiar como de amar. Un vaso puede contener la misma cantidad de agua sucia o de agua pura. Yo me había dejado contaminar por el resentimiento."

¿Son acaso el resentimiento y la autoconmiseración las mejores armas para defenderse? ¿Puede el odio ser un arma para combatir la destrucción? Ella se convenció de que no. Era preciso que probara otro tipo de armas. Y la primera ayuda concreta que obtuvo fue convencerse de que existe un

Dios de amor. "Comprendí que el amor no es un ideal pasivo", dijo ella. "Tener cuidado, solicitud e interés es amor en acción. Si yo separaba a Dios de su actividad, me quedaba con algo que no consuela, con una abstracción intelectual. Pero un Dios *solícito*, un Dios que *se manifiesta*, un Dios activo significa un manantial de poder creativo amorosamente orientado... El amor ejerciéndose dentro de mí... reaccionando con amor aquí. ¡Ahora!"

Fue la convicción de ese "aquí" y "ahora" del amor creativo lo que le dio a ella la experiencia emocional de su presencia. Y, a medida que esta experiencia se hizo más continua, ella comenzó a sentir a Dios dondequiera que ella estuviese, o que su esposo estuviese, deseando y siendo capaz de preocuparse por ellos dos. Sobrevino entonces una inmediata liberación de la tensión que experimentaba por los días contados que todavía vivirían juntos.

Frente a un tal amor no solo ella se curó del resentimiento y de la autoconmiseración, sino que se dio cuenta de que el odio había cedido su lugar a una nueva especie de alegría que ella llamaba "necesidad de adoración". "Algo dentro de mí —decía ella— tiene necesidad de adorar y alabar a Dios, así como mi cuerpo necesita el alimento y el aire. Yo empecé a sentir que había estado dejando morir mi... pues bien, mi alma. Yo deseo ahora ser activa en la oración, preocupándome por todos, desde mi esposo hasta el mendigo de la calle."

Con esta luz, ¿cambió acaso su concepción de la muerte? "¿Podría yo conservar esta maravillosa fe —preguntaba ella— si mi esposo muriera?" Tranquila, sencilla, convincentemente ella misma respondió: "Yo puedo. La cosa más importante no es la muerte. Es el amor... el amor aquí y ahora. Dios presente en este momento. El instante de la muerte es tan solo otro 'en este momento'. Cuando entendí a Dios como amor solícito en 'este momento' y lo encontré en cada instante, tuve una profunda convicción de que Él nos acompañaría a través del valle de la oscuridad o de la separación, o de cualquier otra cosa que el instante futuro nos deparase. Esto me liberó de mi ansioso temor por el futuro y me ayudó a vivir con él en el 'ahora'."

Esto fue muy provechoso pues el temor la estaba destruyendo paulatinamente y el momento de la partida no llegaba. Han pasado cinco años y su esposo continúa muy vivo. El último examen médico a que fue sometido no reveló ningún indicio de cáncer maligno. Las autoridades médicas no podían explicarse este hecho, y lo mismo ocurría con el esposo y la esposa. Los dos estaban muy agradecidos y tenían la sensación de que en cierto modo ambos habían muerto a su "antigua manera de ver las cosas y habían renacido con una nueva jerarquía de valores".

El mandamiento del amor

He aquí el gran secreto. Podemos renacer mediante el amor. El amor es el poder curativo y Dios es amor. Esto es verdad. Clara lo comprobó. Todos los participantes de la terapia de oración lo comprobaron en mayor o menor grado. Todo lo que necesitamos es amor. Pero hemos llegado ahora al punto en que nos preguntamos: "Concedido. Pero cómo logramos más amor? ¿Y mayor capacidad de amar? ¿Cómo tener la experiencia del amor de Dios?" Es exactamente el mismo caso del enfermo a quien se le dice que todo lo que él necesita es la salud. Responderá inmediatamente: "Estoy de acuerdo. ¡Ayúdeme a obtener esa salud! ¡indíqueme cómo!"

¡Muy claro! Desafortunadamente el amor se considera muy poco o se entiende muy mal. A menudo no vemos más que el amor físico, el amor sentimental, el amor materno y algún otro aspecto semejante. Sin embargo, es precisamente nuestra concepción acerca del amor, su comprensión hoy en día y su desarrollo mañana lo que nos guiará. Créame, el hombre que se consume en la cárcel está ahí debido a la idea equivocada que tiene del amor y al consiguiente abuso de sus energías.

Quizás orientó su amor hacia el dinero, las posesiones, se volvió agrio por los celos con su esposa, corrió desenfrenado hacia la sensualidad o una de sus múltiples variedades. Desgraciadamente, esta era su manera de ver las cosas en ese momento.

En una ocasión hablé con una madre joven que se hallaba detenida en la prisión del condado. Desaliñada, desatenta, embarazada una vez más, esta mujer no sentía dolor por haber matado a su hijita pequeña. "Ella lloraba y lloraba y no había comida en la casa", explicaba. "Yo la amaba, yo la amaba." Lo que ella necesitaba, lo que el mundo necesita, lo que cada uno de nosotros necesitamos es una más alta comprensión del amor. La única diferencia entre el santo de los altares y el pecador de la calle es la capacidad y orientación de su amor. Repito... la *única* diferencia. Vital, ¿no es verdad?

Nosotros somos una nación cristiana. Para nosotros Jesús de Nazaret es la persona que más perfectamente ha vivido y orado de cuantas han aparecido en la escena humana. Él vivió visiblemente y venció ese cambio llamado muerte. Su oración fue escuchada con las señales consiguientes. Y no ocultó su camino. Nos invitó a todos a seguirlo. ¿Cómo?

A menudo habló en parábolas, no para confundir sino para ilustrar. Habló de las cosas de cada día, remiendo nuevo para pantalones viejos, vino nuevo en barriles añejos, hacer pan, sembrar, etc., oportunamente y en forma inteligible para los pobres, los necesitados e iletrados. Los intelectuales, la "intelligentsia", cerraron sus puertas. Era demasiado sencillo para que ellos lo escuchasen. Él habló para usted y para mí.

Cuando Él dio instrucciones específicas acerca del camino, fue explícito y perfectamente franco. Toda su enseñanza se fundaba en el amor. Los cuatro escritos que tenemos de su vida y su labor están de acuerdo en este punto. Él nos señaló cosas definidas qué hacer. ¿Cuáles fueron? Veamos su mandamiento, el único mandamiento directo que nos dio Jesús:

> "Amarás al Señor, tu Dios, con todo tu corazón, con toda tu alma y con toda tu mente. Este es el más grande y primer mandamiento. El segundo, semejante a este, es: Amarás al prójimo como a ti mismo" (Mateo 22:37-39).
>
> "El Señor, nuestro Dios, es el único Señor, y amarás al Señor tu Dios con todo tu corazón, con toda tu alma, con toda tu mente y con todas tus fuerzas. Este es el primer mandamiento. El segundo es este: Amarás a tu prójimo como a ti mismo. Mayor que estos no hay mandamiento alguno" (Marcos 12:30-31).

Lucas consigna esto en una conversación con un doctor de la ley que le preguntó a Jesús qué debía hacer para alcanzar la vida eterna. Jesús le preguntó qué estaba escrito en la ley, y el hombre respondió:

> "Amarás al Señor, tu Dios, con todo tu corazón, con toda tu alma; con todas tus fuerzas y con toda tu mente, y al prójimo como a ti mismo.
>
> Y le dijo Jesús: Bien has respondido. Haz esto y vivirás" (Lucas 10:27-28).

Juan cita las palabras de Jesús durante la última cena con los discípulos a quienes amaba:

> "Un precepto nuevo os doy: que os améis los unos a los otros como yo os he amado, que os améis mutuamente" (Juan 13:34).

Y una vez más:

> "Este es mi precepto: que os améis unos a otros como yo os he amado" (Juan 15:12).

Cuando estaba próxima su crucifixión, la prueba más grande de su amor, en que entregaba su vida terrena para darnos la prueba y la seguridad de la vida eterna, Él hizo un último llamado a sus discípulos: "Si me amáis, *observad* mis mandamientos."

Jesús reafirmó el hecho de que sus mandamientos no estaban separados. Uno era "semejante" al otro. Juntos formaban un círculo positivo, así como hemos visto que los cuatro demonios forman un círculo negativo. Así como nosotros podemos penetrar en este último por diversos puntos con el propósito de expulsarlos, así también podemos entrar en el círculo de sus mandamientos por diversos caminos. El punto fundamental está en que nosotros no seremos perfectos sino cuando el círculo esté completo.

El símbolo de la curva continua es bien conocido. Nosotros decimos: una cosa lleva a otra cosa. Emerson, en su ensayo acerca de los círculos, dice: "El ojo es el primer círculo, el horizonte que forma es el segundo y en la naturaleza esta figura primaria se repite sin fin. Es el emblema supremo de la clave del universo. San Agustín describía la naturaleza de Dios como un círculo cuyo centro está en todas partes y su circunferencia en ninguna."

Jesús nos enseñó que ese círculo es el amor.

En nuestro experimento de terapia de oración observamos cuatro puntos por los que se puede penetrar en el círculo y hallamos que, una vez que se entraba por un punto, se completaba inevitablemente, era cuestión de tiempo, dependiendo únicamente de la fuerza de la exigencia o del uso individual y de la rapidez de crecimiento en nuestra comprensión de la oración, un arte que discutiremos ampliamente en un capítulo ulterior.

El círculo del amor que nos enseñó Jesús en sus mandamientos comprende, con importancia semejante, el amor de Dios, el del prójimo y el de nosotros mismos. Cuando estos sean puros y perfectos, nosotros mismos seremos puros y perfectos, victoriosos, sin demonios que nos perturben, íntegros física y mentalmente. Enseguida la pregunta más importante es: ¿por dónde comenzar? ¿Cómo podemos lograr amar más?

Capítulo VII. Cómo alcanzar la meta del vencedor

Todos los que han llegado por fin a una victoria permanente sobre sus problemas han encontrado un camino para penetrar dentro del círculo del amor. La primera actitud de éxito observada por nuestro grupo de la terapia de oración parecía ser exteriormente pasiva, se trataba de una necesidad o de un deseo interno y profundo. Es necesario señalar aquí que en nuestra experiencia ninguna actitud aparecía más virtuosa ni más efectiva que otra. Todas llevaban a la misma plenitud y la elección de entrada dependía simplemente del contenido emocional y de la actitud del individuo que buscaba ser admitido.

Primera actitud: el lebrel del cielo

Esta ruta inicial pasiva dependía principalmente de una habilidad para comprender emocionalmente, para sentir las palabras de Juan: "Lo amamos porque Él nos amó primero."

Clara era un ejemplo singular de esto. La necesidad que ella sentía era profunda, urgente, emocional, y encontró respuesta en una convicción poderosa y abrumadora de que Dios activamente, aquí y ahora, la amaba, a ella, a su marido, al mendigo de la calle. Ya estaba en el círculo porque en este punto comenzó a cumplir el primer requisito de la enseñanza de Jesús al responder a su amor. Su experiencia era la de amar a Dios con todo su corazón, con toda su mente, con toda su alma y con todas sus fuerzas. Y entonces ya ella era capaz de aceptarse a sí misma (amarse a sí misma) tal como era. Si Dios la amaba a ella con todas sus limitaciones, ella podía ser honesta, mirarlas sin miedo o evasión. El amor hacia Él producía en ella un deseo de mayor perfección, y la mente y la energía cooperaban con la gracia para expulsar todo odio, todo resentimiento y cosas parecidas.

Este es un sentimiento que todos entendemos. ¿Por qué deseamos ser más sabios, tener mayor éxito, ser más atractivos? ¿Qué es lo que nos aguijonea a esforzarnos por alcanzar cosas mayores? Es el amor… generalmente por la familia, por un hijo, por la novia… rara vez es el amor de sí mismo, el deseo de agradarnos solamente a nosotros. De tal manera que podemos comprender a Clara en su deseo de elevar su amor a Dios con una pureza más grande.

Un segundo fruto fue la necesidad de adoración y de rendir culto y hacerlo en la acción, en el servicio, en la preocupación activa… por su vecino tanto como por su esposo… y su concepto de vecino o de prójimo llegaba a incluir a todos los hijos de Dios y aun al mendigo de la calle. En poco tiempo ella había por lo menos tocado el borde externo del círculo… amaba a Dios, a sí misma y al prójimo como a ella misma.

El juez Oliver Wendel Holmes dijo una vez que toda su religión podría resumirse en estas dos palabras: "Padre nuestro". Esto, como lo descubrió Clara, es toda una oración en sí misma. Si meditamos en ella, podemos ver por qué. Un Dios de amor, padre, creador, sustentador de nuestro ser y de nuestro prójimo y de toda cosa que vive, envuelve a todo el mundo en la unidad del amor, es un solo Padre y hay solamente una fratenidad.

Abrirse a este misterio le vino a Clara solamente cuando se percató de que "nuestro Padre" la amaba.

Esto también era cierto en el caso de un hombre joven que desde la niñez era tartamudo. Cuando entró al grupo de terapia de oración, las pruebas de Tony revelaban una tremenda inseguridad y sentimientos de inferioridad. Aunque asistía a clase regularmente y con fidelidad y hacía esfuerzos por hacer su tarea dejando esas cosas a Dios, durante algunos meses hizo pocos progresos. Pero, repentinamente, notamos un cambio en él. En cosa de semanas, su dicción mejoró. ¿Qué había pasado?, preguntó el grupo.

"Bueno —explicó Tony—, en el principio del experimento ustedes recuerdan que yo podía cantar sin dificultad pero no podía hablar. Yo pensaba: Brahms escribió esa canción. Yo me escribí." Entonces, después de unas cuantas semanas de oración matutina, tuve una convicción repentina de que Dios había escrito tanto a Brahms como a mí. Si Dios me había tenido en tanto aprecio para crearme, era prueba de que me amaba. *¡Dios me amaba!* Vino con esto un sentimiento de exultación, una pérdida del sentimiento de inferioridad y del temor de expresarse.

La curación física aquí era satisfactoria pero era solamente un fruto. Lo maravilloso era que él había buscado y había encontrado a Dios, había tocado el reino de los cielos desde dentro y, como Jesús lo había prometido, las cosas externas venían por añadidura. La curación de su tartamudez fue una de tantas. La entrada en el círculo del amor lo llevó, como a Clara, a un amor de alabanza, y después a una reevaluación de sí mismo como hijo de Dios. Podía, de este modo, amar y tener confianza en una personalidad creada por el Padre celestial. Su desenvolvimiento había comenzado.

Esto también era cierto respecto a Tina, la dama con el esposo que era un tenorio. Primero se le tuvo que convencer a ella que no se trataba de cambiarlo a él. Más que con otros, nuestra labor, en última instancia, ha de ser con nosotros mismos. A medida que Tina empezaba a aceptar a nuestro Padre como todo amor, pudo valorizar el yo que Dios tenía intención que ella fuera. A medida que ella se convertía más en aquel yo, ella sintió que el amor que expresaba al prójimo, incluyendo a su marido, debía ser correspondido, y lo fue. Aquí nuevamente la curación de una condición asmática fue simplemente un fruto inevitable de la curación interna. Sus amigas decían que por lo menos Tina había aprendido a mantener su frente alta. Esto era cierto. Pero nosotros en la terapia de oración sabíamos por qué era cierto y cómo lo había aprendido.

Este fue, en efecto, el primer método de entrar al círculo dentro del cual un Dios amante era el iniciador, el actor, el que buscaba y los estudiantes estaban sencillamente abiertos por medio de un deseo profundo y una conciencia de la necesidad que tenían de experimentar el amor de Dios hacia ellos. El lebrel del cielo, como el poeta Francis Thompson vio claramente, puede en nuestra necesidad extrema irrumpir e instalar su amor para disipar nuestras preocupaciones y nuestras cargas.

Segunda actitud: amo porque yo amo

Este método fue usado efectivamente por un solo miembro del grupo pero vale la pena consignarlo por si un solo lector encontrara allí su camino individual hacia la realización del amor. Un ministro ineficaz, el reverendo G., entró en el círculo del amor amando a Dios. Es una paradoja decir que todas sus dificultades tenían su raíz en el hecho de que él no lo amaba, que dudaba y le temía, y no tenía confianza en la salvación que él recomendaba a su rebaño, y que finalmente superó esto amándolo a Él.

Pero esto es precisamente lo que pasó. El reverendo G. deseaba sobre todas las cosas creer, confiar y amar a Dios. Cuando se dio cuenta de que se había estado engañando a sí mismo, llevó esto a Dios en la oración y pidió ser ayudado para amarlo, para conocerlo. Muchas veces al día se recordaba conscientemente que sí lo amaba, que sí creía y tenía confianza en Él, y su inconsciente actuaba sobre esta repetida sugestión. Respondía a sus profundos deseos desde una bodega oculta donde coincidían con la ley del amor, igual que el cuerpo del espástico doctor Carlson era sometido cuando sus profundos deseos penetraron a ella durante una delicada operación quirúrgica.

Esta idea de la sugestión y de la cooperación con el inconsciente se tratará con más detalle en nuestro capítulo sobre la oración. Baste ahora decir que para cumplir con los mandamientos del amor se puede empezar con un deseo hondo de amar a Dios y con un afán consciente de hacerlo.

Esta no es una nueva idea y su ejecución fue descrita de una manera fascinante en una conversación transmitida por Jean Pierre Camus, el joven obispo de Belley, cuando buscaba dirección espiritual en su querido maestro, Francisco de Sales.

"En una ocasión pedí al obispo de Ginebra que me dijera qué debía hacer para alcanzar la perfección. 'Debes amar a Dios con todo tu corazón' —respondió— 'y a tu prójimo como a ti mismo". No le pregunté en dónde está la perfección sino cómo llegar a ella. La caridad, respondió, es tanto el medio como el fin. Y la única manera por la que podemos alcanzar esa perfección que es, después de todo, la misma caridad… así como el alma es la vida del cuerpo, la caridad es la vida del alma.

"Ya sé todo eso, repliqué. Pero lo que quiero saber es cómo uno ha de amar a Dios con todo su corazón, y a su prójimo como a sí mismo.

"Y él nuevamente respondió: 'Debemos amar a Dios con todo nuestro corazón y a nuestro prójimo como a nosotros mismos'.

"No he avanzado más de lo que estaba, repliqué. Decidme cómo debo adquirir tal amor.

"¡La mejor manera, la más corta y la más fácil de amar a Dios con todo nuestro corazón es la de amarlo entera y cordialmente!

"No pudo dar otra respuesta. Por fin el obispo dijo: 'Hay muchos, además de ti, que quieren que yo les diga las vías secretas de llegar a ser perfectos y yo solamente puedo decirles que el único secreto es un amor cordial de Dios y que la única manera de alcanzar ese amor es amando. Aprendéis a hablar, hablando; a estudiar, estudiando; a correr, corriendo; a trabajar, trabajando. Y de esta misma manera aprenderéis a amar a Dios y al hombre, amando. Comenzad como un mero aprendiz y el mismo poder del amor os llevará más adelante hasta que lleguéis a ser maestros en este arte. Aquellos que han hecho más progresos seguirán más y más, y nunca creerán que han llegado al fin, porque la caridad ha de ir en aumento hasta que nosotros exhalemos el último suspiro."

Tanto esta actitud de aprender a amar amando y la primera de abrirnos a la experiencia del amor de Dios para el individuo son rutas internas, con sus raíces en deseos emocionales fuertes ya presentes, y tratan sobre todo del primer mandamiento, de amar a Dios y después al prójimo y a sí mismo. En las otras dos actitudes que encontramos útiles, el acento inicial se encontraba sobre el segundo mandamiento de amar al prójimo como a nosotros mismos, y era más bien activa y externa con la consiguiente experiencia interna.

Tercera actitud: comenzando por nuestra propia casa

Volvamos a la suegra cuyos demonios mayores eran variaciones del odio. Recordamos que sus señalamientos particulares, resultado de las primeras pruebas psicológicas, indicaban insistentemente que había una carencia de amor, sobre todo hacia su nuera. Su primera respuesta hacia el descubrimiento o revelación de tales motivos e impulsos tan poco cristianos dentro de ella fue la del enojo y el insulto, pero, ante el reto de la honestidad personal, se vio obligada a admitir primero a ella y después al grupo que mucha de su infelicidad personal se disiparía si solo pudiera tener una reacción más cariñosa hacia aquello que la rodeaba.

En discusión general, el grupo llegó a una medida sencilla, a tres cualidades que ellos sentían que aparecían como el primer fruto del amor: la lealtad, el sacrificio de sí mismo y el perdón. Con esta medida su relación con los otros no podía medirse. Nunca perdía ninguna oportunidad de criticar aunque lo cubría con el término cristiano de "reprensión". Creía aguda y pacientemente que el sacrificio debía venir a ella pero no de ella. Ni podía perdonar el error más leve en los otros que ella invertiría para fortalecer su propia estima. En verdad había caído en la trampa común de dejar que los años fecundos produjeran el temor y la inferioridad, el fantasma de la inutilidad y la soledad, espectros que comprobamos que la terapia de oración podía disipar.

Para la señora S. el primer paso, después de reconocer honradamente esta necesidad y tratar de formar un concepto del Dios de amor, vino cuando comenzó a aplicar esta medida a sus pensamientos y acciones cotidianas. "No podía amar por mandato", dijo. "Pero yo podía orar para ser más amable y después actuar como si esta petición se me hubiera concedido." Comenzó midiendo sus reacciones hacia su nuera. La lealtad la obligó a dejar de hablar de ella con otros. El sacrificio de sí misma le desvió la atención hacia pequeñas cosas que hacer y si se le imputaban para su gloria personal ella rehusaba tomarlas en cuenta. Algunos de estos sacrificios aunque pequeños eran difíciles y contra la naturaleza. Rehusaba con alegría aceptar invitaciones que su hijo se sentía obligado a hacer porque "su madre estaba sola", pero que ella sabía por su propia vida matrimonial que eran molestas para los dos. Trató de sacrificar sus sentimientos personales aun cuando el cansancio, la irritabilidad, la molestia física la movían a quejarse para obtener simpatía y presentar una cara alegre. Perdonaba dejando en manos de Dios cualquier limitación que ella notara en los otros.

Lo sorprendente fue que estos actos conscientes y deliberados de amor, que al comienzo estaban en desacuerdo con sus verdaderos sentimientos, llegaron a convertirse en reacciones genuinas. Ella creía, cuando se unió a nosotros, que lo que ella necesitaba era un mayor poder de oración para cambiar la vida de las otras personas. Ella habría de descubrir, por el contrario, que el amor podía cambiar su propia vida y que este cambio habría de reflejarse luego en todos los que la rodeaban. Es un resultado inevitable de la ley de que el amor refleja amor. Antes de que terminara el experimento su nuera vino a Redlands con ella para asistir un día a las reuniones que habían "realizado verdaderos milagros" en la señora S. El organismo de la señora S., y aun la artritis que le había causado a ella tantas molestias cuando comenzó el experimento, testimoniaban que la liberación de aquellos sutiles venenos emocionales podía producir un funcionamiento normal y natural, y que había estado sucumbiendo no a la edad avanzada sino a la tensión y a la violencia que su mente ejercía sobre ella.

La mayoría de nosotros puede comenzar a actuar inmediatamente como si la oración en que pedimos poder amar hubiese sido escuchada. Pero es de vital importancia recordar la modalidad señalada por Jesús de que amemos a nuestros prójimos *como a nosotros mismos*. Es preciso también recordar que en la terapia de oración encontramos que casi todos nosotros tendemos a valorarnos muy bajo y que, como lo señalamos en el último capítulo, gran parte de nuestro temor, de nuestra culpabilidad, de nuestros sentimientos de inferioridad y de odio tienen ahí su origen. En verdad es muy peligroso el proyectar este concepto de nosotros mismos sobre los demás, sin embargo, es esto precisamente lo que hacemos. Para poder observar el mandamiento de Jesús debemos comenzar siendo tan bondadosos con nosotros mismos como queremos serlo con los demás... perdonándonos a nosotros mismos para poder luego perdonarlos a ellos.

Esto no constituye una lección de arrogancia sino la explicación de que Jesús no consideraba como humildad lo que no es sino una destructiva autocondenación. Repetidas veces Él curó a los enfermos y perdonó a los pecadores aliviándolos de la carga de culpabilidad y de condenación. "Hijo, tus pecados te son perdonados", y se efectuaba una curación.

¡Los hijos de Dios no se arrastran sobre la superficie de la tierra! Caminan erguidos. A ellos se les otorgó el poder de dominar. Este dominio nos fue concedido a usted y a mí, como un don, como una gracia de un Creador amoroso. Atrevámonos a aceptar este don, cumpliendo el plan de Dios al ejercer este dominio sobre nosotros, sobre nuestro medio ambiente, pero seamos humildes. Si nuestro verdadero yo se despoja de todos los errores, seremos "menores que los ángeles, coronados de gloria y de honor" y si somos "herederos de Dios y coherederos de Cristo" no es mérito nuestro.

Reconozcamos que esto viene de Dios. Considerémoslo como la fuente. Seguramente después las leyes del amor regirán nuestro dominio. Así, no caeremos en el foso de nuestro orgullo personal, ni en el otro extremo de quejarnos de que Dios nos hizo unos miserables gusanos. En la terapia de oración comprobamos que esta debía ser la brújula que nos habría de permitir marchar con seguridad por el camino recto, el de amamos a nosotros mismos sin presunción. En efecto, esta constituye nuestra definición de humildad.

Reconocer el don de Dios

Ya que esta actitud de amar al prójimo como a sí mismo es la puerta más accesible para todos nosotros, y puesto que hemos visto que nuestra concepción del amor es la fuerza que dicta el curso de nuestras vidas, nuestro grupo experimental pasó mucho tiempo elaborando este concepto. Nos hizo mucho bien un sermón predicado hace casi sesenta años por un ministro escocés, Henry Drummond, a un grupo de jóvenes misioneros. Tomó como texto el magnífico mensaje de san Pablo sobre el amor, en el capítulo 13 de su primera carta a los corintios. Tanta verdad se encerraba en la interpretación de Drummond de lo que él llamaba "la cosa más maravillosa del mundo", que sus acertadas palabras sobre el bien supremo han pasado, naturalmente, de un panfleto a otro, durante estos años.

Drummond dijo: "En aquellos días (los días de San Pablo) los hombres buscaban su entrada al cielo observando los diez mandamientos y los ciento diez que habían fabricado a partir de ellos. Cristo dijo: 'Yo os enseñaré un camino más sencillo. Si amáis, cumpliréis con toda la ley'."

San Agustín pensaba de igual manera cuando escribió la famosa frase: "Ama y haz lo que quieras".

En el siglo XVII John Everard, un ministro muy espiritual, que vivía en tiempos de revolución, de dictadura militar, de un clero materialista, trataba de persuadir a la gente de que esto solo llevaba a la paz del mundo: "¡Dejad al hombre libre —escribía— que ha encontrado la guía viviente dentro de él y entonces dejadlo que descuide lo exterior si puede! Cómo si se dijera al hombre que ama a su esposa con todo cariño: 'Eres libre de darle de golpes, de herirla, de matarla, si quieres'."

La ley del amor de Dios, de sí mismo y del prójimo, como la formuló Jesús, vendría a sustituir la necesidad de toda otra ley desde el superficial reglamento de tráfico hasta las leyes morales de Moisés. Esto puede parecer extraño, pero hay que pensar sobre ello aunque sea un momento.

Drummond hace notar que "si el hombre amara al hombre... sería absurdo decirle que no matara. Sería insultarlo solo sugerir que no debiera robar... sería superfluo pedirle que no diera falso testimonio contra su prójimo. Si lo amara de verdad, sería lo último que pensaría hacer. Y nunca pensaría uno en recomendarle que no deseara lo que tiene su prójimo. Preferiría que ellos lo poseyeran más que él.

"De esta manera, 'el amor es el cumplimiento de la ley'. Es la regla para cumplir todas las reglas, es el nuevo mandamiento para cumplir todos los antiguos mandamientos, es el único secreto de Cristo para la vida cristiana."

En resumen, el amor nos podría llevar a las puertas de un milenio, al cielo sobre la tierra, a la paz y la buena voluntad, a la seguridad, a la felicidad individual... el amor nos podría llevar al reino de los cielos dentro de nosotros mismos y a todas las cosas por añadidura.

San Pablo pasó el amor como a través de un prisma y Henry Drummond nos da la lista de estas partes que lo componen y las interpreta como los nueve ingredientes del espectro del amor:

Paciencia —"La caridad es paciente"
Amabilidad —"Es benigna"
Generosidad —"No es envidiosa"
Humildad —"No es jactanciosa, no se hincha" (Lo atribuye todo a Dios)
Cortesía —"No es descortés"
Desinterés —"No es interesada"
Buen carácter —"No se irrita"
No es maliciosa —"No piensa mal"
Sinceridad —"No se alegra en la injusticia, se complace en la verdad"

Estas, dice Drummond, constituyen el don supremo, la estatura del hombre perfecto. Y continúa: "Observaréis que todo esto se dice en relación con los hombres, en relación con la vida, en relación con el hoy que conocemos y el mañana que está cercano, y no con relación a una eternidad desconocida. Oímos hablar mucho del amor de Dios; Cristo habló mucho del amor al hombre. Hablamos mucho de hacer la paz con el cielo; Cristo habló mucho de la paz sobre la tierra". Aquí nuevamente hay una prioridad sobre lo de aquí y el ahora, en lugar de que haya una proyección de nuestra esperanza hacia el otro lado de la eternidad.

He aquí el tercer punto de arranque desde el cual hemos entrado en el círculo del amor, la vía activa de comenzar ahora a practicar el amor hacia nuestro prójimo y hacia nosotros mismos. Estas sencillas virtudes que siempre hemos conocido no parecen tan difíciles: la paciencia, la amabilidad, la generosidad, la humildad, la cortesía, el desinterés, el buen carácter, la sencillez, la sinceridad, pero todas juntas cumplen y llenan nuestras acciones y nuestro carácter con el amor fraterno. Y este comienzo sencillo puede llevarnos y hacernos recorrer el círculo completo hasta que recibamos el beneficio completo del poder curativo del amor.

Cuarta actitud: ángeles disfrazados

El secreto de la cuarta vía para entender y entrar en el amor queda revelado en una línea del doctor Leslie Weatherhead:[1]

"El amor, aun el amor de Dios, se realiza en nosotros solo a través de las personas."

¿Acaso no ha sido esta nuestra experiencia aunque no hayamos caído en la cuenta? El amor, que es Dios, se ha realizado y ha llegado hasta nosotros a través de nuestros padres, maestros, esposos, esposas, amigos, médicos, aun a través del extraño que se encontraba en nuestra casa. Este amor se comunica personalmente. También nos ha llegado el amor impersonal a través de artistas, compositores, inventores, científicos que han pasado la vida perfeccionando vacunas, a través de empleados públicos, de hombres de Estado, etcétera. Pero, nosotros, necesariamente debemos percatamos de este amor, para poder cosechar un beneficio espiritual.

Nuestra primera experiencia del amor nos vino a través de los nueve ingredientes ya mencionados, a medida que se expresaban hacia nosotros en una escala ascendente o descendente. Y cuando este amor estaba mal orientado, nos ha hecho daño. Cuando era dirigido divinamente, hemos sido ayudados, confortados, curados, inspirados, y alguna vez también hemos sido elevados por la fe y amor de otro hacia alturas que nunca sospechamos que tuviéramos dentro.

[1] Leslie D. Wcatherhead, *Psichology, Religion and Healing*, Abingdon, Cokesbury Press, 1951.

En su punto más alto tocamos y llegamos al secreto y penetramos en el misterio de la gracia salvadora experimentada por muchos como el amor de Cristo hecho persona en Jesús. Algunas veces esto nos llega a través de la conciencia que tenemos de su amor sacrificial hacia todos nosotros y que lo llevó a Él hacia el camino de la cruz, de tal manera que su resurrección nos diera prueba de la vida eterna. Algunas veces nos viene por la creencia en el bálsamo curativo de sus promesas: "Venid a mí todos los que estáis fatigados y cargados, que yo os aliviaré… No dejéis que vuestros corazones se turben… Permaneced en mi amor… He aquí que yo estoy siempre con vosotros hasta la consumación del mundo".

Nuestro primer contacto tenue con el amor divino, comunicado a través de personas, pudo habernos venido estando al pecho de nuestra madre o con la primera experiencia de la ternura, del perdón y de la comprensión. Si lo tomamos como una respuesta cálida, la gratitud, el aprecio, la acción de gracias nacieron en nosotros cuando el amor que nos llegaba hizo vibrar una cuerda sensible y *amamos por que somos amados.*

Klaus, el epiléptico de nuestro experimento de la terapia de oración, un hombre que creía sinceramente que era ateo, que era un caso que la medicina y la psicología consideraban perdido, obtuvo su primera experiencia del amor de este poder curativo cuando cayó en medio de toda la clase en un ataque epiléptico. Cuando volvió en sí sus compañeros no le despreciaron, ni lo condenaron, ni se separaron de él. Al contrario, vimos que todo el grupo lo había apoyado y había orado para que se aliviara rápidamente.

Esta apertura del círculo hacia Klaus significó que el amor había sido comunicado a través de sus semejantes. Esto lo podía ver. En esto podía creer. Con este pequeño grano de fe en el amor expresado hacia él por un puñado de estudiantes, él prosiguió hasta su completa curación.

Un día estaba hablando de nuestros experimentos con una joven actriz de mucho talento cuya conversión hace años fue muy conocida en Hollywood. Le hablé de Klaus y su rostro se iluminó con una sonrisa de comprensión y simpatía.

"Klaus es mi hermano espiritual —dijo—, yo también tuve problema con el ateísmo, con el alcohol, un escándalo me había vuelto hostil, resentida, insegura. Durante un año resistí a las insinuaciones de una buena amiga mía (mencionó a una famosa actriz de cine) que quería llevarme a su grupo de una capilla religiosa. A fin de cuentas fui. Llevé una botella conmigo. Estaba yo en plan desafiante, esperando que alguien lanzara la primera piedra."

Ella dudaba y sentía como un nudo en el cuello. "Nadie lo hizo —dijo ella—. En cambio, aquellos jóvenes cuyo maestro es Jesús, me amaban... a mí... Tal como yo era, un ser miserable. No me formularon preguntas. Ellos oraron por mí... ¡por mí! Yo supe después que ellos habían estado orando por mí hacía un año ¿Qué hice yo? ¿Qué podía hacer? Les correspondí, amándolos. ¡Yo quise liberarme del exceso de equipaje (sus demonios) y tener también a Cristo como mi salvador!"

Este fue el comienzo y el amor se comunicaba primero mediante la amiga, luego mediante el grupo y finalmente por Cristo, para volver al redil a la oveja descarriada y brindarle protección y seguridad. Pero tenemos aquí un punto muy importante, un círculo procedente del original. Emerson decía: "Nuestra vida es un aprendizaje de la verdad y alrededor de cada círculo debe formarse otro más amplio". En la precisa medida en que aceptamos el amor que se nos brinda, seremos responsables de su expansión, de su circulación, como si estrecháramos la mano del Salvador para ser mediadores del amor para con nuestros prójimos.

¡Debemos tener el valor de no esquivar esta responsabilidad! Podemos recordar aquí la historia tremenda de aquel joven que abatido y desalentado se dirigió hacia el río para suicidarse. La dueña de casa, sospechando de las intenciones de él y sabiendo que le debía varias semanas de arrendamiento, trató de disuadirlo. "Le aseguro a usted —le dijo él— que si yo encuentro una persona en el trayecto hasta el río que me ofrezca una sonrisa, o una palabra de esperanza, o una mirada cariñosa, desistiré de mi propósito. Entonces la vida me parecerá digna de vivirse." Él nunca regresó y la dueña de casa no supo cuál fue el desenlace. Pero ¿qué habría ocurrido si él se hubiese encontrado con nosotros aquel día?

Empezamos a darnos cuenta de que, en verdad, debemos amar o, de lo contrario, seremos responsables de las consecuencias.

El amor, por cualquier método que lo descubramos, produce una nueva manera de ver las cosas, una nueva jerárquía de valores, un renacimiento, una nueva forma de vivir la vida. En su forma dramática e instantánea experimentamos una conversión genuina, acompañada siempre de cierto grado de curación física, moral, mental o emocional. La codicia, la lujuria, la embriaguez, el odio, la culpa y toda suerte de errores se desvanecen ante esta repentina plenitud de luz.

Para la mayoría de nosotros, sin embargo, esta experiencia es un proceso lento, y requiere un esfuerzo consciente de nuestra parte. Exige un deseo profundo y oración. Pero ¿acaso no vale la pena cuando nos damos cuenta en forma convincente de que nuestro Dios de amor es nuestro poder curativo?

Es preciso enfatizar otro punto y tenerlo muy consciente. *No hay límite para el poder del amor...* nada es demasiado grande, nada es demasiado pequeño, nada es demasiado difícil, nada es inútil para esta energía curativa, purificadora y creativa.

La curación de naciones

Las hojas del árbol de la vida, de acuerdo con la revelación de San Juan, son para la "curación de las naciones". El amor y la vida son una misma cosa. Nunca podemos tener la una sin el otro, pues no se daría la reproducción de las especies, ni cuidado ni solicitud por los hijos, ni se superarían los instintos del hombre que se convierte en lobo para el hombre y que tantas veces han amenazado con despoblar la tierra. Las naciones, como los individuos, tienen sus demonios, y el poder curativo y el método que se debe emplear son los mismos.

Esta podría parecer una declaración muy silvestre en esta época, algo así como un sueño ingenuo frente a la realidad de la bomba atómica, pero veamos una prueba. En este mismo siglo XX hemos visto a un hombre luchar por la liberación de su nación respecto de una nación opresora sin hacer un solo disparo, sin recargar a la población con impuestos para comprar armamento, solamente usando como arma la más alta forma de amor que puede realizar el alma unificada de las masas.

Mahatma Gandhi no fue un genio militar sino espiritual, y llevó a la India a la libertad del dominio inglés, mediante el amor.

Mahatma fue un santo hindú pero su amigo y biógrafo Louis Fischer cuenta que, visitándolo en una ocasión, halló, "como único adorno en su pobre choza, una imagen en blanco y negro de Jesucristo con una inscripción que decía: 'El es nuestra paz'."[2] El señor Fischer le preguntó acerca de ella y Gandhi respondió: "Soy cristiano, e hindú, y musulmán y judío". Esto es lo que podemos llamar amor universal y, aunque muy pocos de nosotros esperamos poderlo alcanzar, nunca debemos ser de espíritu tan estrecho como para que no lo admiremos cuando se cruza en nuestro horizonte.

El misionero americano, doctor E. Stanley Jones, quien conoció muy de cerca a Gandhi durante años, decía de él: "Uno de los hombres más semejantes a Cristo en toda la historia no se decía cristiano", sin embargo,

[2] Louis Fischer, *The Life of Mahatma Gandhi*, Nueva York, Harper & Brochers, 1950.

al observar su vida y su labor, pensaba que "Dios se vale de muchos instrumentos, y bien pudo usar a Mahatma Gandhi para ayudar a cristianizar la cristiandad descristianizada." Pues mientras que el líder hindú amaba a Jesús, la violencia en todas sus formas contradecía el sentido del sermón de la montaña y de los diez mandamientos. Gandhi siguió a Cristo más literalmente de lo que lo hacen muchos que usan su nombre y fue, como escribió el señor Fischer, "adicto al amor; este fue el fundamento de sus relaciones con la gente. El amor es una interdependencia creativa".

La no-violencia en la que Gandhi basó su lucha exitosa por la indepedencia de la India era, según Fischer, "más que tranquilidad o pacifismo; era amor y excluía el pensar mal, el apresuramiento, la mentira y el odio". Según Gandhi usted no puede vencer los demonios con azúcar y sentimentalismos. Es preciso liberarse de ellos con toda honestidad. Como con nuestros participantes en la terapia de oración, su primer paso fue una evaluación honesta de la conciencia nacional. Él encontró la separación musulmán-hindú (fundada en el temor, el odio y la intolerancia), el matrimonio de niños (un círculo de demonios), los intocables (una especie de segregación como la llamaríamos nosotros, y otro círculo vicioso de culpabilidad, temor, inferioridad y odio) que era preciso iluminar y superar antes de que su amada nación pudiese respetarse (amarse) a sí misma. Solo entonces sería lo suficientemente fuerte para practicar el *Satyagraha* que significa la fuerza de la verdad, la fuerza del amor, el tipo de lucha no violenta que habría de darles la libertad.

La interesante historia de cómo ocurrió esto exactamente no podemos presentarla en estas páginas, pero encontramos sincera confirmación y pruebas evidentes de que cuando se sigue este camino se libera y se cura una nación lo mismo que un individuo. Si Gandhi hubiera continuado al frente de la India como su líder, podemos imaginar el lugar que habría ocupado en los eventos mundiales. Fischer hace acerca de Gandhi un comentario que nos parece muy pertinente. "La relación de Gandhi con Dios es solo una parte del triángulo en que incluía a su prójimo. En este triángulo basaba él todo su sistema ético y moral." Nosotros lo hemos denominado círculo. Fischer lo llama triángulo. ¿Cómo veía este hombre, tan semejante a Cristo, a Dios, que es el pináculo del triángulo?

Como el Ser permanente, inmutable, inmortal. Por eso escribió Gandhi en cierta ocasión: "En medio de la muerte la vida persiste, en medio de la mentira la verdad persiste, en medio de la oscuridad la luz persiste. De ahí deduzco que Dios es vida, verdad y amor. Él es amor. Él es la suprema bondad."

Jesucristo, San Juan el discípulo amado, el santo hindú, el ministro escocés, el doctor Karl Menninger… están todos de acuerdo en cuanto a la bondad suprema. Y nuestros participantes en la terapia de oración hallaron que lo que era verdad para el santo y para el experto, lo que ha sido verdadero hace dos mil años y a miles de kilómetros de distancia, es también verdadero para usted y para mí. ¡Aquí! ¡Ahora!

No había nada de nuevo en nuestra necesidad intuitiva de un concepto de Dios como amor, poder curativo omnipotente y omnipresente, ante el cual nos atrevamos a hacer de nuestra oración una práctica de honestidad. Todos los testimonios que hemos aducido recalcan la urgencia de entrar en el círculo del amor ofrecido por Cristo, y debemos completarlo antes de que podamos llamarnos perfectos. Por eso una de las partes importantes de nuestra terapia de oración fue la de probar los métodos por los cuales podemos entrar en contacto con ese poder ilimitado, comenzamos a amar más, a ser más amables y, en definitiva, a experimentar el amor activo, curativo, solícito de un Dios vivo. En resumen, una vez más, son los siguientes:

Primero: Podemos abrirnos, mediante la oración y la meditación, a la experiencia directa del amor de Dios hacia nosotros. "Lo amamos a Él porque Él nos amó primero."

Segundo: Podemos "comenzar como simples aprendices" y, con un deseo profundo, la oración y una voluntad consciente, tratar de amar actualmente a Dios con la mente, con el corazón, con el alma y con todas las fuerzas, sabiendo que "el verdadero poder del amor nos llevará a ser maestros en este arte".

Tercero: Podemos usar como norma la lealtad, el sacrificio de sí mismo y el perdón para medir nuestras actuales relaciones con nosotros mismos y con nuestros prójimos, orando para que los nueve ingredientes del amor penetren en todos nuestros pensamientos y acciones, y *actuemos luego como si así fuese*.

Cuarto: Podemos vivir con gratitud, aprecio y reconocimiento el amor que llega a nosotros por nuestros hijos, nuestros amigos, nuestros parientes, los extraños, los empleados públicos, los maestros, y seguir esta mediación hasta su culminación en Jesús y en los grandes jefes espirituales, hasta que una respuesta de amor prorrumpa de nuestro ser y oremos, con vehemencia, para que podamos llegar a ser valiosos canales por los cuales pase esta inspiración a otros.

No importa dónde comencemos. Podemos tener confianza, desde el primer instante en que hacemos un esfuerzo consciente por observar los mandamientos, que nuestra victoria, nuestra salvación está asegurada. A menos de que esta palabra signifique exclusivamente un estado futuro debe de ponerse de relieve, para muchos, que la salvación verdaderamente significa "un feliz retorno". Aquí y ahora, una vez que nos hemos embarcado en el camino del amor, nuestro "feliz retorno" al reino de los cielos dentro de nosotros mismos, y a todas las cosas que se nos dan por añadidura —la paz, la armonía, el gozo— están ya a nuestro alcance.

Capítulo VIII. Cómo expulsar los demonios

Cuando Robert Louis Stevenson tenía cuatro años anunció que había hecho un gran descubrimiento. "Mamá —dijo— no se puede ser bueno sin la oración."

"¿Cómo lo sabes?" le preguntó su mamá.

"Porque ya lo he intentado", respondió él.

En la terapia de oración encontramos que había tanto de verdad como de humor en este enunciado tan sencillo. Encontramos que el medio principal para llevar a cabo un cambio dentro de nosotros mismos es la oración. Fue a través de la oración como pudimos soltar a nuestros demonios y dejar que se fueran. En cada una de las cuatro actitudes que llevaban al círculo del amor, la oración fue el requisito más importante. La razón era obvia.

Un Dios de amor fue nuestra inspiración y nuestro poder curativo. Y *la oración fue el medio que empleamos para comunicarnos con Dios.*

Aquí nos enfrentamos de lleno con el hecho de que, mientras la oración ha sido utilizada por la mayor parte de nosotros durante años y años de una u otra forma y por la humanidad de siglo en siglo, ni los individuos ni el mundo parecen dar muestras de un cambio o mejoría. Parecería que pudiese invertirse la máxima del joven Stevenson. Es posible orar sin llegar a ser mejores.

Enséñanos a orar y que sobrevengan señales manifiestas

Y, sin embargo, la vida de los que han recibido la gracia de la oración, desde los humildes que se han adueñado del arte hasta la vida de los grandes santos, indica que esto no debe ser así. Nuestro experimento de terapia de oración probó que, si comenzábamos humildemente pidiendo como lo hicieron los discípulos "enséñanos a orar", el camino se abría a todos, aun los comunes y corrientes.

Todos y cada uno de nosotros podemos orar con señales subsecuentes. No es necesario que oremos "sin ningún objeto", equivocadamente.

Nuestros "oradores ocasionales" pusieron en evidencia que se puede gastar una enorme cantidad de energía, en nombre de la oración, sin resultados de éxito. Algunos de sus errores ya los hemos puesto de manifiesto en los últimos tres capítulos. Como hizo notar Joshua Liebman una y otra vez, "ellos pueden llegar a la paz de la mente pero no a mirar en su interior".

Habían sido o demasiado ignorantes o demasiado temerosos para hacer de la oración una práctica de honestidad y, si hubieran querido hacerlo, no tenían ningún conocimiento de los cuatro demonios, ni ningún guía para explorar y descubrir sus verdaderas motivaciones. Como sustituto de una verdadera honestidad había la tendencia hacia una condenación llana de sí mismos, una evaluación baja y tortuosa del yo que hacía sumamente peligroso valorar a su prójimo de la misma manera. Su concepto de Dios era el de un ser caprichoso, lejano, imprevisible, o el de un padre severo, iracundo y vengativo que no daba ayuda a aquellos que reconocidamente estaban resbalando.

Sus oraciones eran negativas. Sus resultados eran negativos.

Si nosotros hemos estado orando y orando y *orando* sin llegar a ninguna parte debemos darnos cuenta de que no hay nada aquí que nos condene. Pudimos haber sufrido un error, precisamente como podemos sufrir un error al hacer nuestras cuentas de banco. Pero no se trata aquí de ningún pecado. Lo que pasa es que nuestra comunicación ha sido defectuosa. Las líneas están cruzadas o bien se han caído.

Si no hemos orado para nada, entonces no se ha hecho una tentativa de comunicación. Nuevamente aquí no hay condenación. Posiblemente no entendimos el principio o la necesidad de hacerlo. Posiblemente ni siquiera creíamos en ello. Una amiga de mi abuela, que vivió en una zona rural durante mucho tiempo, no "creía" en el teléfono. Para ella no existía, mientras el resto del mundo obtenía un beneficio de esta nueva forma de comunicación. Escribía cartas a sus parientes de la ciudad y esperaba pacientemente que las contestaran. Enviaba a su marido en el coche, muchas veces de noche, en busca del veterinario. Pero un día visitó a mi abuela y vio la realidad del teléfono. Inmediatamente hizo que le instalaran uno en su casa y le sirvió tanto a ella como a mi abuela que había sido una de las primeras que lo habían instalado en su casa. La amiga de mi abuela llegó a la undécima hora, pero así como los trabajadores de la viña, no sufrió ninguna pena por haber comenzado tarde. Recibió el beneficio total porque el principio era constante y estaba a disposición y no había acepción de personas.

Y así sucede con los principios de la oración. Son constantes, están siempre a la mano y no admiten acepción de personas. No importaba si la persona había estado orando equivocadamente durante dos años, o si nunca había orado. Tan solo bastaba conocer cómo se usa el teléfono una vez instalado y reconocerlo como una forma válida de comunicación. El instrumento mismo no contaba.

Una vez que los principios de la oración son entendidos se establecen las líneas de comunicación. Y solo nos queda utilizarlas. Ahora bien, ¿cómo establecimos en la terapia de oración esta comunicación importantísima con Dios? Nuestros experimentos nos indicaron que había cuatro puntos inherentes a toda oración eficaz: tenemos que orar regularmente, hacer que la oración sea un acto de entrega y de honestidad, hacer que sea positiva y hacer que sea receptiva.

Hacer de la oración una actividad de todos los días

Digámoslo, desde luego, que nuestra clase descubrió que los escritos sobre la oración la hacían parecer demasiado fácil y no lo es. Aquellos que la utilizan como llanta de repuesto, solamente cuando se presenta una emergencia, suelen quedar decepcionados de sus resultados.

En alguna ocasión el escultor Rodin encontró a una turista muy entusiasmada que había admirado sus obras principales en París. “Oh, señor Rodin —le dijo—. ¿Es difícil esculpir?”

“De ninguna manera, señora —replicó el maestro—. Sencillamente se compra un bloque de mármol y entonces se le quita lo que uno no quiere.” ¿Sencillo? Sí. ¿Fácil? De ninguna manera.

Cada uno de nosotros debe darse cuenta de que, dentro de nuestro propio bloque de mármol, aprisionados por las nieblas que son hechura nuestra, que nos constriñen y que se interponen entre nosotros y nuestro verdadero yo, está el Hijo de Dios, de igual manera que las magníficas estatuas de Rodin estaban ya completas dentro de su material y en la mente del escultor. El proceso consiste, pues, en liberar a este yo que fue hecho a imagen y semejanza de Dios. Esto no se hará en una noche porque las técnicas de la oración no se perfeccionan de la noche a la mañana. Los demonios, las dudas, las astillas y pequeños trozos deben ser eliminados, sacrificados gustosamente al poder curativo del amor a través de la oración tan pronto nos percatamos de ellos, hasta que quedemos libres.

La oración es sencilla, pero no es un arte fácil... salvo para los niños pequeños que confían totalmente. Para la mayoría de nosotros esta habilidad que nos trae tantas satisfacciones, no podrá ser dominada dando manotadas en el aire. *La oración debe convertirse en una parte constante y reguladora de nuestra vida.*

En uno de nuestros grupos tuvimos un joven abogado que padecía una úlcera. Era irlandés, fornido y atractivo, y además un gran problema para sí mismo. Dentro de él experimentaba una constante fricción entre una beligerancia nativa y una necesidad de ser admirado y amado. Por una parte quería que todos reaccionaran ante el encanto personal que le había dado la roca irlandesa de Blarney y, por otra parte, en las palabras del viejo Toro Irlandés, "nunca estaba en paz a menos que estuviera luchando".

Su mente era ágil y su lengua locuaz, talentos naturales para el ejercicio de su profesión, y en pocas semanas anunció que ya había "logrado" la terapia de oración, la honestidad, la victoria sobre los demonios, el Dios de amor, los cuatro puntos sobre la oración, y era cierto. Pero solamente tenía todo esto en la punta de su lengua. Físicamente se sentía mucho mejor y ya no lo vimos más.

La dificultad estaba en que lo que él tenía en la punta de su lengua, lo que su aguda mente había dominado tan fácilmente no había penetrado en su corazón (o en sus emociones, para usar un término psicológico). La oración no se había convertido en esa parte constante y reguladora de su vida, y el dominio que tenía de ella lo dejó casi tan pronto como lo había adquirido. Un año después volvió, con su úlcera agravada y con un sufrimiento mayor que le hacía ver que se le había escapado totalmente este primer punto vital.

Debemos ser pacientes con nosotros mismos si queremos llegar a ser maestros en la oración. Una dedicación a ella y un deseo profundo le dan fuerza a nuestra voluntad y nos llevan a través de los periodos de aridez cuando la oración no viene fácilmente. Si muchas veces nos vemos tentados de abandonar la oración constante cuando nos sentimos bien o, por el contrario, cuando nos falta la inspiración y sentimos que no tenemos talento para ello, podemos recordar a aquella niña pequeña que se cayó de la cama una noche.

Su madre oyó el ruido y se levantó inmediatamente y la recogió mostrándole simpatía. "Estoy bien mamá —dijo la niña—, lo único que pasó fue que me quedé dormida demasiado cerca del borde de la cama."

Debemos orar regularmente no solamente para desarrollar nuestra habilidad sino para que se convierta en una parte reguladora de nuestras vidas y para que no nos quedemos dormidos demasiado cerca del borde de la cama. Ningún psiquiatra, psicólogo o psicoterapeuta puede esperar que se mejore su paciente si este solo viene a la clínica de vez en cuando. Muy probablemente despacharía al paciente. Hay toda una secuencia, un desenvolvimiento gradual en toda terapia.

La oración constante nos ayuda a identificarnos gradualmente con el espíritu de amor, el espíritu de Cristo, la mente que estaba en Cristo. Establece controles internos que comienzan a darnos espontáneamente las respuestas que necesitamos. Por esta razón debemos aportar tanta sinceridad como tenemos a nuestras oraciones.

Orando tanto al irse a dormir en la noche como al levantarse en la mañana, siempre poniendo énfasis en el amor, nuestro poder de oración se acrecentará considerablemente. Aun en nuestra actual condición imperfecta y a pesar de la "presencia de nuestros enemigos" (las dudas y los demonios), descubriremos que podemos ir creciendo y acercándonos a ese estado de mayor santidad denominado "la práctica de la presencia de Dios".

Fenelón decía: "No se desanime a causa de sus faltas, tenga paciencia consigo mismo al corregirlas, como la debe tener con su prójimo. Es preciso habituarse gradualmente a vivir la oración en todas las ocupaciones cotidianas. Hable, actúe y trabaje en paz, como si estuviese en oración".

Cuando seamos capaces de lograr una constancia en esto nos hallaremos liberados de nuestros demonios, viviendo una vida más abundante, gustando una paz que supera todo entendimiento.

Hacer de la oración un acto de entrega

El grupo original de terapia de oración tomaba este acto como un "aspecto peligroso" de la oración. La palabra entrega suena tan pasiva, tan pusilánime, pero ellos descubrieron que es precisamente lo contrario. "Entregar todo —decía Klaus— es correr el mayor de los riesgos."

La teoría en que se apoya la entrega total es una de las más conocidas en las ciencias físicas. La naturaleza aborrece el vacío, y de hecho no tolera ninguno. Siempre hay algo que corre a llenar ese vacío aparente.

Ahora bien, ¿qué pasaría si fuésemos capaces de una entrega total verdadera, sin reservamos nada, para crear un vacío, e invitásemos a Dios para que lo llenara? "Entregar su vida a Dios y que se haga su voluntad" es una frase tan repetida como la ya mencionada de que "Dios está en todas partes y es amor". Se la entiende realmente muy poco. Pero se trata no solo de admirar esta declaración sino de practicarla y vivirla. Si consideramos detenidamente, hallamos que presupone un Dios en quien podamos confiar, que esté listo para llenar el vacío amorosamente con su bondad. La fe implica una entrega adecuada y completa. Cuando hemos presenciado la realización de esto en la vida de algunas personas, hemos presenciado milagros.

El doctor Norman Vincent Peale nos ha hecho partícipes del primer momento de su completa entrega... y hemos sido testigos de los resultados. Este mismo acto lo han experimentado, en grado mayor o menor, personalidades que han ejercido una gran influencia espiritual sobre nosotros y sobre nuestro tiempo: Peter Marshall, Sam Shoemaker, Harry Emerson Fosdick, Mary Baker Eddy, Albert Schweitzer, Fulton Sheen, Billy Graham, Martin Buber, Abraham Joshua Heschel, todos y cada uno de ellos, prescindiendo de sus diferentes teologías, ha testimoniado y probado la necesidad de la entrega, de que "se haga tu voluntad".

Pero pensamos en ellos como si estuviesen en cierto modo aparte de la humanidad pecadora y que sufre. Nosotros nos decimos: "La fe y la pureza les pertenece. Lo único que ellos hacen es ofrecer un vaso muy limpio y lleno de propósitos muy elevados". La verdad es que nosotros mismos no alcanzaremos ninguna altura a menos que entreguemos y reconozcamos nuestros límites actuales para poder abrir el camino a pensamientos renovadores y frescos, a inspiraciones, a objetivos, a una mayor comprensión. Así fue como las personas antes mencionadas avanzaron. Y así es como avanzaremos nosotros. Si nos hallamos distantes de la perfecta fe de ellos, debemos comenzar exactamente donde estamos con nuestro grano de esperanza, con nuestra parcela de confianza. La fe no es como la gasolina que se consume si vamos demasiado lejos. Se asemeja más al músculo que se fortalece y crece con la práctica y el uso.

Entregarnos ahora, en este momento, significa no solo que ofrecemos nuestras vidas, nuestras virtudes, nuestros talentos y nuestra voluntad, sino, también, que ofrecemos nuestras cargas y nuestros demonios. Estos últimos se disolverán en proporción con nuestra voluntad de ser íntegros. La mayoría de nosotros piensa que ya estamos deseando ser íntegros. Pero ¿será esto verdad?

Una señora de cuarenta años, ama de casa y madre, ingresó en la terapia de oración cuando su médico y su consejero espiritual estaban perdiendo toda esperanza de poderla ayudar a superar el alcoholismo. Ella deseaba desesperadamente dejar de tomar, se hallaba abrumada por la culpabilidad, el temor, la vergüenza, y había realizado dos tentativas de suicidio. Los resultados de sus pruebas psicológicas revelaron profundos y enraizados resentimientos, una tremenda autocompasión, sentimientos de culpabilidad, de inferioridad, una carga abrumadora que le impedía tomar conciencia del poder curativo del amor. Siendo profundamente religiosa, ella no acertaba a comprender por qué sus oraciones en que pedía verse liberada del alcoholismo no eran escuchadas. Al principio ella manifestó muy poco interés en eliminar los aspectos negativos de su personalidad que se le habían señalado.

"Primero yo quiero dejar de tomar —decía ella— y si dejo esto, ¿qué importa lo demás? ¿Por qué Dios no me ayuda?"

Dios no podía ayudarla porque ella no lo dejaba. Ella no deseaba entregarse y entregarse a Dios. Ella comenzó a percatarse de esto cuando estudiamos una curación narrada por San Juan en que se encuentra una desconcertante pregunta de Jesús. Él le preguntó a un hombre que había padecido una enfermedad durante 38 años: "¿Quieres ser curado?"

Ahora bien, casi todos estamos de acuerdo en pensar que quien sufra de algo desea curarse. Sin embargo, Jesús tenía algo específico en su mente cuando formulaba esta pregunta. ¿Acaso nosotros no deseamos vemos sanos, libres de todo dolor, libres de deudas, así como nuestra alcohólica deseaba dejar de tomar?

Cuando el significado de la pregunta de Jesús se aclaró en su mente, entonces ella descubrió, en lo profundo de su corazón, que verdaderamente ella no había estado queriendo ser íntegra, sino tan solo sobria. Ella quería verse libre del dolor y la pena que le producía el alcoholismo (que en realidad era tan solo un síntoma) pero se aferraba a sus resentimientos, a su autocompasión, a su culpabilidad, etc. Y esto no podía ser.

Debemos *desear* entregar todo.

La persona humana en cierto sentido es doble. Dentro de cada uno de nosotros hay una parte infantil y una parte adulta. Siendo esto verdad, carece de sentido decirnos a nosotros mismos o decirles a los demás: "Tienes que crecer." Decir esto no es realizarlo. Jesús, como la psicología moderna, dice: "Renováos." Renovarse no es siempre tan fácil como nosotros creemos. Nues tro aprendizaje se ha realizado mediante el condicionamiento. El condicionamiento es aprendizaje pero esto no significa que sea necesariamente bueno. A menos que una persona sea psicótica, el yo dentro de cada uno de nosotros conserva el dominio. Esto es lo que hace que a menudo sea difícil para nosotros abandonar nuestros sentimientos y actitudes perjudiciales. Es preciso que nosotros aprendamos a entregarnos —con todo nuestro mundo de sentimientos internos— a un espíritu más grande que el nuestro. "¡Espíritu de Dios desciende a mi corazón!"

La verdadera oración significa que nosotros nos liberamos entregándonos a ese espíritu superior, no con una melancólica resignación sino con gozo y confianza. Una vez más, aun antes de que nuestra fe sea ya adecuada podemos comenzar allí donde nos hallamos y presentar nuestros problemas, nuestras limitaciones, nuestros deseos y nuestros sueños lo mejor que podamos a ese Dios de amor entronizado dentro de nosotros mismos, invitándolo a llenar nuestro vacío, a tomar nuestras vidas, a remover nuestras limitaciones, a dirigirnos, protegernos y guiarnos.

Es así como comenzamos a *querer* ser íntegros y perfectos. No se trata de poder humano de la voluntad, ni de insistencia agresiva, ni de pedir con furor, sino más bien de una entrega tranquila, suave y confiada de todas nuestras cargas y preocupaciones a un poder superior a nosotros mismos.

Con este acto cesamos de considerar la influencia, el poder y la eficacia creativa como provenientes de afuera. Comenzamos a percatarnos que esencialmente el poder para el bien o para el mal proviene del interior. Quizá nuestros pensamientos íntimos no cambien actualmente el mundo (porque muy probablemente el mundo no necesita cambiar sino que cambien los individuos) pero seguramente realizarán un cambio de nuestro mundo al cambiar *nosotros*. Aquí es preciso que miremos hacia adelante y estemos en guardia para no caer en el peligro de considerar la entrega como un estado ilusorio en el que no hacemos nada. Nunca se realizará un cambio en nosotros si solamente pensamos en otras cosas. La fe tiene que confrontarse con la acción. Nuestra nueva manera de pensar debe llevamos a una nueva manera de actuar.

¿Qué cosas nuevas podemos realizar? En primer lugar, debemos dejar de criticar a los demás y de quejamos de las circunstancias, y adoptar una actitud dinámica frente a la vida. Podemos dejar de tratar a los demás como si fuesen los responsables del estado actual de nuestro desarrollo. Lo que pudo hacerse se hizo por ignorancia, por consiguiente toda acusación debe cesar. Con esta nueva actitud no habrá tiempo para las recriminaciones y podremos mirar hacia adelante tomando un nuevo rumbo y comenzando de nuevo.

La señora alcohólica se percató después de que no era el hecho de que su vida fuera limitada y mediocre, de que su esposo no ganara lo suficiente para poderle ofrecer todas las cosas que ella deseaba, de que sus hijos fuesen más turbulentos que los hijos de la demás gente, lo que le había provocado sus ataques de borrachera. Esta situación y condición suya era el resultado de que su actitud hacia la vida era limitada y mezquina. Las relaciones con su esposo y sus hijos estaban cargadas de resentimiento, de frustración y de falta de amor. Solamente cuando ella fue capaz de encarar estas actitudes fue, a su vez, capaz de una entrega y superación, de conformar sus acciones con la lealtad, la abnegación, el perdón, de dejar actuar en su vida el poder curativo y, en definitiva, de cambiar su vida. Esto fue precisamente lo que ocurrió.

Cuando nosotros volvemos sobre nuestro interior en un acto de entrega y acatamiento nos damos cuenta de que allí están presentes la ley y el orden. Nuestra orientación está allí. Toda la vida está lista. Debemos percibir que nosotros cosechamos lo que hemos sembrado y que podemos sembrar y cosechar de nuevo. ¿Fue acaso falta de amor? ¿O fue mezquindad? ¿Posiblemente egoísmo? Poco importa cuáles hayan sido en particular estas experiencias. Si somos capaces de percatarnos de los aspectos dañinos de nuestro interior, de querer liberarnos completamente de ellos, esparciremos nuevas semillas y evitaremos una cosecha de inferioridad, de temor, de culpabilidad, de odio, que son precisamente las cosas que han distorsionado nuestra manera de ver la vida. Existe una ley: el universo devuelve acción por acción. Nada es tan evidente como esto.

Nosotros nos despojamos de nuestro antiguo yo, de nuestras maneras anticuadas de pensar y de actuar. Nos ponemos bajo la influencia de un poder superior. Y, a menos que hagamos esto, sufriremos. El único valor del sufrimiento (y ya hemos visto que este proviene de nuestra propia ignorancia y del abuso de leyes impersonales y no es impuesto por Dios) consiste en que, cuando sube de intensidad, puede obligarnos a una honesta evaluación. Para algunos el umbral de tolerancia es alto, para otros es bajo. Pero cuando ya se ha acumulado todo lo que podemos soportar, entonces vamos en búsqueda de curación y bienestar. En este momento se nos presenta la disyuntiva de despojarnos de nuestro yo antiguo, entregarnos total y confiadamente al poder curativo del amor, o seguir sufriendo. Cuando se opta valerosamente por lo primero se inicia el proceso de liberación y renovación.

Hacer de la oración algo positivo

Nuestra entrega ha creado un vacío. ¿Cómo podemos estar seguros de que no se llenará de nuevo con los mismos pensamientos sombríos y los temores a los cuales estábamos habituados?

La respuesta específica radica en una oración positiva.

Encontramos que los integrantes del grupo de oración ocasional empleaban una oración negativa, colocando en el foco de su atención únicamente sus síntomas dolorosos. Una y más veces manifestaban y declaraban ser infelices, sufrir mucho, ser pecadores y miserables. Aunque estas afirmaciones de su miseria se dirigían al "Padre nuestro", sin embargo, nada, absolutamente nada hacía para contradecirlas. Insistía en la infelicidad, en la enfermedad y en el pecado, como aferrándose a ellos. ¿Por qué? Porque Dios no quebranta sus propias leyes. Y las leyes de Dios son como su naturaleza: constantes, dignas de confianza, sin falla ni variación.

Aquí estamos tocando precisamente uno de los puntos peor entendidos acerca de la eficacia de la oración. ¡Nuestras oraciones *siempre* son escuchadas y eficaces! Hemos hallado que no hay falla al respecto. "Cuanto pidiereis al Padre, os lo dará en mi nombre. Hasta ahora no habéis pedido nada en mi nombre; pedid y recibiréis... Por esto os digo, todo cuanto orando pidiereis, creed que lo recibiréis y se os dará... "Pero *¿qué es lo que oramos?* Pero ¿qué es lo que repetimos y creemos constantemente cuando estamos arrodillados frente al altar o cuando vamos a nuestras diarias ocupaciones?

Anteriormente dijimos que no tenemos por qué temer nuestros malos pensamientos, y que una vez que ocupan nuestra atención... podemos dejarlos de lado y dominarlos para que pierdan su poder. Pues bien, podemos voltear la situación. Supongamos que decimos el Padre nuestro, que es una oración positiva y afirmativa, una vez al día. Pero no capta nuestra atención. La hacemos a un lado y volvemos a decirle a Dios que somos un fracaso, que somos personas infelices, y continuamos con esta clase de pensamientos todo el tiempo en que estamos despiertos. ¿Qué es lo que está llamando nuestra atención? No será la oración del Señor que dura unos momentos sino nuestra oración. Nuestros constantes pensamientos y las cosas que afirmamos son *nuestra* oración, aquello que ejercerá un poder en nuestra vida. Por consiguiente, "usted es lo que usted ora", "dime lo que oras y te diré quién eres", sea que usted ore consciente o inconscientemente. Incluso podemos crear un vacío mediante un acto completo y eficaz de entrega pero, si luego volvemos y permanecemos en la autoconmiseración, en la duda, en la debilidad, la culpabilidad, el temor y el dolor, ¿vamos a creer honestamente que hemos dejado que la voluntad de Dios sobre la creación rija el estado de nuestra mente?

Créanme, nosotros hemos tenido pruebas definitivas de que nuestras oraciones son escuchadas o recompensadas en especie. Todos nosotros, ateos, agnósticos y religiosos, creemos que si sembramos amapola crecerá una amapola, según las leyes naturales. Y estas leyes son tan seguras como la salida y el ocaso del sol. Nunca se ha visto que un hombre siembre una amapola y resulte un repollo. Lo mismo ocurre con la oración y la ley es igualmente exacta e irrefutable.

La oración negativa producirá efectos negativos. Es ridículo quejarse de Dios o del poder de la oración. Ninguno de los dos nos falla. Al contrario. La misma ley que hace que la oración positiva tenga efectos positivos, hace que un pedazo de hierro que se hunde pueda también ser la causa de que un acorazado flote. Nosotros debemos tan solo comprender la ley y usarla correctamente.

Para comprender la ley de la oración positiva debemos una vez más considerar nuestro importante aliado el inconsciente. Ahora bien, el inconsciente no es algo separado o aparte de nosotros. Es una parte de nuestro reino interior, y una parte muy importante. Siempre ha estado allí y siempre ha estado funcionando, hagamos o no consciente uso de él. No es una cosa nueva inventada por la psicología. La psicología tan solo ha estudiado y le ha dado un nombre a aquello que siempre ha estado dentro de nuestro carácter reaccionando a los estímulos que le ofrecemos. Es como el esclavo de la mente consciente pues, además de cumplir su trabajo de mantener en orden aquellas funciones que la conciencia descuida considerándolas como automáticas, el inconsciente le proporciona una infinita variedad de posibilidades que ha acumulado según los modelos que nosotros ofrecemos a aquel. ¡Aquí radica en verdad la libre elección y el dominio!

Cuando el más profundo deseo del doctor Carlson postulaba que fuese lo suficientemente sereno y firme para realizar una delicada intervención quirúrgica el inconsciente era el mediador y el cuerpo respondía. Cuando el reverendo G. afirmaba que sentía actualmente la capacidad de conocer, amar y confiar en Dios, en realidad estaba recibiendo una recompensa en especie. Cuando Ester, que formaba parte del grupo de oración ocasional, insistía en que el mundo era malo, en que ella esperaría para mejorar en un futuro venidero, y declaraba constantemente que se sentía deprimida y desalentada, su desconcierto continuaba igual y lo mismo su mundo. Su inconsciente no tenía alternativa distinta de obedecer.

Se trata de una fuerza que es imparcial, impersonal, carente de sentido moral o de discriminación y no tiene otra alternativa que seguir nuestros dictámenes ya sea que se trate de una rígida dieta de temor, de ansiedad, de sufrimiento y limitación, o de una dieta saludable de objetivos y conceptos benéficos y felices. Pero de lo que sí podemos estar seguros es de que siempre el inconsciente está produciendo *algo*. Y nosotros, conscientemente o inconscientemente, estamos en este momento preparando el minuto venidero. En este sentido el futuro nos pertenece y podemos hacer de él lo que queramos eficazmente.

En la precisa medida en que comprendamos esto seremos capaces de llegar a orar eficazmente y de ser los dueños de nuestro propio destino.

Bill, un señor que ingresó en nuestro grupo de terapia de oración por recomendación de su médico, había logrado dominar el alcoholismo pero cediendo a ataques de pseudoepilepsia, o sea sin ninguna lesión orgánica. Él no había sido capaz de orientar su odio y resentimiento hacia algún individuo en particular. "Yo odio constantemente —decía— pero sin discriminación, a todo el mundo por igual."

Realizando esfuerzos honestos por llegar al concepto de un Dios de amor, era preciso que él se liberase de esa actitud y cambiara inmediatamente su dieta mental. Para cambiar de dirección decidió que debía figurarse a sí mismo amando vigorosamente a todo el mundo. Su mente solo aprendería mediante constantes repeticiones, decía él, y lo sabía muy bien pues lo había comprobado cuando estaba luchando con las tablas de multiplicar y con el alfabeto. "Quebrantado, desconfiado, débil y marchito, yo no podía reconstruirme de la noche a la mañana. Pero en el grupo nos habíamos puesto de acuerdo en comenzar donde nos hallásemos y entonces comencé a imaginarme a mí mismo como una especie de amante vagabundo." Los perros, gatos y otros animales perdidos fueron los primeros objetos de su solicitud pero, a medida que esta actitud se hizo más habitual, el inconsciente respondió y Bill se volvió cada vez más amable y menos vagabundo. Luego se le ofreció un puesto de jefe de sección en una compañía metalúrgica en la que realmente había llegado a ser una persona muy popular.

En el grupo de terapia de oración, Bill había llegado a ser un gran favorito, precisamente por la manera vivida de insuflar interés a sus pequeños experimentos, y por la aplicación que hizo de la oración positiva durante una dolorosa y costosa cita con el dentista.

"He ahorrado lo suficiente para mandarme arreglar los dientes", anunció él un dia. "Yo siempre he tenido un gran resentimiento contra un tipo que se hace rico arrancándome los dientes y que hace chistes mientras me tiene imposibilitado. Sin embargo he sentido siempre un cobarde miedo de él, desde que yo era niño. Por eso hacía muchos años que no iba a verlo. Él no me había echado de menos pero mis dientes sí tenían necesidad de él."

Decidió que antes de concurrir a su cita era preciso que superase sus resentimientos y sus temores porque, según recordaba vagamente, la última vez que lo había visto, tuvieron una sesión tormentosa. Iba a orar positivamente y con regularidad cada vez que pensase en ese futuro encuentro, y se imnginaría a sí mismo como calmado, sereno, muy equilibrado y sin ningún temor.

Después de su visita al dentista narraba lo siguiente:"Me senté en la silla y una serie de pensamientos singulares vinieron a mi mente.Yo pensaba que si este dentista quisiera hacerse rico muy seguramente habría podido elegir otro trabajo que el de mirar mi boca abierta. Es un buen dentista, debe ser muy dedicado a su profesión y amarla de verdad, por eso indirectamente debia amar el puente que me estaba haciendo. En cierta medida también me amaba a mí, a mis incisivos, a mis molares, etc. Pues bien, en el amor no puede haber ningún elemento dañino. ¿porqué hacía chistes? Quizá él trataba de hacer un poco más placentera mi visita; quizá el dentista es un ser un tanto rudo pero es preciso verlo como un mal necesario. Sus chistes probablemente deben hacerme reír.

"Estaba en estas cuando de repente me aplicó la novocaína. Entonces me puse a pensar en el que descubrió este producto. ¡Qué tipo tan formidable! Pensar que miles de personas le están muy agradecidas aunque no sepan quién es.

"Entonces me dije: La gratitud es un fruto del amor, así como la crítica es el fruto del resentimiento. Este es, en verdad, un gran pensamiento y siempre lo recordaré.

"¡En un momento tres dientes estaban afuera! No había tenido un momento para pensar en mí. El dentista y yo estábamos colmados de mutua admiración. Yo había estado sereno, tranquilo y muy equilibrado, exactamente como yo me había imaginado."

Él aceptó de buen grado una pequeña broma que le hizo una señora que todavía no comprendía lo que era la oración positiva. "¿Autosugestión? —dijo él encogiendo los hombros—. No lo sabría. Mi cultura no va hasta allá. Y quizá sea lo mejor. De todas maneras yo no me excité como la última vez, ni salí malhumorado o con deseos de tomar un trago. Me siento como el exciego del evangelio a quien los hombres brillantes de aquella época querían hacer caer en contradicción. El insistía: 'Lo que se es que, siendo ciego, ahora veo'."

En nuestra oración positiva consideramos nuestras declaraciones afirmativas como una respuesta a las intenciones de Dios y que vienen a formar parte de nuestro propio ser. Como lo descubrió Bill, es difícil, por no decir imposible, que un cambio se realice sin una imagen mental. Con los ojos de la mente nosotros deberíamos mirarnos e imaginarnos tal como quisiéramos ser. Y si constantemente tenemos presente esta imagen y la reiteramos, tenderemos a ser semejantes a esta imagen. Mediante una imaginación positiva nuestra vida puede convertirse en una revelación y desarrollo continuos. Estos dependerán en definitiva de la integridad de nuestra personalidad y no de palabras y frases hechas.

Nosotros hemos encontrado que la oración afirmativa es más poderosa que la oración de petición por dos razones obvias. Aquella sitúa el factor eficaz dentro y no afuera y lejos; de esta manera se le suministra alimento al inconsciente. Hay que recordar que el inconsciente no es el poder que dicta sino la ley que responde a este poder así como la electricidad obedece a una ley infalible que es precisamente utilizada por una inteligencia rectora para producir luz, o activar la silla eléctrica. Nuestra palabra o verbo es la inteligencia que dicta, y el inconsciente responde siguiendo una ley infalible e impersonal. La oración positiva nos sitúa del lado de la voluntad de Dios, trayendo y traduciendo de lo invisible a lo visible de nuestras vidas aquello que implica santidad, perfección e integridad.

Si nosotros fomentamos la culpabilidad, el temor y el odio en nuestra mente consciente, el inconsciente reaccionará de conformidad con aquel. Si nosotros simplemente lo sacamos a la consideración de la conciencia sin modificar nuestros pensamientos y emociones, puede muy bien continuar ejerciendo su influencia aunque sin nuestra plena cooperación y sin nuestro perfecto conocimiento. Por eso la honestidad y la entrega son algo imperativo. Si, por otra parte, nosotros mantenemos la fe, la esperanza y la caridad en el foco de nuestra atención, el inconsciente obrará de acuerdo. ¿Podemos acaso dudar de que es esta la voluntad de Dios? Jesús dijo que su Padre le comunicó a Él lo que debía enseñarnos y que "este mandamiento es la vida eterna". La enseñanza que conduce a la vida eterna, recordémoslo, son los mandamientos del amor. Por eso no podemos dudar que la voluntad de Dios acerca de nosotros es la de que permanezcamos en su amor y alcancemos la vida eterna. La palabra de Dios será, pues, en nuestras oraciones positiva, afirmativa, amorosa. En una o en otra forma reiteraremos aquello de que "Dios hizo todas las cosas y vio que eran buenas, muy buenas". El continuará creando y recreando dentro de nosotros y por medio de nosotros, con su palabra de verdad, y aquello será bueno, muy bueno, dentro de nuestra experiencia personal y a nuestro alrededor, si nosotros no limitamos, bloqueamos o pervertimos esto con un acto de nuestra mente.

El crecimiento es la ley fundamental de la vida, y nosotros debemos sembrar pensamientos positivos, útiles y creativos que no podrán menos de crecer, ya que reciben el apoyo de la fuerza misma del universo. Al mismo tiempo nos veremos a nosotros mismos como queremos ser a los ojos de nuestra propia mente. Si esperamos fracasar, fracasaremos. Si esperamos poco, lograremos poco. La oración, alguien lo ha dicho, es como una copa que se ofrece para que se la llene. ¿Cuál es la capacidad y la forma de nuestra copa? Pedimos y recibimos. Pero nosotros determinamos lo que recibimos por la forma en que lo pedimos.

Por eso en la terapia de oración tratamos de llenar nuestras mentes con lecturas nobles, amables, positivas, como un medio para forjar nuestros proyectos, dilatar y estimular nuestra imaginación. Buscamos en muchas direcciones, en los salmos, en Isaías, en el Nuevo Testamento, en los escritos de hombres y mujeres ilustres a través de las edades, y hallamos un material muy rico, positivo, estimulante y curativo. Mediante la lectura, el estudio y la oración nosotros orientamos nuestra mente en forma positiva, afirmando lo que deseábamos. No con la fuerza, sino con fe, el inconsciente llegó a ser nuestro aliado.

Hacer receptiva la oración

Hemos llegado al último punto sin el cual la oración es totalmente ineficaz.

Supongamos que un miembro de nuestra familia o un amigo muy apreciado llegase hambriento y nos pidiese pan —o incluso un buen pedazo de carne asada— y nosotros tuviésemos tan solo muy poca provisión. Sin duda, se lo daríamos. Pero no termina aquí el asunto. Terminaría aquí por lo que a nosotros concierne. No podríamos hacer más.

Sin embargo, el acto está todavía incompleto. Para que le aproveche al hambriento tiene que tomarlo y comerlo. Si falla, rehúsa recibir, o caen trozo tras trozo al suelo sin que su necesidad haya sido satisfecha, de nada habrá servido que le ofreciésemos indefinidas provisiones.

Esto puede parecer bastante traído por los cabellos. ¿No es verdad?

Una y más veces en el principio de nuestro experimento hallamos que no sabíamos cómo recibir y, en muchos casos, ni siquiera se esperaba recibir. El grupo de oración ocasional nos demostró que, a menos que podamos y deseemos aceptar el bien deseado, el acto de oración quedará incompleto.

Un caso que ilustra esto es el de Jerry, el hijo de un ministro protestante, que continuaba pidiendo perdón todas las noches por un acto que había cometido en su vida pasada. Puesto que nunca dejó de pedir este perdón, aunque se acercaba de lejos a Dios con corazón contrito y humillado y nunca más había repetido aquel acto, obviamente o él no creía que Dios podía o quería perdonarle, o sencillamente no aceptaba el perdón.

Se cumple en nosotros cuanto creemos.

Jerry continuaba soportando esa carga de culpabilidad. No dejaba que el perdón del amor la disolviese.

¿Por qué es tan difícil para nosotros aceptar el perdón? En la terapia de oración meditamos lo del Padre nuestro: "Perdona nuestras ofensas como nosotros perdonamos a los que nos ofenden". Jesús tenía una razón especial para incluir esta petición así como tuvo sus razones para todo lo que enseñó. La razón obvia aquí es la de una reparación o equilibrio de la regla de oro: hacer a los demás lo que quisiéramos que hiciesen con nosotros. Sin embargo, encontramos un sentido más profundo. Muchos de nosotros en vez de aceptar un hombre a imagen y semejanza de Dios hemos hecho un Dios a imagen y semejanza nuestra. Puesto que nosotros nos inclinamos a guardar nuestros rencores, nuestra mala voluntad, el desprecio, en pocas palabras a frustrar e impedir la plenitud del amor, el Dios hecho a imagen del hombre hará lo mismo. Para algunos de nosotros el primer paso para poder creer que se puede recibir el perdón consiste en descubrir que nosotros podemos perdonar.

Este paso tiene que ver solamente con nuestra capacidad de recibir. Los rencores y demás cosas parecidas, aunque puedan manifestarse temporalmente en el hombre finito, no pueden ser verdaderos en un Dios de amor infinito. Dios no es como el hombre. Aunque un destello de su luz, de su sabiduría, de su vida y de su amor se halle en el interior de todos y cada uno de nosotros, sus caminos son distintos de los nuestros, sus pensamientos no son los nuestros, como lo dice con todo énfasis el profeta Isaías. Es muy molesto que le digan a uno que "no es imposible para nosotros saber cómo un problema aparentemente insoluble puede resolverse ya que está en manos de Dios y Dios lo puede todo". La razón por la que nos molestamos es porque tememos que la solución no nos sea dada o nos llegue demasiado tarde. Pero este no es el caso a menos de que nosotros insistamos en que sea así. Una vez más estamos limitando y deformando a Dios reduciéndolo a nuestra manera humana. Él es todo poder, fidelidad y verdad y no rehúsa lo bueno. El es tódo amor. Robert Ingersoll dijo con mucha razón: "Un

Dios honesto es la obra más noble del hombre" y una necesidad absoluta para la eficacia de la oración.

Así, pues, cuando nosotros exponemos nuestros verdaderos deseos a Dios, sometiendo todo aquello que no está de acuerdo con la ley del amor, reafirmando positivamente lo que esté bien de acuerdo con su voluntad, falta, sin embargo, una cosa. "Cuando oréis, creed que recibiréis y recibiréis."

El acto final de la oración, completa y perfecta, es, naturalmente, recibir (aceptar el bien deseado, y actuar con la certeza de que se lo posee).

Una señora de uno de nuestros grupos tenía un problema en sus relaciones familiares. Ella estaba muy nerviosa, irritable y confusa hasta el punto de que cada día se hallaba desbordada por sus obligaciones, tensa y suspirando por un poco de paz. "Vivimos en Bedlam —se quejaba ella reiteradamente— y yo no sé de quién es la falta, si mía, de mi esposo, de mi hijo o de mi querida y vieja Auntie (Auntie era una huésped permanente que no pagaba), pero siempre alguien llega a destiempo".

Ella había tratado fielmenre de practicar nuestra terapia de oración, había reconocido sus demonios y había alcanzado un concepto de Dios como amor. Ella rezaba con regularidad, haciendo de la oración una entrega y en forma afirmativa. Sin embargo, la situación de la seflora R. francamente no mejoraba. Ella era del tipo de personas que dice: "Sí, pero". Ella deliberadamente limitaba la eficacia de Dios rechazando la posibilidad de que Él pudiera hacer todo el trabajo.

Esta era la situación. Su verdadero deseo se orientaba hacia el amor: tener una familia en armonía. Pero cada vez que ella declaraba esto, su reacción inmediata era la que, aunque ella hiciera lo que debía y deseaba, su papá o Larry o Bruce o Joe o Auntie serían muy pesados para Dios así como lo eran para ella. Aquí tenemos la razón básica de por qué los problemas que implican relaciones humanas parecen siempre los más difíciles de arreglar. Según nuestro sentido muy humano y nuestra visión un tanto miope de las cosas, el problema se arreglará en la medida en que la conducta y la personalidad de los otros cambie. Y es una verdad lo de que nosotros no podemos cambiar a los otros a la fuerza. La libre voluntad del otro es algo que nosotros no podemos forzar. El Dios que está dentro de nosotros es también el Espíritu que está dentro de ellos y el poder de la oración que trabaja por la armonía y la integración funciona de igual manera para muchos o para uno solo. Lo que es una bendición para uno lo debe ser para todos si es que queremos practicar la ley del amor y la armonía.

La dificultad radicaba precisamente allí donde la halló la señora R. Ella trataba con su imaginación y afirmación de liberarse a sí misma, pero mientras tanto retenía a los otros atados a una declaración de discordia. Ella negaba la posibilidad de que todas las cosas pudiesen cooperar y marchar juntas en la promoción del bien, y consideraba que era su familia la que obstruía y destruía la armonía. Puesto que ella no podía aceptar el bien que deseaba, ella no podía tratar a los demás, como decía Goethe, como si fuesen lo que deben ser, permitiéndoles con esto ser cabales. Parecía que no pudiese liberarse de su imagen habitual de caos hasta que no se realizara la armonía. Ella ponía el carro adelante del caballo pues ya sabíamos entonces que Dios y las cosas de Dios, como la armonía, la paz, la justicia, el poder, trabajan y actúan de lo invisible a lo visible y no al contrario.

Sería completamente erróneo pensar que nosotros podemos hacer de esta inversión parte de nuestra mente consciente y creer solo porque leemos que es así, como tampoco podemos cambiar completamente nuestra manera habitual de pensar de negativa a positiva. Por condicionamiento nosotros creemos lo que vemos. Actualmente la mayoría de nosotros considera la electricidad como un hecho porque podemos ver encenderse la lámpara y marchar la aspiradora. Pero el hombre que domina la electricidad cree y entiende las leyes y principios invisibles que la rigen, y puede con toda fe confiar en el poder y en la fuerza eléctricas para realizar *lo que le dictan su mente y su imaginación*. Cuando dibuja los planos en el papel supone que el poder de la electricidad es capaz de realizar lo que él planea, incluso antes de que sea una realidad y pueda ya ver los resultados. La idea viene primero. Está de acuerdo con el principio de que lo invisible se concreta y manifiesta en lo visible. Así reconocer el poder de la oración como capaz de producir lo que deseamos, requiere un esfuerzo consciente para comprender el principio y comprobarlo en la realidad. Al comienzo podemos aceptar la palabra de otro como una base para nuestros propios experimentos precisamente como lo hace aquel que utiliza las leyes de la electricidad. No es necesario para él volver a descubrir la electricidad, hacer volar un cometa en una tempestad eléctrica, y demás cosas por el estilo.

Desde los tiempos de Jesús hemos tenido claras definiciones de las leyes que rigen la oración eficaz. Fue estudiando estas instrucciones como la señora R. encontró lo que le faltaba en la aplicación que ella hacía de estas leyes a la situación familiar. En nuestras reuniones de grupo revisamos dos narraciones bíblicas, una en que Jesús cura a una mujer "enferma hacía doce años" y la otra en que cura a un mendigo ciego que se hallaba en el camino.

La mujer había tocado la orla del vestido, siendo esta su manera de pedir, "pues ella decía para sí misma: con solo que toque su vestido será sana". Cuenta el evangelista que inmediatamente quedó sana. En forma semejante, el mendigo ciego, Bartimeo, pidió recobrar la vista. "E inmediatamente sus ojos pudieron ver." En las dos ocasiones, Jesús declara que no fue Él, sino la fe de ellos la que los curó.

Nosotros estudiamos esto en relación con la regla que adoptamos, de que ningún aspecto negativo de la personalidad ni ningún demonio atrajera nuestra atención en la oración más de una semana. Si hubiésemos persistido en una fase habríamos estado blaqueándonos a nosotros mismos al negar que nuestra oración había sido escuchada. Habría sido lo mismo que plantar una semilla de amapola dudando de la ley que rige su crecimiento y luego hundir el dedo en la tierra para buscar si estaba todavía allí, o arrancarla para saber si ya estaba echando raíces y creciendo. Una vez que hemos plantado nuestra semilla de la oración, es preciso que le demos una luz positiva y que la reguemos con una conciencia afirmativa; arrancaremos toda cizaña que trate de ahogarla, pero dejaremos que la semilla crezca por sí misma.

Como la enferma y como Bartimeo nosotros oramos confiando y sabiendo que nuestra fe ha sido escuchada. Ningún "pero" al respecto.

"La simple palabra 'inmediatamente' fue la que me ayudó —decía la señora R.—. Decidí que cuando pedía con fe una mejor relación familiar, se realizaría 'inmediatamente', aunque yo no lo pudiese ver en el momento. Si continuaba preocupada, molesta, esperando milagros, era esta la señal de que no había aceptado realmente la nueva situación. Negaba yo mi misma afirmación y el poder de Dios. Entonces decidí dejarla crecer y darle tiempo para que pudiese manifestarse ante mis ojos. Y agradecer que hubiera sido así. Estaría feliz, seguiría gozosa mi camino."

¿La mejoría de toda la situación fue visible inmediatamente? No. Sin embargo, cuando ella oía palabras hostiles o de enojo que provenían de miembros de su familia, no comenzaba a dudar de nuevo sino que recordaba sencillamente que ella había pedido algo bueno y con buena fe: ¡era ya un hecho! Decía que había combatido los pensamientos opuestos manteniendo este antídoto en el centro de su atención: "Esto ya es una realidad puesto que está en la línea del amor y lo he pedido y reiterado. He recibido respuesta. Doy gracias a Dios por la armonía que ha devuelto a mi hogar."

Con sus actitudes, con lo que decía y con lo que hacia, la señora R. cooperaba con aquella paz interna que había logrado establecer y debía manifestarse claramente. La imagen afirmativa que ella había aceptado completamente en su conciencia se manifestó al exterior.

Repetidas veces hemos podido comprobar que siempre que tenemos necesidad de armonía, de perdón, de valor, de amistad, de salud, si lo afirmamos y aceptamos en nuestro interior llegará a ser parte integrante de nuestra propia experiencia. Este es, a la vez, el secreto y el milagro.

Hay una segunda faceta de la oración receptiva que no debe descuidarse. Mientras se acepta el cambio de actitudes y de condiciones, podemos dar un paso más. En la oración receptiva la inspiración, la orientación, las ideas creativas, la solución correcta de aparentes problemas, nos estaban esperando en nuestro interior. Tan solo nos bastó atender a la antigua sabiduría de una tribu de indios americanos: "Escuche, o su lengua lo ensordecerá."

La comunicación con Dios tiene que ser una comunicación recíproca. un diálogo, si deseamos recibir el beneficio completo. No importa cuán afirmativa pueda ser nuestra actitud, seremos incapaces de lograr todo el valor de la oración si nos detenemos en la etapa de un parloteo espiritual. Si deseamos respuestas profundas, mayor lucidez, un desarrollo y crecimiento continuos es preciso que abramos nuestra conciencia y escuchemos. En verdad las respuestas nos llegaron en forma de pensamientos, sentimientos, impulsos, intuiciones. Las respuestas de Dios siempre fueron naturales y normales y en ningún caso como una deslumbrante manifestación psíquica. Esta forma de escuchar o recibir la oración de ninguna manera contradice nuestra oración afirmativa sino que la corona con una inspiración y un sentido de presencia y de triunfo. Nuestras afirmaciones pueden perseguir un bien más elevado en la medida en que la divina inspiración nos conduce a una visión superior.

En cierto sentido se parece a la persona que había contemplado algunos de los lienzos de más colorido del artista americano Turner. Cuando tuvo la oportunidad de encontrar al pintor le dijo en tono crítico: "Yo nunca he visto ningún atardecer como los que usted pinta". Tumer lo miró un momento y replicó: "¿No quisiera usted poder verlos?"

Si quisiéramos podríamos ver mucha más hermosura, dilatar nuestros conceptos de sabiduría, de amor; debemos desarrollar una receptividad interior. El grupo de terapia de oración estaba de acuerdo en que, en este nivel de nuestra vida de oración, la oración contemplativa no era una habilidad fácil de cultivar y desarrollar en un ambiente complejo y bullicioso, y que su práctica nos costaría mucho. Emerson enfatizó este último paso de la oración cuando escribió: "Lo que nosotros comúnmente llamamos hombre, aquel que come, bebe, sabe plantar y contar no representa al verdadero hombre. No respetamos a aquel sino a su alma, respecto de la cual él es un órgano, que se manifiesta a través de sus acciones y hace que se doblen nuestras rodillas. Cuando alienta su intelecto, es el genio; cuando anima su voluntad, es la virtud; cuando fluye en sus afectos, es el amor."

¿Cómo podemos llegar a ser los órganos de esta alma, de esta semejanza divina dentro de nosotros mismos, si no nos percatamos de que está allí, si no oímos y acatamos sus impulsos para que animen nuestras acciones, nuestro entendimiento, nuestra voluntad y nuestros afectos? Lo que hacemos constituye la respuesta a la inspiración que nosotros recibimos del interior. Hemos estado estudiando los métodos para limpiar las líneas de comunicación, de identificación de nuestro yo superficial con ese yo profundo. ¿No llegaremos a ser capaces de oír la voz de Dios que nos habla desde el otro extremo de la línea? Estamos cordialmente de acuerdo con lo que dijo Pamela Grey: "Por un alma que exclama, 'Habla , Señor, que tu sierva escucha', hay diez que dicen, 'Oye, Señor, que tu sierva habla' y no descansan".

Capítulo IX.
Las señales subsecuentes

Según Jesús, a los que creyeren les acompañarán señales. Si nuestros cuatro puntos integran la oración eficaz, científicamente estas señales deben ser evidentes y susceptibles de repetirse. Estas deben probar que son medios efectivos para expulsar la culpabilidad, la inferioridad, el temor, el odio, y para liberarnos de las cadenas mentales que nos sujetan a insoportables condiciones. Usted recordará que este fue precisamente el resultado del experimento original y lo que cinco años de experiencias ulteriores con grupos de terapia de oración corroboraron.

Veamos en dos casos típicos cómo ocurre esto exactamente.

Ya conocemos al joven ranchero cultivador de naranjas que tomó parte en el experimento original debido a que una clínica muy conocida le había recomendado someter a una intervención quirúrgica su aguda úlcera estomacal. Nosotros lo hemos seguido durante su primer paso en que hizo de la oración una práctica de honestidad y descubrió que los sentimientos de inferioridad, de culpabilidad, el temor y el odio eran fuerzas que actuaban en su personalidad. Recordamos que él vislumbró el amor cuando reconoció esa hostilidad como "la misma energía creativa pero mal orientada que se convertía entonces en destructiva". Llegado a este punto él se había percatado de quién era real y actualmente, de lo que no quería llegar a ser, y estaba dispuesto a hacer algo y remediar esta situación.

Precisamente ¿qué fue lo que él hizo?

En una carta que él escribió recientemente señalaba que había trabajado durante algún tiempo sobre su concepto de Dios de amor ya que no encontraba nada fácil presentarse ante el trono de Dios y descubrir mentalmente todos sus defectos. "No vaya a pensar usted —escribía— que no se necesitaba valor para decirle al Jefe: 'Yo odio a mi mamá, a mi vecino, o a mi sobrino', cuando se sabe perfectamente que esto se opone a las leyes o reglas."

Finalmente él pudo entrar en el círculo del amor mediante el tercer método señalado: utilizando la regla de la lealtad, de la abnegación y el perdón para medir sus relaciones con su prójimo y consigo mismo, y orando luego para que el amor penetrara todos sus pensamientos, palabras y acciones.

"Después de esto —comentaba— estaba listo para el acto de entrega. Tratando de cumplir la ley del amor se hizo posible sacar delante de Dios todas las cosas que no quería tener en mi vida, siempre con la idea de que yo le estaba ofreciendo a Dios un vacío para que lo llenase.

"Con toda regularidad, cada noche y cada mañana, después de la entrega yo me forjaba conceptos positivos de mí mismo tal como quería ser, tal como yo pensaba que Dios quería que yo fuese. Cuando ya sentía que había recibido lo que yo afirmaba —el perdón, la orientación, la inspiración— me sentía libre de la culpabilidad."

En la medida en que él diaria y positivamente orientaba sus energías hacia Dios, se fue convenciendo de que estas debían emplearse en forma creativa. "Esto eliminó la inferioridad. Si yo podía cultivar una naranja hermosa me sentía formando parte de la vida y siendo necesario dentro del plan de Dios. Podía ser útil, me querían. Como parte integrante del plan divino, no tenía nada qué temer. Obtendría el sustento necesario para poder trabajar. Excluyendo el temor pude dejar de acumular las debilidades de mi prójimo como posibles municiones para cuando me atacaran o me subestimaran. La hostilidad era algo obtuso. Dejé de ser una fortaleza armada, dejé que cayesen los muros, y me sentí libre."

¿Sencillo? Sí. ¿Fácil? ¡No! Esto podía resumirse en media docena de párrafos. Pero no se pudo realizar en media hora. Solo después de 23 semanas desaparecieron los síntomas de su úlcera y enfatizó entonces que había observado con perseverancia la regla de la terapia de oración de no estar hablando en la oración acerca de sus síntomas. Aunque curó su úlcera, él no dejó la practica de la terapia de oración. "Hasta el día de hoy —comentó— continúo practicando la terapia de oración en mi vida cotidiana. Si yo voy a dejar libre el hombre de Dios que estaba oculto en mi bloque de mármol, no voy a contentarme con eliminar un par de úlceras, una rebanada de culpabilidad, de temor y de hostilidad. Habiendo descubierto a Dios como un poder creador, siempre presente y dispuesto a ayudar, usted no puede quedarse a medio camino sino que continuará adelante hasta que nada se interponga entre Él y la imagen suya que llevamos prisionera dentro de nosotros mismos. Cuando esto se realice, estoy seguro de que habremos entrado en una fase aun más maravillosa de la vida."

De todas maneras lo sabe

Yo le pregunté igualmente a Claudia R. cómo había aplicado exactamente la terapia de oración para superar "la inmadurez emocional, las tensiones, los temores y los exagerados sentimientos de culpabilidad" que aparecían en sus pruebas psicológicas. Claudia, con su inteligencia brillante, su gran encanto personal, su natural devoto y religioso, había tomado desde su niñez la determinación de sepultar todo lo que no fuese "bueno" para que nadie viese en ella, y menos aun su Padre celestial, cosa semejante. Pero los temores y sentimientos de culpabilidad reprimidos por rígido control se manifestaron más tarde bajo la forma de ciática, de jaquecas, baja presión arterial, etc. Como ya lo hemos mencionado, ella había logrado muy pocos progresos hasta que un día se le hizo el siguiente señalamiento: "No tengo miedo de hablar de estas cosas con Dios. De todas maneras Él las conoce... y sabe comprender."

"Con esto —escribía Claudia— todo el dique voló. Yo había sufrido mucho por el temor a la gente, sintiéndome insegura, inferior, y algunas veces deseaba ser débil y despreciable, en otras ocasiones experimentaba, por el contrario, sentimientos de celos, de ira, hostilidad y suspicacia. Allí estaba todo eso, pero por fin había estallado. Dios lo conocía de todas maneras, por consiguiente yo podía admitir esto y reconocerlo. Y al admitirlo me sentía pronta para realizar un cambio. Al comienzo hubo momentos en que tuve que luchar conmigo misma para no llegar a la oración con mi carita de 'niña buena', resplandeciente en mi gloria personal, pero ocultando los choques, confusiones y dificultades. Pero recordé que, ya que el reino de Dios está dentro de nosotros mismos, era evidente que Dios conocía toda nuestra verdad. Y, puesto que Él es amor, sería comprensivo."

"Si anteriormente yo usaba la oración como disculpa y paliativo para reprimir mis sentimientos, ahora la empleaba para liberarme a mí misma. Cada mañana yo seguía los pasos siguientes:

1. Concentrar y enfocar mi mente.
2. Meditar en el amor de Dios y en mi relación con Él.
3. Pedir ayuda para poder contribuir más eficazmente al plan del amor de Dios, y poder emprender esta tarea sin tener una carga abrumadora.
4. Liberarme de esta carga verbalmente, sea que se tratase de sentimientos de inferioridad, de inseguridad, de odio, de ira, sea que se tratase

de lo que se me había señalado en la semana o de cualquier otra cosa que me molestase.

5. Afirmar que ahora estaba yo libre y como Dios quería que fuese. Luego permanecer en silencio tranquilamente hasta que experimentase una fuerte sensación de triunfo y de serenidad. Si me sentía tentada de inquietarme, por otras ocupaciones, entonces me decía: ¿Tienes acaso algo más importante que hacer?
6. Seguía adelante estando segura de que mi oración había sido escuchada."

Podemos aquí notar que la forma de oración de Claudia tenía en cuenta los cuatro puntos antes señalados: era constante, positiva, constituía un acto de entrega y era receptiva.

"Mi fuerte tendencia hacia los sentimientos que me herían, progresó dentro de la línea de una sugestión que nos hicieron en clase para que tratásemos de *diferir nuestra reacción espontánea* e insistir en la reacción que deseábamos. Por ejemplo, yo iba al banco y sabía que el señor Jones actuaría con rudeza y brusquedad. Pues bien, esto me hería. Pero yo había logrado comprender que los sentimientos ofensivos son síntomas de inferioridad e inseguridad. Por eso me decía: ¿Por qué estoy herida? El me hizo sentir insignificante, insegura. ¡Ah!, pero yo no mido mi seguridad por lo que él me haga. Dios me lo da todo. Probablemente los modales del señor Jones no tienen nada que ver conmigo. Quizá él tenga sus problemas. Luego, oraba por él, por sus problemas. Dios también le ofrece a él todo. 'Pero'... decía inmediatamente la antigua manera de reaccionar. Nada de 'peros' insistía yo. Me siento fuerte, alegre y segura. Espero lo mismo para el señor Jones. Donde nos hallamos, allí está Dios. Yo me mantenía firme en esto.

"Yo podría afirmar que si tratamos diariamente de elegir nuestras reacciones, las buenas llegarán a ser casi automáticas como ocurre con la práctica en cualquier campo. Tenemos que hacer un acto consciente al principio, pero, cuando se adopta como una pauta de conducta, el inconsciente lo hará en forma refleja e instintiva, así como conducir un automóvil llega a ser algo instintivo. Cuando esto ocurre, las tensiones físicas lo mismo que las relaciones humanas, liberadas del conflicto interno, se convierten en algo normal, en pautas sanas de conducta —las pautas *naturales*— que son lo que Dios quiere.

"Como usted sabe, antes de que el experimento terminase en junio de 1952, la ciática, las jaquecas, el nerviosismo y las demás cosas por el estilo habían desaparecido. Mi esposo jura que yo tengo ahora mejor salud y mejor humor que nunca desde que me conoce y prácticamente él me conoce desde mi juventud. Y, sin embargo, trabajo fuertemente, mucho más y con mejor voluntad ahora que me acerco a mis 50 años. Continúo practicando la terapia de oración todos los días ya que no quiero perder lo que he ganado. Quizá la cosa más grande que he logrado es la de acercarme diariamente a cualquier persona y a cualquier situación con radiante alegría y entusiasmo. Y, por primera vez según puedo recordar, no me cambio por nadie. Actualmente me siento feliz de ser *yo*."

Estos son ejemplos concretos de cómo aprendimos a cambiar de dirección y a marchar con serenidad, con bienestar físico, con una mente sana y con un propósito hacia una plenitud y realización personal. He aquí, podemos decir sin ampulosidad ni vana elocuencia, el método que hemos probado es eficaz para "renovar nuestra mente": Primero, un reconocimiento de que el reino interior es en realidad el reino de la causa suprema mientras que las demás condiciones son efectos, y varían de acuerdo con lo que rige nuestra conciencia. Luego una clave para la evaluación honesta de lo que gobierna nuestra conciencia individual, y el reconocimiento de cualquier culpa, odio, inferioridad o miedo que se esconda en nuestro inconsciente y pueda manifestarse en trastornos orgánicos y en dificultades cotidianas. Reconocimos luego un Dios de amor dentro de nosotros mismos, siempre presente, siempre benévolo, un poder siempre curativo y capaz de expulsar todos los demonios. Comenzamos a vivir el mandamiento del amor y empleamos una técnica de cuatro puntos en la oración para poder mantenernos en constante comunicación con nuestro poder orientador y curativo.

El tipo de oración al cual nos referirnos en esta franca y atrevida recomendación debe ser constante, un acto de entrega, positiva y receptiva. Esta forma de oración eliminará los elementos nocivos de nuestra personalidad y nos dejará libres para actuar de acuerdo con aquella "voluntad de Dios que es buena, grata y perfecta", que es la vida eterna, la perfección y la paz que supera todo entendimiento.

Hemos hallado que este método es digno de confianza y puede repetirse cuantas veces se desee. Esto indica científica y académicamente que se fundamenta en algún principio. Comprobamos que la oración puede ser tan eficaz hoy en día como lo fue hace dos mil años, y así quien quiera hacer el esfuerzo, puede cambiar de dirección y seguir este camino que conduce hacia una vida más abundante.

Capítulo X. Ulteriores experimentos

El experimento original terminó en junio de 1952. En los años siguientes suprimimos los grupos de control que habían cumplido su propósito, pero continuamos y ampliamos nuestro trabajo. Los resultados con grupos subsiguientes han sido igualmente buenos y, en algunas ocasiones, han superado el porcentaje de mejoría que se observó en los 15 participantes originales del grupo de terapia de oración. Si bien fue imposible para nosotros admitir a todos los voluntarios "conejillos de Indias", ya que estábamos dedicados a la labor académica de probar, controlar y mejorar las técnicas y los resultados, y teníamos que limitarnos a un número de individuos con el cual se pudiese trabajar, lo hemos extendido a un centenar de personas que nos proporcionaron un campo más amplio de comprobación.

Algunos de los últimos resultados son dignos de consideración.

El que toda la familia pudiera beneficiarse con la aplicación de la terapia de oración por parte de uno solo de sus miembros fue algo que se estableció en los experimentos generales de 1952 y 1953. Cinco madres de niños que recibían ayuda en la clínica de la audición y la dicción pidieron ingresar a la terapia de oración. Sus hijos demostraron un progreso superior a los demás en la medida en que los conflictos de sus mamás se iban resolviendo y fue siempre el papá el primero que reconocía una gran mejoría en todo el ambiente familiar.

Una de las madres acuñó esta frase: "A mi hijo no le ha pasado nada, excepto que está espiritualmente lesionado". Esta era una gran verdad, pues en mi experiencia he encontrado que los niños que sufren de trastornos funcionales no orgánicos han sido "espiritualmente lesionados" por el temor, el odio o algo carente de calidad espiritual en sus hogares.

En 1953, además del grupo regular, 32 estudiantes de la Universidad de Redlands, cuyas edades oscilaban entre los 19 y los 22 años, formaron dos grupos separados para estudiar la terapia de oración bajo la dirección de Jim E. Parker. Jim era un ministro baptista americano, de 26 años, que había realizado trabajos de posgrado como terapeuta participante en el proyecto original. Sabíamos muy bien que el mundo de la medicina y el campo de la educación no podían solos inmunizar a los jóvenes contra las fuerzas emocionales destructivas. Queríamos saber si la oración era capaz.

Lejos de ser universitarios desadaptados, se contaban entre los estudiantes el presidente del consejo estudiantil, la muchacha elegida como jefe de la asociación femenina de estudiantes, el presidente del consejo de fraternidades, seis estrellas de atletismo, nueve estudiantes avanzados en psicología, cuatro seminaristas, tres aspirantes a profesores, un "lobo", un agnóstico y un ateo.

"Eramos en 98% gente normal y ordinaria", escribía uno de los deportistas en su informe. "Pero todos recibimos una gran ayuda de la terapia de oración." Uno de los jefes de una asociación estudiantil decía en síntesis: "Además de darnos un método para hacer la limpieza de nuestra vida interior y de proporcionarnos nuevos valores 'aquí y ahora', lo que aprendimos nos ha de servir para prevenir futuros conflictos y crisis emocionales".

Francamente yo me sorprendía cuando aquellas clases voluntarias, sin ningún sistema de reclutamiento fuera de algunas palabras, sin ofrecer créditos, absorbiendo un tiempo considerable, tenían que rechazar a algunos candidatos que solicitaban el ingreso. Es demasiado pronto para evaluar los efectos duraderos de la terapia de oración como factor inmunizante. Pero una indicación que nos llena de esperanza se obtuvo en los cambios visibles y mensurables que presenciamos en el corto periodo de un año.

Aquí estábamos tratando con un grupo de estudiantes, porcentaje afortunado de los ciudadanos que tienen la posibilidad de alcanzar "estudios superiores", y descubrimos lo que la psicología había sospechado hace mucho tiempo: que la educación intelectual no educa a todo el hombre. De hecho a menudo apenas toca el lado emocional de su persona, dejándola así titubear en la inmadurez que actualmente afecta a tantos cerebros cuidadosamente superalimentados.

El conocimiento, se ha comprobado, no es suficiente. Tenemos más instituciones de altos estudios que ninguna nación sobre la tierra. Han sido inmensamente útiles en la enseñanza de hechos concretos. Nuestras instituciones educacionales nos han dado conocimientos prácticos y habilidades tales que hemos podido producir bienes materiales que llenan de asombro al mundo entero. Hemos estudiado el pasado sistemáticamente, lo hemos analizado y disecado. Puede ser muy bueno todo esto, pero nosotros vivimos nuestras vidas con emociones. Todas las grandes cosas que vivimos, el amor, el matrimonio, la paternidad, la alegría, el humor, la inspiración, se halla en el plano emocional en donde el conocimiento y la habilidad del entendimiento solo tienen un valor muy relativo. Cuando consideramos la educación como una totalidad la pregunta importante es: *¿Ha habido un cambio correspondiente de actitud?* ¿Nos entendemos a nosotros mismos mejor? ¿Estamos en paz con nosotros y con nuestro prójimo? ¿Tiene la vida un mayor "significado" para nosotros? ¿Tenemos una mejor comprensión de nuestra relación con Dios? ¿Realmente hemos aprendido? Aprendizaje, en último término, significa un *cambio de conducta y de mentalidad.*

Lo que hemos aprendido

Desde este punto de vista es interesante examinar el progreso de algunos individuos del grupo de terapia de oración.

He aquí una chica que había decidido desde octubre no ir a su casa en Navidad. Las vacaciones del verano le eran suficientes, excepto en lo referente a la compañía de su mamá. "Ella es muy buena para todo y yo no tengo esperanza de alcanzarla", admitía la joven cuando sus calificaciones descendieron y disminuyó la comunicación con su casa. Llena de luchas y de tensiones, ella sufría continuamente ataques de asma, anemia, trastornos digestivos y fatiga nerviosa. Se le había pronosticado una "artritis a menos de que se le prestase una ayuda adecuada".

Una joven con un brillante cociente intelectual, una cara muy hermosa y una espléndida sonrisa, estaba sufriendo y soportando una vida de colegio tímida y anormal para evitar una relación familiar aun más anormal. Cuanto más esfuerzo hacía, más tensa e incapaz se sentía.

Los señalamientos iniciales que se le hicieron la obligaron a enfrentarse a la enemistad que sentía hacia su mamá. Aprendió a comprender la inutilidad de la rivalidad en el aspecto de la personalidad. "Un microscopio me probó que Dios no ha hecho ni siquiera dos cabellos de mi cabeza iguales", dijo ella. "No necesito estar comparándome continuamente con mi mamá. Dios le dio a ella un talento y otro a mí."

Enseguida se dio cuenta de que sus sentimientos de inferioridad se basaban en un resentimiento por su mente tan brillante, sentida como una obligación y una responsabilidad, ya que a quien mucho se le da, mucho se le pide. En la oración se percató súbitamente de esto. "Ahora reconozco esto con gratitud... primero hacia Dios que me confió este don libre. Me di cuenta de que mientras me sintiese inferior y me apreciase muy bajo, en realidad estaba siendo desagradecida con Dios, con papá y mamá y con una larga lista de magníficos profesores que me habían rodeado y obsequiado sus riquezas espirituales. Por carecer de gratitud había estado envidiando siempre ser admirada y aceptada. Verdaderamente la gratitud me liberó del resentimiento."

Esto produjo un cambio inmediato y dramático en su vida. Ella fue a su casa en Navidad resuelta a darle salida a esa nueva emoción que había descubierto en sí misma. La eficiencia y la reserva de su madre cedieron ante ella y en el siguiente semestre su tensión disminuyó, su salud mejoró y sus calificaciones subieron.

En el caso del joven atleta, estrella del fútbol y dirigente de una de las fraternidades, él había ingresado en el grupo de terapia porque "me interesaba en lo referente al valor de la oración. Pensé también que un mayor conocimiento de mí mismo me ayudaría en la vida".

Él y la mayor parte de los estudiantes pertenecían a ese tipo de cristianos que cumplen con sus prácticas religiosas en Pascua, en Navidad y algunas veces los domingos. "Mi anterior concepto acerca de Dios era intangible. A veces me lo imaginaba como un personaje con barbas que vivía allá arriba en las nubes. En los días buenos experimentaba yo un sentimiento agradable hacia Él y hasta llegaba a pensar que quizá era Espíritu. En los días malos ni siquiera estaba yo seguro de que Él existiera."

Su primera reacción ante los señalamientos que se le hicieron fue de resentimiento y escepticismo. "¡Vaca sagrada! Este tipo generaliza. Esto podía tenerlo cualquiera." Luego vino algo específico. El psicólogo que lo entrevistaba, sin ninguna alusión, le señalaba sus problemas familiares "como si hubiera recibido una carta y se la leyera".

Su padre era un alcohólico y, aunque les proporcionaba todas las comodidades materiales, la atmósfera del hogar era, para el joven y para su madre, de molestia, de aprensión y de temor. Él había perdido el respeto a la autoridad paterna pero, sobre todo, echaba de menos a su padre.

"Si aquel señalamiento no me hubiese golpeado en la cara, probablemente nunca habría sido capaz de reconocer mi resentimiento. 'Honra a tu padre' estaba mandado y equivocadamente pensé que era más cómodo pretender que yo ya cumplía con esto. Solamente tuve que volver a recordar al padre que conocí cuando tenía yo siete años, antes de que él comenzara a tomar, un padre formidable que me llevaba de pesca y de cacería. Yo honraba a aquel padre pero despreciaba a ese extraño que había usurpado su lugar.

"Terminaba el primer semestre cuando yo aprendí, a través de la oración honesta, a situarme en su lugar. Está bien —me dije— mi papá tiene un problema. ¡Quizá yo pueda ayudarle!"

Comenzó a pensar que quizá el resentimiento no era unilateral. ¿Acaso había sido él el mejor de los hijos? Quizá también su padre estaba sufriendo, era infeliz, y trataba de escapar a los demonios que su hijo había descubierto en sí mismo: el temor, la culpabilidad, etcétera.

En el primer fin de semana en que le fue posible marchó a su casa con la determinación de hacerle comprender a su padre que "ebrio o sobrio, él era mi padre y yo lo aceptaba". Esta decalaración de amistad fue recibida por el hombre de avanzada edad con patética emoción. Las barreras se fueron disolviendo a medida que el hijo le explicaba a su padre lo que era la terapia de oración. Y por primera vez apenas se tocó el problema del alcoholismo, gracias a Dios.

"Las cosas exteriores mejoraron a medida que mejoraba mi vida de oración", confesó el joven. "Es maravilloso que en vez de irse uno a acostar musitando fórmulas ininteligibles y frías... pueda uno orar inteligentemente a alguien que comprende y guía mis sentimientos."

Un joven de 19 años expresó esto de la siguiente manera: *"La oración debe llegar finalmente a significar no la expresión de una opinión sino sentir una presencia."*

Después de modificar el concepto acerca de Dios y de desarrollar el poder de la oración, el cambio más importante señalado por los participantes de la terapia de oración fue el del descubrimiento de "un nuevo conjunto de valores".

Uno de ellos decía: "Yo medía todo respecto del éxito financiero. Yo no podía equivocarme. Tenía popularidad, amigos y buenas calificaciones. Ahora se trataba tan solo de orientar estas habilidades para hacer dinero y entonces me iría para arriba. Piscinas, automóviles, alfombras de pared a pared. ¡Eureka! ¡felicidad! ¿Cuáles negocios? Cualquiera, siempre que se lograse esto."

Después de haber seguido durante un año nuestra terapia de oración él decidió ser psicólogo clínico utilizando nuestras nuevas técnicas. "Sigo estando seguro de que tendré éxito —decía— solo que ahora tengo una idea diferente de lo que es el éxito. La cosa más importante no es salir y hacer dólares, sino entrar dentro de sí mismo y hacer la paz. Por este camino yo realizo exactamente lo que el amor quiere darnos y así puedo estar seguro de obtenerlo y conservarlo. No soy un experto en la Biblia pero la he estado releyendo y pienso que es esto lo que quiere decir Jesús cuando habla de buscar primero el reino de Dios... dentro de ti mismo... y lo demás se te dará por añadidura".

Este no es un caso aislado. Otro joven admitió francamente que él anhelaba el poder. Para él, el conocimiento era el camino para llegar a la riqueza, y la riqueza el camino para llegar al poder. Él veía a otros que se graduaban con muchos conocimientos y, sin embargo, eran incapaces de alcanzar las uvas... Con él sería diferente. Entró en el grupo de oración para ver si la oración realmente tenía un poder creativo, cualquier clase de poder.

Fue él quien dijo: "Yo sabía que el amor embauca y tranquiliza a las mujeres, pero ¿podría acaso realizar algo concreto? Quise observar en otros los efectos de laboratorio... en los 'conejillos de Indias'."

Después de unas pocas semanas de observación comenzó a especular cómo podría afectarlo a él. Aceptó el reto, llevó a la oración su deseo de poder y salió con este mismo motivo pero con otra dirección. Él descubrió que el verdadero poder no estaba en los bancos ni en el conocimiento, sino dentro de sí mismo, en su contacto interno con aquel divino principio invisible que se manifiesta en los cielos y en la tierra.

"Hay una gran cantidad de lo que llaman poder que se pierde en el mundo, mucho de él es económico, dura muy poco", se decía a sí mismo y de su reflexión, me decía: "Respecto de este poder, se interesa usted en conseguirlo, no en comunicarlo. No hay circulación. No es muy elegante decirlo pero es una cosa obvia que se crea entonces un bloque, una constipación mental y espiritual. Yo sufría de este mal cuando comencé la terapia de oración.

"Llegué a entender el verdadero poder como algo que usted da y comparte, no como algo que usted toma y retiene materialmente. Entre más dé usted, es prueba de que usted tiene un mayor contacto con el poder interior y de cómo mantiene viva esa comunicación."

En la medida en que modificó sus ideas acerca del poder este joven de 21 años comenzó a ser muy selectivo en la dirección de aquel. "Un dínamo puede muy bien iluminar una ciudad o proporcionar la chispa para una explosión", decía él en forma figurada. "Siendo el amor la base y fundamento del poder puede usársele contra el universo, pero entonces usted habrá elegido ser un infeliz. En la Biblia se dice que 'lo que usted siembre eso cosechará'. Hallar este poder junto con la libre elección comunica una enorme esperanza y significado a cada vida individual."

Aun el mismo "lobo" del campus universitario realizó un cambio de valores. El dinero había sido la raíz de todos sus males pues había heredado una suma de dinero considerable. Sus pruebas psicológicas revelaron en él a "una persona que vive en un mundo de ensueños... con un tremendo deseo de agradar... hambriento de seguridad y de aceptación de sí mismo".

Con toda honestidad admitió que deseaba estar seguro de que se le quería pero no por su dinero, de que su situación financiera no era lo que le daba la popularidad. Completamente confuso consideró que la única manera de estar seguro sería probando que recibía afecto solo como hombre... de ahí sus aullidos de lobo.

En la terapia de oración los problemas sexuales fueron tratados exactamente como los otros problemas. Llegaron a entender que el sexo era tan básico y tan fuerte que mucha gente infeliz ponía un exagerado énfasis en él. Descubrieron que las anormalidades sexuales eran otra forma de energía mal dirigida, otra forma de amor mal orientado que, como el odio, podía destruir al individuo.

"Ahora me doy cuenta de que me volví hacia el sexo en una tentativa de fortalecer mi yo, de sentirme necesario, deseado, seguro... en otras palabras, amado. Actualmente, después de dar los cuatro pasos que conocemos, me di cuenta de que simplemente era esta la forma más alta de amor que yo había alcanzado."

No satisfecho con considerar sus proezas como un simple caso de inmadurez, como una respuesta de subdesarrollo emocional, pensaba que si no lograba alcanzar una comprensión más elevada del amor, adquirir una seguridad más permanente y confiada, el camino que había seguido podría llevarlo de la actitud de un joven "lobo" retozón a la de un viejo desabrido y chiflado.

En forma constante y positiva trató de verse a sí mismo como amable y amado de Dios y del prójimo en cada uno de sus actos. En la medida en que su vida de oración creció, su inseguridad decreció, se modificó su conducta y finalmente se comprometió con una hermosa compañera de estudios.

"Tendrá un efecto duradero en mi matrimonio —decía— considerar al sexo como una consecuencia del amor, una parte complementaria, y no esperar que venga por otro camino. Se corre un gran riesgo al creer que el sexo se convierta en amor, y la terapia de oración me señaló la diferencia."

El estudiante ateo y el agnóstico dieron respuestas muy interesantes. El agnóstico, muy bueno para las "ciencias exactas", dijo: "Dios es inconocible. Puede o no existir. Usted no lo puede probar y yo no lo puedo conocer."

Asistía por curiosidad y, particularmente embarazado por la rápida libertad y entusiasmo con que los otros discutían sus experiencias en la oración, guardaba reserva. Eventualmente fue esto precisamente lo que primero perforó su armadura.

"La enseñanza dada a los cristianos de que 'ha de lucir vuestra luz ante los hombres para que viendo vuestras buenas obras glorifiquen a vuestro Padre' la dio sin duda un gran psicólogo", decía. "Pienso que son personas semejantes a mí."

Se percató luego de que envidiaba a los otros su experiencia de la oración y su alegría creciente. Se sentía callado. Tuvo que admitir, en lo más profundo de su ser, un hondo sentido de futilidad y el surgir de la antigua pregunta: "¿Tiene acaso la vida algún sentido?" Sus compañeros parecían haberle encontrado uno. Pero él no.

Aunque un poco temeroso, llevó a la oración su sentido de la futilidad. ¿Podría él acaso comenzar con esa voluntad de creer aunque no creyese todavía? Parecía que sí. "Comencé esperando resultados y los obtuve. Sentimientos. Alegría. Luego una certeza. A través de mi experiencia personal podía conocer al Ser upremo."

La persona atea vino por complacer a un amigo. Ella "sabía que no hay Dios" cuando ingresó al grupo, y salió de él "sabiendo que no hay Dios" pero con una diferencia.

Ella había perdido su fe en un Padre celestial debido a la conducta de los hijos de tal Padre. Moza retozona y muy sencilla, ella había sido ridiculizada y maltratada sin piedad en la escuela. Mordaz y con tremenda ansiedad, un psicólogo había sido incapaz de ayudarla cuando hacía los estudios de secundaria. Ella se volvió fatalista, pesimista, sin deseos de hacer ningún esfuerzo o contribución en la vida. "Yo podía matarme mañana en este automóvil", decía. "¿Para qué preocuparme hoy?"

Ella también tuvo en clase la evidencia de un poder bueno, especialmente en el caso de su amigo, pero persistió en cerrar su mente y lanzó su intelecto en una serie de racionalizaciones acerca de los resultados. Cuando ella suscitaba objeciones en tono insultante, el joven Jim Parker muy sabiamente dejaba a la misma clase que le respondiera.

Ella era estudiante avanzada de psicología y la simple lógica no podía resolver sus argucias intelectuales; por un cierto tiempo continuó con sus finas ironías. La única cosa que eventualmente la liberó de su Dios infantil y le permitió una primera visión adulta de Él fue la conducta de los hijos de ese Dios. Ella sufrió una pérdida grave y ningún intelectualismo pudo enfrentarse a su dolor. La única cosa en la que podía apoyarse fue la emoción del amor expresada como solicitud y cuidado, el verdadero amor fraterno que le brindaba el grupo de terapia de oración.

"El amor es ciertamente un poder", admitió ella después. "Yo todavía no creo en Dios pero creo en el poder del amor." Y el grupo muy caritativo no fue capaz de señalarle que, lo llamase como ella quisiera, lo que ellos habían descubierto de Dios era precisamente que Él es el amor infinito.

Aquí nos volvemos a encontrar con la ya mencionada afirmación de Jung de que "aunque usted llame al principio de la existencia 'Dios', 'materia', 'energía' o cualquier otro nombre que usted prefiera, no se habrá creado nada nuevo; usted simplemente ha cambiado un símbolo, un nombre." La cosa importante es que, aunque ateo o agnóstico o verdadero creyente, cada uno de los estudiantes que participaron honestamente en la terapia de oración *aprendió* algo: se dio un *cambio de actitud*, un *cambio de conducta*.

Si queremos medir los progresos que realizamos día a día, sin considerar nuestra edad o situación, importa muy poco cuántos exámenes escritos podemos presentar sobre la terapia de oración, ni cuántas citas bíblicas podemos repetir de memoria, ni cuántos ideales sublimes hemos pedido prestados a los demás. Todo esto se sitúa en el plano intelectual. No hemos *aprendido* algo sino en la medida en que podamos ver y experimentar un cambio emocional, una nueva actitud, y un ulterior cambio en nuestra conducta. Entonces, y solo entonces, nuestro mundo será un mundo nuevo.

Capítulo XI. Cómo llegar a ser honesto consigo mismo

Volvemos ahora a la clave que los estudiantes de la terapia de oración utilizaron para liberarse de sus cargas, frustraciones y miserias, e iniciar su marcha hacia la libertad. Era la de *"hacer de la oración una práctica de la honestidad"*.

Es importante enfatizar una vez más que atreverse a ser honesto consigo mismo *en lo referente* a nosotros mismos es solo un paso preliminar para la verdadera oración. La verdadera oración, como nuestro punto de contacto con un Dios de amor, es el poder curativo. Pero, como lo vimos en capítulos anteriores a propósito del reino interior y de los cuatro demonios, una evaluación honesta implica necesariamente reconocer nuestras actuales tendencias y actitudes, reacciones y respuestas. Entonces, y solo entonces, tenemos una base para el cambio, una dirección hacia la oración específica.

Los participantes del grupo de oración ocasional oraron fervientemente sin tener en cuenta esto y fallaron. Klaus, el cultivador de naranjas, la señora aristocrática, todos los participantes de la terapia de oración buscaron primero descubrir quiénes eran ellos real y actualmente, qué era lo que no deseaban ser, y estuvieron en posición de llegar a ser lo que Dios seguramente esperaba de ellos: sanos de la mente y del cuerpo.

Preludio a la oración

La psicología nos ha proporcionado excelentes instrumentos para poder conocernos a nosotros mismos. Ha probado concluyentemente que la inmensa mayoría de nosotros ocultamos a nuestro conocimiento consciente las verdaderas cosas que causan nuestras molestias, y nos da una nueva comprensión, nuevas vías para una honesta autoevaluación que vaya más allá de los obvios pecados de omisión y de comisión. Para que estos recientes conocimientos nos sean útiles debemos *usarlos*. No es una teoría sino un instrumento. Debemos aplicarlo a nosotros mismos. Lo que necesitamos saber precisamente es cómo utilizarlo.

Este capítulo y el siguiente se proponen presentar a usted una introducción hacia su yo actual. Son como guías que lo ayudarán a elaborar el inventario de sus actuales contenidos emocionales. Si se sigue con toda honestidad, le permitirán a usted la intuición y comprensión necesarias para que comience a cambiar su mundo hoy mismo. Cuando usted los haya terminado sabrá, con nitidez, cuál ha sido su dirección en el pasado, si hacia una vida más abundante o hacia la inactividad y la fatiga.

Una vez que usted esté consciente de esto, la elección queda en sus manos.

Unas breves advertencias antes de que usted comience. Por ninguna circunstancia lo que usted descubra le ha de servir para una autocondenación. Al contrario. Es un motivo de gran satisfacción estar dispuestos y lo suficientemente maduros para enfrentarnos a lo que honestamente somos y a aquellos con quienes podemos empezar a trabajar. Es necesario recordar que, lo que actualmente somos, lo somos por muchas causas: la educación, el condicionamiento, el medio ambiente, la tradición, la cultura y, en muchos casos, nuestra propia ignorancia o la de otros. Algunas de las cosas que encontremos sorprendentes y desconcertantes en nuestra personalidad se fueron estructurando mucho antes de que nosotros pudiésemos tener una elección razonada y consciente al respecto. Exactamente aquí debemos decidir que toda acusación debe cesar, así la dirijamos contra nosotros mismos o contra otros.

Sin embargo, si nos gusta lo que descubrimos o no hacemos ningún esfuerzo para cambiar, no podremos censurar a nadie más si mañana nos hallamos en nada mejores de lo que somos hoy. Nuestros experimentos confirman que un esfuerzo honesto lleva a una verdadera mejoría. Por consiguiente solo nosotros tenemos el dominio y la orientación de nuestro destino.

Una vez más, no es este un curso abreviado de psicoanálisis o de análisis profundo. Todas las indicaciones que usted puede reconocer se hallan al alcance de su mente consciente. La conciencia puede ser comparada con una ciudad a oscuras en que el alcalde (yo, mi parte consciente, razonable y electiva) organiza una búsqueda capaz de iluminar una sección después de otra. Esto es precisamente lo que hacemos cada día. De las 10 a las 11 podemos orientar la luz de nuestra mente hacia el campo de las matemáticas, de las 11 a las 12 hacia la actividad creadora, hacia un sueño anhelado, hacia el arte culinario, etc. Pero una gran parte de la ciudad no la visitamos, aunque esté siempre ahí. Nosotros preferimos, por ejemplo, permanecer alejados de los barrios bajos, sucios y sombríos, aunque los malos olores y la contaminación se difunda por las zonas aledañas. Ahora estamos preparados para ser intrépidos y atrevernos a iluminar esos lugares desconocidos e indeseados. Comenzamos la limpieza de nuestros barrios bajos dando una vuelta por toda la ciudad de modo que podamos saber exactamente en donde se necesitan los trabajadores de la oración para que limpien y reconstruyan.

Se puede ver que cada uno de nosotros puede hacer este recorrido y esta visita *dentro de nuestra propia* conciencia. Aquí únicamente mandamos nosotros. Seremos tan incapaces de hacer el inventario de otra persona, como lo fuimos al principio. Esto no cae dentro de nuestras posibilidades, si bien cae dentro de nuestra provincia.

Una advertencia más. Esto no es tan fácil como amarrarse un zapato. Nuestra ciudad no se reedificará en una noche así como no se construyó en un día. Aun Saulo de Tarso, el sangriento perseguidor de los cristianos que tuvo la estremecedora visión de Cristo en el camino de Damasco, empleó mucho tiempo para consolidar y probar su nuevo rumbo de vida antes de que llegase a ser el Apóstol Pablo, el más grande de todos los misioneros cristianos. Es preciso darnos el tiempo suficiente y dárselo al poder de la oración para que la levadura pueda trabajar y fermentar lo más recóndito de la conciencia con su poder curativo. Lo que cada uno de nosotros debe exigir a sí mismo es el hacer verdaderos progresos en la buena dirección, es decir, crecer en forma profunda, gozosa y saludable.

No se recomienda ningún sistema de calificación, pues etiquetar sus descubrimientos en "excelente - bueno - satisfactorio deficiente" implicaría comparar a un individuo con otro. Esto no es pertinente. Lo único importante es compararse usted hoy con lo que usted desea llegar a ser, y confrontar sus progresos después de un mes de haber aplicado la terapia de oración. Pasados cinco meses, si usted ha puesto sinceridad y perseverancia en su experimento, una revisión de estos capítulos le indicará a usted que la verdadera comparación está entre lo que usted es actualmente, con cierto grado de sufrimiento y de cautiverio, y el yo renacido, el hombre libre creado a imagen y semejanza de Dios, que disfruta de una plenitud de paz, de salud y de capacidad de servicio al prójimo.

Los puntos que debe tener en cuenta cuando usted haga su evaluación son: primero, que este es solo un preludio a la verdadera oración y que debe usarse junto con las técnicas específicas recomendadas en el próximo capítulo: segundo, que será una guía para el conocimiento de sí mismo solo en la medida en que usted demuestre un verdadero deseo de ser honesto consigo mismo; tercero, que podrá servir en lo futuro como criterio para medir su avance o su retroceso.

Es conveniente que usted tome lápiz y papel y conserve sus evaluaciones para ulteriores comparaciones. Sin embargo, no vea este capítulo más de una vez por mes. Usted está midiendo el crecimiento. Por consiguiente, deje que se realicen progresos mensurables, estando seguro de que, desde su primer esfuerzo, por débil que sea, usted está progresando en la verdadera dirección. Sobre todo, sea lo que fuere aquello que usted descubra de sí mismo, que no haya autocondenación. Por el contrario, recuerde que un paso vital hacia la liberación de sí mismo ha sido dado con su deseo inicial de luchar por alcanzar la honestidad. Lo indispensable es conocer la verdad acerca de sí mismo, tal como usted es actualmente, y ver la verdad de aquel yo como Dios quiere que sea. Cuando ese vacío se haya superado mediante la oración, usted será libre verdaderamente.

El reconocimiento de nuestros mecanismos de defensa

En casi todos los mostradores o vitrinas de regalos y recuerdos usted encontrará una estatua con tres monos pequeños, que se suponen representar una verdadera filosofía moral. Uno se cubre los ojos, otro los oídos y el tercero la boca. Ellos representan no ver mal, no oír mal y no hablar mal. Ahora bien, en verdad esto puede ser muy recomendable si lo aplicamos a nuestras relaciones con los demás. Desafortunadamente, la principal aplicación la hacemos en relación con nosotros mismos. Tal actitud nos dispensa de cualquier mirada dolorosa hacia el estado actual de nuestro reino interior.

La psicología llama a cualquier variación de esta actitud un mecanismo de defensa. Por mecanismo de defensa se entiende el que, para evitar reconocer nuestros sentimientos reales o admitir nuestra angustia, literalmente escapamos de ellos edificando un mecanismo de defensa o un muro que proteja a nuestro yo contra cualquier conocimiento doloroso o desagradable de nosotros mismos. Entonces nos engañamos a nosotros mismos y la honestidad se nos hace un imposible. Entonces nos hallamos exactamente en el mismo estado de los tres monos, ciegos, sordos y mudos, y este es realmente un estado de frustración.

El hecho es que los sentimientos o las emociones que nos perturban deben conocerse para poder luego ser destruidos. Por consiguiente el primer paso hacia la honestidad consigo mismo es reconocer nuestros mecanismos de defensa y situarnos detrás del muro. Aquí haremos la lista de cuatro de los mecanismos de defensa más comunes. Si usted quiere responder honestamente a cada una de las siguientes preguntas, podrá tener claras indicaciones de si usted ha estado ocultándose a sí mismo y de qué método ha estado empleando.

La *negación* es una primera forma de defensa. Usted recordará que el niño, cuando el miedo o la culpabilidad atacan a su yo, seguramente preguntará: "¿Verdad mamá que yo no lo rompí?" En ese momento sabemos perfectamente que nosotros *rompimos* algo pero, al afirmar una mentira o tratar de creer lo contrario, parece que nos sentimos más seguros, más cómodos. Si mamá o cualquier otra persona confirma nuestra negación nos sentiremos aun mejor. Lejos de estimular esta tendencia, si nosotros no la encaramos y superamos de alguna manera, ella inundará nuestro control consciente y mentiremos sucesivamente a nosotros mismos y a los demás respecto de cosas que nos causen vergüenza, culpabilidad y ansiedad.

Es muy importante darse cuenta que la misma oración puede ser una negación. La oración positiva o afirmativa es eficaz *solamente* cuando va precedida de honestidad. Nosotros no podemos ver los fragmentos destrozados de nuestras vidas, ya sea un plato roto, un hogar destrozado o un cuerpo enfermo, y afirmar positivamente lo contrario sin que nos engañemos a nosotros mismos. Solo cuando vemos la causa, la desobediencia, el descuido, la malicia, el odio, el temor o lo que sea, y la reconocemos, la dominamos, y luego afirmamos que la discordancia de cualquier género no está de acuerdo con la ley del amor, podemos cambiar la situación presente o mejorar esa pauta de conducta que tiende a reiterarse en nuestras vidas.

Si usted sospecha que este mecanismo de defensa lo ha llevado a engañarse a sí mismo, pregúntese lo siguiente:

1. ¿Habitualmente o algunas veces siento como si estuviera diciendo algo interiormente y rechazo decirlo o expresarlo incluso a mí mismo? (Esta es una pregunta muy importante y bien puede concederle un cierto tiempo. Incluya sus relaciones con la gente con quienes está más en contacto, sea en su familia o en su trabajo. Atienda al resentimiento incluso hacia personas por las cuales experimenta actual-

mente afecto, su actitud hacia el trabajo, hacia su familia, con Dios y con la oración.)

2. ¿Hago a menudo la siguiente introducción: "Pues bien, al respecto *yo* nunca" hablo de mis vecinos, ni critico al que ha fallado ni murmuro del caído, etc.? (Este es un síntoma muy común de la negación, pues se reconoce en otros lo que uno mismo siente e inmediatamente se niega que tal rasgo pertenezca a uno mismo.)
3. Conociendo la verdad, ¿vivo y digo una mentira? (Hay que recordar que, aunque la verdad pueda parecer dolorosa y la mentira tenga un aspecto muy placentero, usted no cambia nada con semejante paliativo.)
4. ¿Me presento acaso ante Dios en la oración eludiendo cualquiera necesidad de cambio y simplemente insistiendo que todo es maravilloso, incluyéndome a mí mismo? (Si es así, usted puede aferrarse o mantener sepultado lo que está mal, y Dios mismo no hará nada contra su voluntad. Si usted anteriormente ha orado en forma positiva y no ha obtenido ningún resultado, examínese en este punto cuidadosamente. El reconocimiento y la entrega deben preceder a su oración positiva.)

Racionalización. Este es otro de nuestros métodos más frecuentes para autoengañarnos. El señor Smith ha sido despedido de su empleo. Él dice entonces: "Bien, no me interesa. De todas maneras no era un empleo muy bueno y el jefe era un estúpido." Él necesita racionalizar para conservar la buena opinión que tiene de sí mismo. Habría sido muy doloroso decir: "Yo no estaba desempeñando muy bien mi oficio, estaba tan resentido con la autoridad que continuamente cometía errores y en realidad ya no merecía que me pagaran." Quizá no nos invitaron al evento social más extraordinario del año, o no fuimos elegidos o promovidos para un cargo en el club que deseábamos mucho. Se comprende muy bien la frustración. Podría impulsarnos hacia un nuevo y más exitoso esfuerzo. Pero nos hallamos derrotados si racionalizamos nuestros verdaderos sentimientcs diciendo: "No me importa. Hay una cantidad de cosas que yo puedo hacer. De todas maneras era una cosa miserable." Tal actitud puede parecer muy noble o valerosa pero no lo es. Solo mediante la verdad podemos realmente actuar y ser libres.

Para corregir esta tendencia no es necesario al comienzo que reconozcamos la verdad de nuestros sentimientos ante cualquiera sino ante Dios y ante nosotros mismos. Llegará el tiempo, en la medida en que practiquemos la verdad, de ser capaces de hacer esto y entonces nuestra sensación de liberación será tremenda. Cuando nosotros racionalizamos, aquellos que nos aprecian tenderán a disimular nuestra falsedad para no hacernos sufrir pero muy frecuentemente ellos se han dado cuenta ya de la situación real. Forzándolos a estar de acuerdo con nuestro engaño perdemos la oportunidad de recibir de ellos una ayuda y comprensión genuinas, y muy fácilmente perdemos el respeto que merecemos ante ellos y que ellos nos merecen.

La oración desorientada puede también ser utilizada como una forma sutil de racionalización. Recuérdese que nuestros mecanismos de defensa nos sirven para ocultar nuestras indigencias, nuestras necesidades de "arrepentimiento" y de "cambio de mentalidad". ¿Qué evasión más sutil podemos emplear que la de decir que es la voluntad de Dios que suframos mucho en este mundo y que no es preciso que nos enmendemos sino de los pecados obvios, hasta que llegue el tiempo futuro cuando nosotros cambiaremos, con todo y alitas, si hemos sido "buenos"?

Para darse cuenta si la racionalización ha falsificado su intuición, formúlese las siguientes preguntas:

1. ¿Trato acaso de encontrar una disculpa para cada cosa desagradable que me suceda, pudiendo pasar así como bueno ante mis propios ojos y ante los demás?
2. En lugar de actuar para cambiar una situación, ¿empleo mis habilidades y energías mentales para explicarla y justificarla?
3. ¿Pienso acaso que, si se me hubiese dado la oportunidad, yo hubiera podido tener más éxito que mi jefe, que el presidente de mi club, o que cualquiera otra persona constituida en autoridad?
4. Cuando oro, ¿trato acaso de explicarme a mí mismo directa o indirectamente, que el destino o la providencia o Dios o la suerte me han deparado estas dificultades y debo por consiguiente aceptarlas ahora y esperar que se solucionarán en el futuro?

Proyección. Este es un mecanismo de defensa mucho más sutil y pernicioso que los dos antes mencionados. Utilizamos este recurso cuando ciertos pensamientos, deseos o impulsos inaceptables tratan de penetrar en la conciencia. Consiste en rechazar algo propio atribuyéndoselo a los demás. Muy a menudo los defectos que vemos a nuestro alrededor son simples flaquezas sumergidas dentro de nosotros mismos.

Tal es el caso de una estudiante que insiste en que su profesor no la quiere. Ella se siente tan temerosa de expresar su resentimiento aun a sí misma que no puede admitir que es ella quien no quiere a su profesor y voltea la situación para proyectar ese sentimiento en él. A menos que ella aprenda a ser honesta con sus sentimientos, muy poco se podrá hacer para mejorar la relación. ¿Por qué? Porque nada se puede o es preciso hacer, respecto de los sentimientos "negativos" del profesor. Él no los tiene. Él es el blanco de estos sin saberlo. Nada más. La joven necesita tomar conciencia a este respecto para que comprenda que la única manera de que el profesor "la quiera" es liberarse ella misma de esos sentimientos negativos, aclarar la situación y verá que el error desaparece.

Tenemos también el caso de una señora que criticaba constantemente a su esposo tratándolo de inconsiderado y, a un esposo que se quejaba de que su esposa era muy dominante. Muy probablemente cada uno de ellos tiene el defecto que proyecta en el otro pero que considera indigno de sí y, por consiguiente, la honestidad se vuelve muy difícil. Frecuentemente es la persona perturbada dentro de sí misma la que más fácilmente encuentra defectos en los demás, literalmente la olla ahumada le dice al plato limpio que está tiznado.

La proyección se puede identificar y determinar en nuestra personalidad mediante un examen honesto de los siguientes puntos:

1. ¿Siento acaso que las personas constituidas en autoridad no me quieren mucho?
2. ¿Juzgo a menudo que la maldad y la falta de amor es una condición general de este mundo, de mi país, de mi comunidad, de mi familia, y que la puedo ver a mi alrededor? (Si usted puede responder "sí", debe preguntarse muy seriamente por qué esa falta de bondad y de amor en sus verdaderos sentimientos.)
3. ¿Puedo acaso examinarme honestamente y decir que las cosas que más a menudo critico en los demás no están muy arraigadas en mí?

Formación reactiva. Este mecanismo es quizá la más sutil de nuestras ilusiones acerca de nosotros mismos. Significa, en forma muy sencilla, que hemos logrado la técnica perfecta para hacer y pretender precisamente lo opuesto de lo que realmente sentimos, tan perfectamente que llegamos a creerlo hasta nosotros mismos. Cuando la motivación es violenta y la formación reactiva ha sido igualmente violenta hace erupción en las primeras páginas de los diarios donde se narra que un caballero muy delicado y cariñoso, que sería incapaz de matar una mosca, golpeó brutalmente a su esposa de cuarenta años y la mató con el atizador de hierro que empleaban en su chimenea. Para el lego en psicología esta fue la señal inequívoca de una locura repentina. En verdad, se trata mucho más de la creciente locura del resentimiento y del odio, ocultos detrás de esta máscara o mecanismo de defensa, que estalló cuando los controles de la personalidad no soportaron ya tal presión.

Aunque este es el ejemplo de un caso extremo, sin embargo los síntomas de este mecanismo de defensa suelen ser una empalagosa dulzura y la tendencia a la exagerada efusión y a aceptar todo en forma favorable respecto de situaciones o de personas hacia las cuales se experimentaban en realidad violentas emociones contrarias.

El hombre impotente hablará constantemente de sexo. La esposa que experimenta profundos resentimientos para con su marido hablará abundantemente de las cualidades de él y del afecto que ella le tiene. Una madre cuyos hijos son obviamente un problema y una fuente de profunda vergüenza y resentimiento para ella, hará hincapié en cuán "graciosos y monos" son ellos cuando acaban de quebrar la porcelana más fina de China que tenía la dueña de casa a donde fueron de visita.

Tales casos podrían parecer un tanto frívolos y hasta risibles pero no lo son. Esta violenta y exagerada reacción, distante de nuestros verdaderos sentimientos, indica igualmente una violenta y dolorosa emoción reprimida en esa zona particular, como lo son nuestros odios y resentimientos. Los síntomas físicos debidos a la tensión interior propia de la formación reactiva son numerosos y, no obstante, será difícil para nosotros mismos reconocerlo. Este caso es particularmente doloroso porque quien se esconde detrás de este mecanismo de defensa tiende siempre a creer que realmente es la persona suave y amable que ha pretendido ser.

Sabiendo los peligros de esta defensa nos será muy útil hacer un esfuerzo para descubrirla dentro de nosotros. Pregúntese:

1. ¿Me miento acerca de la gente (o de una persona en particular) hasta el punto de creer esa mentira, de alejarme de la persona real y no tener una actitud sincera hacia ella?
2. ¿Estoy acaso cubriendo constantemente mi hostilidad con el temor de que la otra persona lo puede llegar a saber, y deseando engañarla completamente?

3. ¿Pienso que soy una persona muy suave y bondadosa, y sin embargo tengo la sensación bastante frecuente "de hacer un esfuerzo" por mantener esa imagen de mí mismo?
4. ¿Puedo sentarme tranquila y silenciosamente y pensar honestamente acerca de mis sentimientos hacia las personas? (Esto puede parecer fácil pero pruébelo y verá. Si usted puede asentir aquí, especialmente si usted ha respondido afirmativamente a las preguntas anteriores, usted está ya superando al hipnotismo que ejerce la formación reactiva.)

Una vez que hemos identificado nuestros mecanismos de defensa ya no podemos seguir completamente engañados por ellos. Entonces los reconocemos como son, es decir, peligrosos, fácilmente muy malos consejeros y poco dignos de confianza, y cada vez que tengamos la tentación de negar o racionalizar, de proyectar o invertir nuestros verdaderos sentimientos, podremos detenernos tratando de cambiar nuestro impulso y de ver honestamente aquello a lo que nos enfrentamos.

Signos inequívocos

Después de reconocer nuestros mecanismos de defensa podemos mirar un poco más adelante y examinar si acaso estamos dando exteriormente signos inequívocos de algo inadecuado en nuestra economía interna.

Primero podemos preguntarnos acerca de aquello más obvio que indica qué clase de persona somos en el nivel superficial.

1. ¿Nos llevamos bien con nuestros amigos o somos discutidores y quisquillosos?
2. ¿Trabajamos bien con otros y con qué frecuencia nos cansan?
3. ¿Estamos a menudo deprimidos o, por el contrario, exaltados?
4. ¿Somos acaso demasiado dramáticos y nos referimos a cualquier cosa como "maravillosa", "perfecta", "divina", "fabulosa", "terrible"?
5. ¿Somos tan indecisos que tenemos que estar haciendo salvedades en todo lo que decimos?
6. ¿Nos sentimos tensos la mayor parte del tiempo?, ¿y nos refugiamos acaso en ciertos tics o hábitos nerviosos, como resollar, carraspear, toser, etc.?
7. ¿Somos acaso tan rápidos en nuestra manera de hablar que nos azaramos y cortamos frecuentemente la conversación con risa nerviosa?

8. ¿Encontramos dificultad en expresar nuestros pensamientos claramente a los demás?
9. ¿Nos sentimos continuamente fatigados?
10. ¿Tenemos la sensación de que la vida no tiene mucho sentido y de que no vale la pena?

Este examen se puede responder personal y fácilmente si queremos seriamente detenernos un momento para "vernos a nosotros mismos como nos ven los demás". Puesto que ninguno de nosotros es perfecto, siempre encontraremos algunas cosas en este nivel que queramos cambiar o mejorar.

Avanzando un paso más podemos comenzar a catalogar aquellos sentimientos y estados de ánimo que solamente nosotros verdaderamente conocemos y que puedan indicar un mayor grado de desajuste y conflicto en el reino interior. Si llegamos a encontrar en este análisis que aquellos sentimientos y estados de ánimo tienen cierta modalidad silenciosa e inhibida podemos estar seguros de que son el indicio de que hemos sido un peso para nosotros mismos, al volver todo hacia adentro, y que nuestra jornada será más difícil que la de la persona abiertamente agresiva. Pero es muy cierto que si hemos sido abiertamente agresivos también habremos causado molestias a los demás y nuestras relaciones humanas se habrán resentido. Consideremos cuidadosamente algunos signos inequívocos:

Depresión. Por depresión entendemos que alguien se siente abatido, sin ánimo o simplemente melancólico. En este caso nos sentimos desesperanzados e ineficaces. En una proporción de 20% las mujeres sufren más de depresión que los hombres.

¿Cuáles son las razones que explican el por qué de este estado de ánimo? Una de ellas es una falta de sentimiento de relación o cercanía respecto de los demás, de Dios y del universo. O una sensación de inutilidad y de no tener un lugar y una función en el esquema de las cosas. Aún más predominante es la sensación de haber cometido o pensar que se ha cometido "el pecado imperdonable". El "pecado" es de una naturaleza indefinida. Puesto que para la persona deprimida "pecado" significa muerte, no es raro que piense en el suicidio.

Puesto que no existe ningún pecado imperdonable, quien sufra de depresión debería considerar que esta actitud infantil puede ser un deseo de regresión a un estado aún más infantil, en el que se le brinde un cariño protector. Este deseo es un alejamiento de la realidad.

El alejamiento de los demás y de la vida es un síntoma muy frecuente de desajuste emocional. "Sufrimos en silencio." El peso de la culpabilidad imaginada puede ser tan grande que lleguemos a pensar dentro de nosotros mismos que es necesario que suframos, pero para evitar este dolor vamos cada vez retrocediendo más hacia nuestro interior solitario. Aquellos que se alejan profundamente de la realidad necesitan el amor y la compañía de otros pero, por otra parte, se sienten atemorizados y, por consiguiente, no saben cómo responder cuando se les brinda afecto. El reproche y condenación de sí mismo, así como la hostilidad, suelen ser tan fuertes que el paciente está aterrorizado hasta el punto de que no puede o no quiere enfrentarse a la vida.

El delirio. Generalmente en el delirio se da un conflicto con la verdad y con la realidad. Es una creencia falsa. Obviamente, como ocurre con todos estos síntomas o señales inequívocas podemos tenerlos en mayor o menor grado. Todos nosotros alguna vez hemos pretendido ser lo que no somos. Pero tales pretensiones pueden escapar a nuestro control. Entonces no sabemos quién o qué somos.

Los más comunes son los delirios de grandeza y los delirios de persecución. De nuevo se trata de una cuestión de grados. Algunas veces aquellos que tienen delirios de grandeza llevan sus anhelos y deseos hasta extremos absurdos. Pueden creer, por ejemplo, que son Napoleón, Eisenhower o aun Dios. Otros creen que tienen un tremendo poder personal y que por medio de ondas del pensamiento pueden ejercer una influencia sobre las personas. Algunos fanáticos religiosos no solamente bordean peligrosamente este estado mental delirante sino que de hecho caen dentro de esta categoría.

Los delirios de persecución pueden comenzar con la actitud de que "todos están contra mí" y llegar hasta la idea de que "alguien trata de matarme envenenando mi café". Aquí también se da el caso de grupos religiosos que creen en el "infierno de fuego y azufre" y cosas por el estilo; dentro de su filosofía están más inclinados a caer en delirios de persecución.

La compulsión. Muchos de nosotros adoptamos determinados patrones y pautas de conducta en nuestra vida diaria. Está bien. El orden es una necesidad básica para poder realizar algo. Sin embargo, llegada la ocasión o cuando las circunstancias lo exigen podemos ser lo suficientemente flexibles y cambiamos. Algunas personas son tan compulsivas que realizan sus labores y tareas cotidianas como si fuesen un ritual. Tiene que ser siempre lo mismo sin ninguna desviación. Si alguien altera o interrumpe esa secuencia se sienten miserables e incapaces de realizar con éxito lo que tienen que hacer.

Otros se sienten inclinados a lavarse continuamente las manos, o a "tomar cosas" que a menudo no necesitan.

Hipocondría. Se describe generalmente como una depresión morbosa de la mente y de la personalidad, y en la medicina se considera como una angustia morbosa acerca de la propia salud, la cual lleva a conjeturar una serie de enfermedades imaginarias.

Un increíble número de personas fomentan trastornos y enfermedades imaginarias (que no hay que confundir con los padecimientos psicosomáticos en que los síntomas son realmente orgánicos pero causados por factores psíquicos o emocionales) en un esfuerzo inconsciente por llamar la atención (amor) o para escapar o eludir la responsabilidad. Para liberarse de semejante método tortuoso y nocivo lo primero que hay que hacer es reconocer la tendencia y luego darse cuenta de que en esta forma no se alcanza el resultado deseado. La atención que se pueda lograr en esta forma compulsiva no es verdadero amor sino el pago de un soborno, y la evasión de la propia responsabilidad implica un desposeernos de nuestras funciones vitales primarias, de nuestra realización y plenitud.

Recuerdo el caso de una mujer que contrajo matrimonio con un hombre excepcionalmente atractivo pero fue invadida por la duda de si sería ella lo suficientemente hábil para "retenerlo" con amor y optó inconscientemente por enfermarse y "retenerlo" mediante una enfermedad imaginaria hasta que ella murió, 20 años más tarde, de una enfermedad verdadera. Pero ¿acaso ella lo retuvo o conservó en el genuino sentido de esta palabra? Una vez que ella abandonó sus responsabilidades de esposa, refugiándose en su lecho de enferma, ya no hubo una comunicación y compañía normal entre ellos, vivieron miserablemente y esclavizados por su incapacidad para enfrentarse a la vida y confiar en el poder del amor.

Este, se podrá pensar con sobrada razón, es un caso extremo, pero si alguna vez nos sorprendemos a nosotros mismos "disfrutando" de mala salud debemos examinarnos para ver si acaso no estamos con esto logrando ganancias secundarias de naturaleza espiritual o material. Creer que se obtiene una ganancia espiritual al exagerar nuestros sufrimientos es insultar a Dios. No es nada meritorio frustrar el propósito por el cual fuimos enviados a este mundo.Y cualquier ganancia u obtención de atención y solicitud lograda con semejante estratagema es una falsificación de nosotros mismos y del verdadero amor.

Síntomas psicosomáticos. Conviene recordar que aquí se trata de verdaderas enfermedades orgánicas en que el trastorno o padecimiento físico está causado más por factores de tipo psíquico y emocional que por factores orgánicos. Estos síntomas indican que hemos sepultado y reprimido nuestros conflictos emocionales y, para poder contrarrestar tales sentimientos reprimidos, hemos desarrollado tales síntomas. Hay que tener en cuenta que el síntoma no es tan peligroso y destructivo para la personalidad como la supresión del desorden emocional. Quien llegue a descubrir que se halla esclavizado a una enfermedad psicosomática lo primero que tiene que hacer es reconocer que el temor es la motivación poderosa que suele ser la responsable de nuestras represiones.

Puesto que el alcoholismo es una enfermedad que tiene sus raíces en conflictos emocionales debemos tratar de ver qué está subyacente y qué es lo que impulsa al individuo desdichado para que se refugie en el alcohol. En una investigación hecha con el test de Rorschach se descubrió lo siguiente:

> El alcohólico es un individuo desadaptado e inmaduro que ha recurrido a unas cuantas técnicas para aliviar sus sentimientos de malestar. En realidad su actitud implica no querer reconocer limitaciones e insuficiencias en su personalidad, no quererlas admitir. Hay una cierta "megalomanía" y una cierta pretensión de omnipotencia en semejante conducta. Este rechazo a reconocer y aceptar los problemas de su personalidad en forma tal que pudiera superarlos y elaborar formas más aceptables de compensación es una de las características más sorprendentes de la personalidad alcohólica según lo revelaron los resultados del test de Rorschach. Si él no puede aceptar la idea de sus limitaciones e insuficiencias, el conflicto debe hallarse fuera de él, y es entonces cuando procede a externalizarlo.[1]

Podemos ver que el alcohólico, como todos nosotros, necesita reconocer enteramente el hecho de que el reino de los cielos —o el infierno— se halla dentro de nosotros mismos. Solo entonces podrá estar en capacidad de comenzar a liberarse de las emociones que le causan su conflicto interior.

Los Alcohólicos Anónimos, que han realizado una labor tan admirable para ayudar a tantas personas adictas al alcohol, han insistido en que la capacidad de ser honesto consigo mismo es una absoluta necesidad para la curación del individuo. Desde ahí, siguiendo doce pasos muy bien definidos, ellos tratan con la ayuda de Dios de ayudar a eliminar los "defectos de carácter" que la imposibilidad de ser honestos está encubriendo. Los resultados obtenidos por aquellos que han seguido seriamente este programa suelen ser un retorno a la sobriedad y llevar una vida útil y feliz dentro de la sociedad.

[1] H. Wortis, L. R. Sellman y F. Halpern, *Studies of Compulsive Drinkers*, Hillhouse Press, 1946.

Todos los trastornos psicosomáticos que prevalecen en nuestro tiempo exigirían muchos volúmenes si quisieran estudiar completamente. Podemos considerar brevemente algunos de los más frecuentes. Tales son *1)* la úlcera péptica, *2)* el asma, *3)* la jaqueca, *4)* la artritis reumática, *5)* los trastornos funcionales del corazón, *6)* el acné.

1) La úlcera péptica

Una llaga abierta en el duodeno es lo que caracteriza más comúnmente la úlcera péptica. Invariablemente está relacionada con el estado emocional del individuo. Mientras que algunas personas pueden tener solamente una "indigestión nerviosa", si se llega al caso de que la tensión emocional es suficientemente intensa o se mantiene durante un periodo de tiempo bastante prolongado, entonces el individuo desarrollará muy probablemente una úlcera. Los individuos que sufren de úlcera oyen con demasiada frecuencia la halagadora opinión de que esta se debe a un exceso de trabajo. Sería mucho más exacto afirmar que, debido a las tensiones nerviosas y a las condiciones emocionales, no pueden trabajar con tranquilidad y en forma placentera sino que se lanzan en una especie de frenesí. Quizá tengan una exagerada necesidad de éxito y de dinero (ambas cosas como símbolos de amor), o pueden tener la necesidad inconsciente de sufrir penalidades para expiar por una culpabilidad reprimida. Las úlceras son causadas por "falta de amor", o por un amor mal orientado o por una incapacidad de expresar el resentimiento sin experimentar sentimientos de culpa.

2) El asma

El asma es una neurosis bronquial. El asmático quisiera respirar por sí mismo pero no se siente lo suficientemente seguro. A menudo existe una hostilidad hacia sus padres pero, por temor de verse separado de ellos, el niño se aferra a sus padres. Debido a la respiración jadeante y dificultosa del hijo, los padres suelen adoptar a su vez una actitud de sobreprotección que torna peor la condición enfermiza. Un niño puede tratar de controlar la acción de sus padres mediante sus ataques asmáticos.

3) Artritis reumática

Es una característica de la persona muy hostil. El enfermo hierve literalmente en hostilidad. Esta se conserva adentro, sin que se reconozca y comprenda, y sale bajo la forma de artritis.

4) La jaqueca

Los dolores de cabeza afectan por lo menos a 5% de la población total, y de esta proporción las dos terceras partes son mujeres. Puede en ciertas ocasiones crecer en intensidad hasta que sobreviene el vómito. Generalmente se localiza en un lado de la cabeza. Estudios muy cuidadosos hechos con pacientes que sufrían jaquecas han revelado que se trata de individuos perfeccionistas, intolerantes, exageradamente tensos, con una terrible necesidad de triunfar y con dificultades en la adaptación sexual. Las mujeres que sufren de jaquecas deberían examinarse para ver si acaso no se les podría aplicar con razón el epíteto de "dominantes".

5) Trastornos funcionales del corazón

Los padecimientos cardíacos están aumentando en proporción alarmante. Una de cada dos personas que haya superado los 50 años tiene trastornos del corazón. En qué proporción esto se debe a la tensión nerviosa todavía no se puede precisar, pero de todas maneras es enormemente alta.

6) El acné

El acné es una manera de castigarse a sí mismo; la persona se castiga a sí misma hasta el punto de que el sexo opuesto no experimenta atracción hacia ella. Quieren atraer al sexo opuesto pero al mismo tiempo sienten miedo de sus propios sentimientos y, por consiguiente, se castigan a sí mismos en vez de encararse y reconocer sus propios sentimientos.

Al hablar de la úlcera péptica se mencionó otro signo inequívoco de desórdenes emocionales: un exagerado interés en el dinero. Se nos ha enseñado que la *avaricia* y la voracidad son "pecados". Sería mucho más sano reconocerla tal cual es, como una indicación infalible de que la persona se siente muy pobre en lo referente al amor y trata de llenar este vacío haciendo del dinero un sustituto del amor. Pero esto no funciona. No hay sustituto del amor. Así pues, si llegamos a descubrir en nosotros un anormal deseo de dinero más allá de nuestros legítimos deseos y de nuestras necesidades, sería muy saludable tratar de descubrir honestamente qué hay debajo de esta motivación: Hay siempre señales de que la ley del amor no está funcionando perfecta y armónicamente.

Lo mismo puede decirse acerca de la *envidia* y los *celos*, y de los demás llamados "pecados" del carácter que podemos fácilmente descubrir si están dentro de nosotros mismos.

El deseo o *voluntad de fracasar*, de la cual hemos tratado ampliamente en un capítulo precedente, es otro de los procesos que debemos tener en cuenta y acerca del cual debemos examinarnos para ver si se manifiesta en nuestra vida personal.

Es imposible concluir nuestra enumeración de signos inequívocos sin aludir y llamar la atención sobre la *rigidez personal*. Si llegamos a descubrir que somos muy rígidos será la indicación inequívoca de que algo no marcha bien dentro de nosotros mismos. Esta rigidez la encontrarnos en el caso de la suegra que sufría de un gran odio. La vimos obstaculizando los primeros progresos que hacía el ineficiente ministro protestante. Y puede impedir nuestro propio progreso en forma considerable. Esta apoya todos los mecanismos de defensa más fuertes que nos impiden conocernos realmente. Final y sencillamente la rigidez es el indicio certero que nos hace sospechar que todavía no hemos llegado a ser perfectos.

La bondad y la hermosura, la pureza y la verdad no tienen necesidad de disfrazarse. Por otra parte, la rigidez o pseudorrectitud es más verbal que otra cosa. Es un estado o actitud de la conciencia en el que constantemente nos comparamos con los demás y siempre resultamos superiores. La necesidad de esto tiene sus raíces seguramente en los reprimidos demonios —el temor, la culpabilidad, el odio y los sentimientos de inferioridad—, como lo comprobamos, sobre todo, a propósito del alcoholismo y la depresión.

El peligro con la rigidez está en que al principio no parece causamos ninguna pena o molestia. Y para nosotros no es fácil el descubrirla. Tarde o temprano nos hará mucho daño en nuestras relaciones humanas y en todos los demás campos, tan numerosos y variados, que se relacionan con ellas. Esta misma raíz la tiene el malhumor (el vicio del virtuoso). La tendencia exagerada a criticar y a dominar, la autosatisfacción o narcicismo (una de las maneras más seguras de bloquear cualquier progreso) y la autojustificación (flor y nata de la racionalización), todas echan sus raíces en el terreno de la rigidez.

Puesto que este síntoma generalmente se manifiesta en personas que hasta cierto punto se consideran a sí mismas como "observantes de la ley" y como gente muy buena, es particularmente urgente considerar un poco más para evitar caer en tan peligrosa falsificación de la virtud. No es preciso que vayamos más allá de la magistral parábola del hijo pródigo. Este, como sabemos muy bien, regresó a su casa paterna. Pero muchos de nosotros olvidamos lo que le ocurrió a su hermano. El otro hijo que nunca se había ido del hogar, que había llevado una vida ejemplar cumpliendo probablemente con los diez mandamientos, cuando supo que su hermano descarriado había regresado, que le habían dado la túnica más rica y el anillo, y que su padre lo había besado, sintió un resentimiento tan grande que se enojó y no quería entrar.

Así como la humanidad hizo regresar al hijo pródigo, al pecador, que había pasado muchas penas y sufrimientos, y volvió a la casa paterna, así también la rigidez alejó al hijo "bueno" en el último momento.

No es suficiente cumplir con la observancia de la ley. La ley sin amor es algo vacío, muerto, y no aprovecha para nada. Si acaso usted descubre que la rigidez domina su conciencia trate cuanto antes de perfeccionar su sentido del amor, de encontrar su equivocación y de corregirla antes de que vaya a ser excluido del reino de la armonía, al cual usted *sabe* que pertenece.

Capítulo XII. Técnicas para el conocimiento de sí mismo

Llegados a este punto nos hemos percatado ya de nuestros mecanismos de defensa y hemos tratado de ver cualquier signo inequívoco que se manifieste en nuestra personalidad. Antes de poner directamente en acción los métodos para identificar nuestros demonios particulares, es preciso que sepamos que en más de una zona de nosotros hemos de tener defectos. Nos sentimos inclinados a creer que "mi yo" es siempre mi yo total. Pero hay varios yos: el yo social, el yo intelectual, el yo emocional y, en la terapia de oración, debemos tener especial cuidado en recordar que estos "yos" de la condición humana no son sino reflejos del yo espiritual, creado a imagen de Dios, libre y perfecto.

La importancia que tiene reconocer que existen estas diferentes zonas es que podemos evitar la trampa de encontrarnos débiles o defectuosos en una y de condenar a nuestro yo total. La "confesión" enteramente negativa que abruma al que ora con el peso de ser "un pecador miserable, un gusano" no solamente no logra ningún resultado sino que es una mentira. Debemos apreciar nuestras fuerzas junto con nuestras debilidades si queremos llegar a un verdadero conocimiento de nosotros y evitar la condenación de nosotros mismos que nos derrota aun antes de comenzar.

Si nuestra dificultad está en el campo sexual únicamente debemos oponernos a que nuestros puntos fuertes se debiliten obligándolos a que lleven el peso de una condenación total del "hombre entero". Supongamos que sean un crítica excesiva y un resentimiento los que están viciando nuestra respuesta a nuestro mundo. Entonces lo que se requiere es alguna forma de reconstrucción en el campo emocional y social, pero esto no quiere decir que intentemos demoler el yo intelectual ni disminuir el yo espiritual.

Se cuenta en una antigua historia que el hombre condenado a muerte había sido muy bondadoso con su madre anciana. Y sin duda sí lo fue y podríamos haberle evitado a ella, a la sociedad, mucha pena si alguien en una edad más temprana hubiera logrado aislar sus fallas y debilidades sociales para la tarea de reconstruir, a la vez que hubiese afirmado y alentado esa evidencia del amor en el campo emocional.

El psicópata en la clínica puede estar positivamente lleno de información. Un hombre perteneciente a una de las mejores fraternidades de una universidad puede dar muestras de que su yo intelectual ha dado fruto espléndidamente. Pero su capacidad para sentir lo que es bueno (el campo emocional) puede estar reducido a casi nada. Quizá el énfasis de su vida ha sido la instrucción cuando debía haber sido la relación o comunicación. No hay en este caso un equilibrio sano entre el crecimiento intelectual y el emocional.

Esto es de la mayor importancia porque debemos elegir conscientemente llegar a ser hombres y mujeres equilibrados. La educación de las masas es un experimento muy nuevo dentro del marco de la evolución del hombre y nos ha hecho unilaterales en nuestra consideración íntegra del ser humano. Los cuatro demonios que nos afligen residen todos en el campo emocional y por eso no debemos sorprendernos de ninguna manera si nuestro inventario revela que casi todas nuestras dificultades, como las de nuestros hijos, radican en esta zona muy a menudo descuidada de nuestro yo total.

Lo que estamos valorando

He aquí la manera en que debemos plantearnos exactamente lo que estamos valorando. Teniendo en cuenta que el yo total es el hombre espiritual o sea lo que Dios trata de expresar a través de nuestras cualidades y talentos, tratamos de encontrar exactamente dónde estamos nosotros bloqueando o desfigurando esta expresión.

Si estuviéramos en duda respecto a los medios para identificar la zona precisa podríamos preguntarnos: ¿se trata, ante todo, de mis sentimientos conmigo mismo?, ¿de mis reacciones y relaciones con los otros? (Yo emocional.) ¿Se trata, ante todo, de mi falta de conocimiento o de información? (Yo intelectual.) ¿Se trata, ante todo, de mis relaciones con el ambiente, con mi comunidad, con el mundo en que vivo? (Yo social.)

La sabiduría es el fruto de una inteligencia equilibrada. El amor (incluyendo una estimación justa de nosotros mismos como hijos de Dios) es el fruto de todo crecimiento emocional adecuado. La armonía (la paz, la finalidad, la utilidad) es la relación justa de un hombre socialmente maduro hacia el mundo en que vive. Este es el fin de la personalidad equilibrada, y no la personalidad desequilibrada. Sencillamente no se ha desarrollado o ha sufrido una distorsión y de lo que se trata es de corregir esto.

MIRANDO EN TODAS DIRECCIONES

Cuando comenzamos esta investigación tendiente a descubrir estos datos y penetramos en el reino interior, encontramos que tenemos una brújula que dirige nuestra atención hacia cuatro puntos. Podemos mirar para atrás, hacia adentro, hacia afuera y hacia adelante.

Cuando miramos hacia atrás nos preguntamos cómo llegamos a este punto y por qué. Este no es un viaje de placer por la calle de nuestras memorias y recuerdos tomando los viejos sentimientos como si fuera de una vitrina o de un armario. Este viaje tiene su finalidad propia. Viajamos ahora con mente alerta y con una finalidad específica. En primer lugar recordamos la herencia de nuestra raza, vemos como el hombre ha viajado a través de los siglos de una manera inspiradora y maravillosa. La raza, como un todo, ha recorrido mucho, mucho camino. Todos tenemos tendencias que nos vienen por la herencia. Un movimiento que nos lleva hacia adelante, una búsqueda y una aspiración para ir más arriba, una habilidad para desenvolvemos y tender hacia un desarrollo mayor que parece no tener fin. Estamos de acuerdo con Emerson en que "aquel que una vez es admitido al derecho de la razón se hace un hombre libre en todas sus posesines. Lo que Platón pensó, él puede pensarlo; lo que un santo ha sentido, él puede sentirlo; lo que ha acontecido alguna vez al hombre, él puede entenderlo".

En cuanto a nosotros mismos podemos ver un crecimiento enorme siguiendo ciertas líneas. Otras veces quizá hemos caído a la vera del camino. Vemos que la pureza ha sido perdida. Vemos que nuestras aspiraciones han sido derrotadas. Lo importante es que, una vez que las alturas han sido alcanzadas, pueden ser alcanzadas nuevamente y nos consideramos a nosotros mismos en esos puntos más altos a la vez que en otros campos en que hemos resbalado peligrosamente.

Cuando miramos hacia atrás reconocemos sin reproche ni condenación, solamente para el fin de la verdad, el efecto de nuestra educación, de nuestras amistades, de nuestro ambiente, de la cultura y de la influencia de algunas personas. Si encontramos cadenas, procuramos romperlas. Si hay lagunas, procuramos llenarlas. Si algunas cosas buenas ya han corrido río abajo, muchas de ellas no están totalmente fuera de nuestro alcance. Nadie puede sustituirnos en este viaje. Una vez que nos damos cuenta de que debemos emprenderlo, debemos hacerlo honestamente y solos. Entonces entenderemos mejor nuestra posición actual.

Mirar hacia adentro es no solamente reconocer nuestros puntos fuertes sino mirar a nuestros demonios a los ojos y llamarlos por su nombre. Penetramos más allá de lo superficial y nos adentramos en el inconsciente personal donde hemos almacenado mucho material inaceptable y reprimido a través de los años. No necesitamos mayores explicaciones acerca de los cuatro demonios: el temor, la culpabilidad, los sentimientos de inferioridad, el odio, que tienen su morada en ese inconsciente, pero sí necesitamos técnicas específicas para reconocerlos. Es menester que nos hagamos estas preguntas profundas sobre cada uno en especial. Tomemos el *temor*:

1. Cuando me enfrento con una tarea determinada, ¿me siento muy pequeño, muy débil, inferior, o bien no hago ningún intento o la dejo fácilmente? (Temor al fracaso.)
2. ¿Mi reacción hacia las relaciones sexuales normales es fría, de desaprobación, culpable, y encuentra una violenta conmoción o rechazo después? (Temor al sexo.)
3. Acaso "sufro en silencio" mientras siento que otras personas me pisotean injustamente. (Temor a la defensa de sí mismo.)
4. ¿Busco no depender de otros? ¿Acaso creo que si quiero hacer una cosa mejor la hago yo mismo? (Temor de confiar en los otros.)
5. ¿Me dan miedo mis propios pensamientos? ¿Me preocupa a veces la idea de que he cometido alguna falta social en algún momento y lugar desafortunado que pueda ser mi ruina? (Temor de pensar y hablar.)
6. ¿Acaso busco constantemente la compañía de otros y, cuando esto no es posible, me siento perdido si no tengo algún otro tipo de ruido (la radio, la música, la televisión) para distraerme? (Temor a la soledad.)

Hay tantos temores y tan penosos y tan dañinos para el individuo que es imposible hacer una lista de todos ellos. El temor de caer, los ruidos agudos, la oscuridad, la altura, los lugares cerrados, las víboras, las arañas, la muerte y tantos otros que hemos mencionado ya. Todos estos son demasiado obvios para el individuo que sufre. Casi todos nosotros nos quedaremos asombrados ante el número de temores que podemos enumerar. Al elaborarlos mediante la oración debemos comenzar por aquellos que afectan nuestra vida diaria de una manera predominante. Quizá nos quedemos helados solamente con el pensamiento de hacer un viaje submarino pero como esto es muy improbable que nos suceda en un futuro cercano, puede ser admitido y después dejarse a un lado hasta que este peligro amenace realmente nuestra paz de espíritu.

Podemos dar un paso más y señalar que muchos de los temores y ansiedades de los cuales hemos sufrido en el pasado, incluyendo las enfermedades del cuerpo que nos han preocupado, nunca nos han afectado más que un anuncio raro o que un cuento o un relato dramático morboso. Aunque creamos en la educación y en la preparación para la vida, es tan innecesario detenernos en esas cosas como sería alimentarse con una dieta constante de fresas cuando existe una alergia. Los temores también se alimentan y se hacen fuertes con una dieta normal malsana. Todos somos alérgicos al temor. Y sin embargo muchas ramas del campo llamado de la diversión y del espectáculo suministran esta dieta al ignorante con una constancia alarmante. Haríamos bien al librar nuestra batalla con nuestros hijos impresionables, recordar que nosotros también somos impresionables. La diferencia está en que se supone que tenemos la capacidad suficiente para discernir. Si esto fuera más patente en nuestra reacción como "público" quizá no tendríamos que librar la batalla con nuestro hijo con tanta violencia.

Temporalmente pues, al emprender nuestra propia cruzada para liberarnos a nosotros mismos del temor, nos enfrentaremos primero a aquellos que parezcan ser los más abrumadores y los más "reales". A medida que apliquemos la oración específicamente a nuestros temores más pronunciados y a medida que la confianza llegue a ser un estado habitual de nuestra mente muchos de estos terrores menores y más nebulosos simplemente desaparecerán.

La culpabilidad

Aquí nuevamente debemos recordar que no tenemos la intención de eliminar la "culpabilidad normal". Si hemos de hacer que la oración sea una práctica de honestidad debemos enfrentarnos a la culpabilidad normal y usarla como un aguijón para llegar a tener mejores hábitos y actitudes. La culpabilidad anormal está invariablemente ligada con concepciones anormales sobre el pecado y con la incapacidad de creer en el perdón. Para reconocer la presencia de la culpabilidad anormal podemos formularnos las siguientes preguntas:

1. ¿Creo acaso que hay un pecado imperdonable aunque no pueda ni siquiera nombrarlo?

2. ¿Hay un pecado que yo personalmente no pueda perdonar?
3. ¿Hay algo por lo que sienta tanta vergüenza que no se lo haya mencionado a nadie o de lo cual no haya pedido perdón a Dios o, habiéndolo pedido, siga repitiendo la petición porque no cree haber sido perdonado?
4. ¿Hay un tema especial que sencillamente me rehúso a discutir?
5. ¿Me disfrazo o escondo a mí mismo cuando estoy con la gente? ¿O bien cuando estoy solo? ¿Pretendo acaso sentir y ser algo que es contrario a mi naturaleza?

La culpabilidad una vez reconocida debe contraponerse o enfrentarse al amor y al perdón si alguna vez queremos librarnos de ella.

Los sentimientos de inferioridad

Cuando miramos nuestros sentimientos de inferioridad nos vemos obligados a reconocer las raíces de algunos de nuestros mecanismos de defensa y de nuestros signos inequívocos. Siguiendo la lista de Katz y Thorpe mencionada anteriormente, nos preguntaremos y examinaremos a nosotros mismos acerca de los síntomas que indiquen una debilidad pronunciada en este campo emocional:

1. ¿Trato de evitar estar con otras personas y busco más bien la soledad que participar en actividades sociales? (Aislamiento.)
2. ¿Soy acaso francamente reservado y me pongo nervioso fácilmente en presencia de otros? (Timidez.)
3. ¿Censuro y critico a los demás al ver en ellos rasgos y motivos que yo juzgo indignos de mí? (Proyección.)
4. ¿Soy acaso particularmente sensible a las críticas o comparaciones desfavorables con otras personas? (Susceptibilidad.)
5. ¿Me aplico a mí mismo todas las observaciones desfavorables y las críticas que hacen los demás? (Exagerada autorreferencia.)
6. ¿Trato acaso de atraer la atención sobre mí por cualquier método que parezca efectivo, incluso si es algunas veces muy burdo? (Exhibicionismo.)
7. ¿Trato de mandar a los otros, a aquellos que tienen menos éxito, que son más débiles, más jóvenes, más pequeños, intimidándolos o haciéndome el fanfarrón? (Tiranía.)
8. ¿Trato de encubrir los sentimientos de inferioridad exagerando una tendencia o rasgo deseable? (Compensación.)

De esta manera podemos identificar si nos hemos vuelto o no individuos silenciosos, inhibidos, y cuanto más pronto comencemos a relacionarnos con Dios, con nuestros prójimos, tanto más rápido comenzaremos nuestro retorno a la libertad y la felicidad.

El odio (un amor mal dirigido)

Este es el más pernicioso de todos los demonios. Es muy difícil decirle a alguien cómo evaluar sus hostilidades personales, sus resentimientos, sus antipatías, sus prejuicios, su mala voluntad. Percibiendo inconscientemente el poder del amor y los castigos que se siguen de distorsionar este poder, tendemos a avergonzarnos y a descartar la posibilidad de que el odio, en cualquiera de sus formas, pueda existir en nosotros. Pero podemos hacer un esfuerzo honesto para sacar a la superficie esos sentimientos perjudiciales y tratar de desenmascararlos. Podemos preguntarnos:

1. ¿Experimento deseos de venganza o de quedar mano a mano con quien me haya perjudicado real o imaginariamente?
2. ¿Critico? ¿Trato de crecer echando abajo a los demás?
3. ¿Siento alguna satisfacción cuando oigo malas noticias acerca de otro, incluso si se trata de algún personaje público que yo no conozco? (Considere atentamente este punto que es muy sutil.)
4. ¿Soy manifiestamente agresivo? (Para verificar esto no es preciso que usted vaya más allá de la simple manera de conducir su automóvil. ¿Qué tipo de conductor es usted? ¿Al conducir trata usted de ocupar más espacio del que le corresponde en su fila? ¿cómo trata a los peatones? ¿Les dice a los demás cómo deberían conducir? ¿En los almacenes quiere avanzar impacientemente por entre la gente y casi literalmente les quita a los demás los artículos que a usted le gustan?)
5. ¿Me complace aplicar a los demás la "tortura psicológica"? ¿O me deleita esto aunque sea levemente? (Para que no se piense en el legendario tormento medieval que utilizaba grillos, esposas y cadenas trataremos de precisar qué queremos decir. Todos tenemos la habilidad de lograr acobardar el ánimo de otras personas. La utilizamos mucho, más de lo que pensamos y reconocemos. ¿Zaherimos a alguien en público? ¿Lo humillamos? ¿Nos burlamos de él? ¿Tenemos acaso una lengua mordaz? Algunos padres de familia o profesores, y todos los que tratan con jóvenes, pueden acumular mucha culpabilidad dentro de sí mismos si su hostilidad reprimida la descar-

gan en esta forma. La disciplina y la autoridad suponen un fino señalamiento o indicación y, cuando se emplean con justicia, raras veces suscitan la protesta. La tortura psicológica, cuyas raíces se hallan en un amor mal orientado, puede hacer mucho más daño a los demás que la antigua férula o vara de castigo.)

6. ¿Me complace "bajarles los humos a los demás", "ponerlos en su sitio", etc., o ver que lo hagan con otros?

Estas son preguntas generales que tienen como objeto indicar varios aspectos del odio que puede estar presente dentro de nosotros.

Puesto que la hostilidad es la forma más perniciosa y más frecuente de amor mal orientado, y ya que no es tan fácil de identificar con preguntas generales, presentamos aquí una prueba específica a modo de cuestionario de alternativas que puede anotarse y calificarse. Los resultados pueden evaluarse individualmente tal como se indica al final de la prueba.

Estas son las instrucciones: lea cada una de las frases y luego señale con un círculo la (V) si es verdad o la (F) si es falso:

V F 1. Parece que en la actualidad hay menos amor y buena voluntad.
V F 2. Los que ponen en duda la autoridad de la Biblia están buscando un pretexto para hacer lo que les place.
V F 3. Aunque las opiniones de otra persona me parezcan válidas, prefiero tomar mis propias decisiones aunque puedan estar equivocadas.
V F 4. Yo podría mencionar quiénes son los responsables de la dificultad que tengo.
V F 5. Algunas veces hago trampas al hacer un solitario.
V F 6. Aunque a mí me gusta la mayoría de la gente, hay quienes no me aceptan.
V F 7. Me molesta si la gente me hace bromas.
V F 8. Los que me rodean parecen disfrutar la vida mucho más que yo.
V F 9. Ha habido ocasiones en que todo parece marchar tan mal que he pensado quitarme la vida.
V F 10. Murmuro acerca de los vecinos.
V F 11. Mis relaciones sexuales no han sido satisfactorias.
V F 12. En ciertas condiciones y circunstancias pienso que el prejuicio racial es comprensible y justificable.
V F 13. Muchas veces me siento desanimado o deficiente.

V F 14. Desconfío de la gente y de sus actos.
V F 15. Cuando juego a las cartas, miraría las del vecino si la oportunidad se me presentara.
V F 16. Durante el día creo que cometo un gran número de pequeños errores.
V F 17. Soy una persona celosa.
V F 18. Yo creo que a los niños hay que darles unas nalgadas cuando desobedecen.
V F 19. A menudo encuentro defectos en los que me rodean.
V F 20 A veces mis pensamientos son tales que no le hablaría a nadie acerca de ellos.
V F 21. Aun las personas a quienes amo interpretan mal mis intenciones.
V F 22. Me molestan mucho aquellas personas que no saben conducirse bien.
V F 23. Mi matrimonio no ha sido tan satisfactorio como yo hubiera querido.
V F 24. Cuando alguien se envalentona no censuro a aquel que sabe ponerlo en su lugar.
V F 25. He tomado cosas que no me pertenecen.
V F 26. Algunas veces soy sarcástico con la gente que me rodea.
V F 27. Me molestan los animales domésticos.
V F 28. Sufro frecuentemente de dolores de cabeza y de estómago.
V F 29. Las pruebas psicológicas de personalidad no son tan válidas como algunos quisieran hacérselo creer a usted.
V F 30. Cuando alguien me ha ofendido tengo ganas de desquitarme.

Puntuación izquierda __________ Puntuación derecha __________

Enseguida haga la puntuación de la prueba psicológica de la siguiente manera: vea las frases 5, 10, 15, 20, 25, 30. Si alguna de esas afirmaciones está señalada como "falsa", simplemente cuéntelas y escriba la cifra al final de la prueba en el lado izquierdo.

Para las demás afirmaciones de la prueba, cuente aquellas señaladas como "verdaderas" y escriba el total al final de la lista en el lado derecho.

En esta prueba controlamos únicamente dos factores o rasgos. Los dos números al final de la prueba representan la puntuación respectiva de cada uno de estos factores.

El número de la izquierda determina cuán honestos hemos sido. Si el número es cuatro o superior indica que usted no ha sido honesto consigo mismo. Lea una vez más esas frases con todo cuidado y trate de evaluarlas a la luz de su experiencia pasada. Haga un esfuerzo para determinar cómo siente usted honestamente y no como usted piensa que debería sentir. Si el número es tres o menor de tres se puede suponer que usted ha respondido en los otros puntos con una buena dosis de honestidad.

La puntuación de la derecha indica el grado de hostilidad (odio) que usted tiene, así sea que la manifieste o no. Todos tenemos hostilidad. Es el grado o la cantidad lo que determina las consecuencias. Es mucho más perjudicial si usted no se da cuenta de lo que tiene dentro de sí mismo.

Evaluación del grado de hostilidad
(Para aquellos con una puntuación de honestidad de 3 o menos)

0-8	9-16	17-24
ligera	Mediana	Fuerte

Evaluación del grado de honestidad
(Para aquellos con una puntuación de 4 o más)

La escala previa no es muy apropiada aquí. Puede ser significativa solo cuando usted ha sido honesto en la prueba. Ahora véala de nuevo y considere cuán honesto es usted. Acepte este reto. Es una gran oportunidad para que usted aprenda, crezca y avance hacia la libertad. "La verdad os hará libres."

Los seres humanos aprenden desde muy temprana edad a "reprimir" o a frenar su tendencia agresiva para no manifestarla abiertamente, particularmente con los demás. Debemos tener siempre presente que si estos sentimientos agresivos se reprimen interiormente, esto no significa que la persona se haya liberado de ellos. Nosotros podemos disfrazar esos sentimientos. No podemos negarlos. Podemos entretenerlos y demorarlos. Incluso podemos sustituir esos sentimientos por otros. Pero esto no significa que los hayamos *destruido*.

Rara es la persona que realmente no encuentre algo de amor mal orientado dentro de su reino interior. Por eso no hay que ufanarse demasiado pronto por lo que encuentre dentro de sí mismo. Si podemos reconocer esto, ya hemos dado un primer paso, un gran paso.

Ahora *miramos afuera* y contemplamos lo que nos rodea tan objetiva y honestamente como podamos. Nos preguntamos: ¿Cómo me tratan las otras personas y por qué? ¿Pienso acaso que la gente murmura de mí? (Sentimiento de inferioridad.) ¿Me aprecio muy poco y por eso estoy a la caza de cumplidos y lisonjas? (Mayores sentimientos de inferioridad.) ¿Acaso hablo todo el tiempo? (Culpabilidad e inferioridad.) ¿Encuentro dificultad en expresarme? ¿Siento temor de que se burlen de mí y para evitarlo soy capaz de seguir a los demás sacrificando incluso mis propias convicciones?

Podemos reconocer nuestros demonios en nuestras relaciones con los demás y preguntarnos luego "¿por qué?" Para cada uno de los problemas y cada una de las respuestas hay un "por qué", pero el objetivo es ir hasta la raíz del asunto para poder saber específicamente a qué nos estamos sometiendo.

La última dirección hacia la que apunta la brújula es hacia delante, no para escrutar el futuro con una bola de cristal sino para lograr un concepto positivo de nosotros mismos tal como queremos ser. Podemos siempre ir más allá de lo que somos hoy, y progresar hacia el crecimiento, el desarrollo. En la medida en que miramos hacia delante reconocemos el hecho de que las "condiciones" tienen la doble posibilidad de ser y de no ser. Estas "son" únicamente hasta que alguna fuerza las cambia, y en este caso la fuerza será nuestra misma nueva dirección. Esta dirección está establecida, es el proyecto que elaboramos cuando consideramos lo que queremos llegar a ser. No es un inútil ensueño. Su fundamento radica en la activa convicción de su posibilidad. Estamos tratando con fuerzas poderosas día tras día. Está en nosotros el usarlas o pervertirlas. Una vez que entendemos esto nos hallamos un paso más cerca de nuestro ideal.

Encarando las exigencias de la vida

Hasta ahora hemos considerado nuestros mecanismos de defensa, hemos buscado los signos inequívocos de nuestra desazón interior, hemos reconocido las tres zonas en las que podemos encontrar debilidades y hemos decidido evaluarlas cada una por separado, teniendo por objetivo lograr un equilibrio adecuado entre las partes emocional, social e intelectual de nuestra naturaleza para obtener así una personalidad plena e integrada. Hemos mirado hacia atrás, hacia delante, hacia afuera y hacia dentro. Sin embargo hay todavía un aspecto que debe considerarse.

¿Cómo podemos enfrentarnos a las exigencias de la vida? Esto depende de las diferentes respuestas que demos. Algunas exigencias se nos imponen diariamente a cada uno de nosotros. A algunas les damos la bienvenida, a otras las tratamos de evadir pero están ahí. El punto principal es, ¿cómo reaccionar ante estas y por qué? ¿Continuamos acaso tratando de cambiar los factores externos o hemos captado la idea de que el primer cambio debe venir del interior de nosotros mismos?

Realmente lo más importante no es qué pasa, sino cómo nos afecta a nosotros. Nunca nos libraremos de los problemas. Para la persona equilibrada cada problema es un reto, una oportunidad, que debe elaborar y de hecho reaccionará con menos aflicción, con menos angustia y con menos dolor, incluso en las situaciones humanamente más difíciles.

Dos hombres pierden sus buenos y estables empleos. Para uno de ellos esto significa una derrota y hablará mucho acerca de lo que pudo haber sido, pero no hace nada. Para el otro es un vacío temporal que debe llenarse con nuevas oportunidades. Sigue adelante. Dos hombres pierden los ahorros de su vida. Uno se lanza desde una ventana. El otro busca trabajo en una estación de gasolina y continúa disfrutando de su familia, de sus amigos, con respeto hacia sí mismo y una actitud de optimismo hacia el futuro. Dos mujeres pierden a sus esposos por muerte repentina. Una se desalienta, se deprime, se trata como a una víctima, y se enferma. Su familia se desintegra y sus hijos sufren. La otra experimenta la tremenda tristeza de la pérdida, pero conserva su equilibrio, mantiene unido su hogar, y enfrenta las responsabilidades y obligaciones de cada día.

Para evaluar cómo nos enfrentamos a las exigencias de la vida es preciso que nos hagamos otras preguntas: *¿Cuál es mi relación conmigo mismo?* ¿Me acepto como soy, con mis capacidades y mis debilidades, sabiendo que el poder para "equilibrar mi presupuesto" está en mis manos? ¿Insulto acaso a Dios apreciándome muy bajo? ¿Constantemente me estoy frustrando y limitando a mí mismo? *¿Acaso deseo ser como alguna otra persona?*

¿Cómo me relaciono con los demás? ¿Les tengo miedo? ¿Me siento superior a ellos? ¿Me siento inferior a ellos?

¿Cómo me relaciono con mi vida cotidiana? ¿Reconozco mis problemas y trato de solucionarlos de la mejor manera que puedo? ¿Me los oculto a mí mismo? ¿Emprendo mi trabajo con preocupación, con miedo y con falta de confianza? ¿Tengo miedo de volver a casa? ¿Tengo miedo de dejar el círculo familiar para atender reuniones de negocios o sociales?

¿Cómo comienzo el día? ¿Soy gruñón y me siento desalentado cuando me levanto? Cuando me acuesto, ¿me encuentro, acaso, con la "cabeza agitada" y no puedo dormir? ¿Me las arreglo quizá para escapar de mis responsabilidades, recurriendo a las enfermedades, a una excesiva vida social, leyendo mucho o buscando diversiones? ¿Me dejo acaso derrotar por la confusión de modo que cuando tengo más cosas que hacer, en realidad no hago ninguna bien? ¿Emprendo cada labor como si se tratase de una faena, apretando los dientes y abrumándome exageradamente? ¿Soy acaso tan compulsivo que no puedo interrumpir una cosa, ni tolerar algo que esté fuera de lugar o un repentino cambio en los planes? ¿Soy tan desorganizado que nunca hago bien mi trabajo?

¿Cómo me relaciono con Dios? ¿Estoy continuamente suplicando? ¿Me siento como un miserable pecador? ¿Me relaciono con Dios como si fuese un extraño? ¿O un pariente distante? ¿O creo realmente que Él es nuestro padre, "más íntimo que la respiración y más cercano que las manos y los pies"?

Cuando hemos evaluado honestamente nuestros mecanismos de defensa, nuestras señales inequívocas, las zonas en que necesitamos ayuda, el estado de nuestro reino interior y cómo nos enfrentamos a las exigencias de la vida, hemos realizado nuestro esfuerzo inicial hacia la honestidad con nosotros mismos. Nos conoceremos conscientemente como no lo habíamos logrado nunca antes. Habremos dado nuestro paso preliminar para la oración, y tendremos la intuición y la comprensión necesarias para comenzar inmediatamente a aplicar la terapia de oración, tal como la esbozamos en el capítulo siguiente, y para ver el cambio que esta puede realizar en nuestras vidas.

Capítulo XIII. La terapia de oración como actividad cotidiana

Hemos ya terminado nuestro recorrido de evaluación. Hemos contemplado las alturas, las profundidades, las deficiencias y limitaciones presentes, nuestro ilimitado potencial.

¿Y ahora qué?

Lo primero que se requiere es una operación de limpieza. El reconocimiento mismo ha desarmado nuestros mecanismos de defensa. Nunca más serán capaces de engañamos completamente. La intención de ser honesto, porque la verdad es de Dios, tiene todo el poder del universo tras de sí. De ahora en adelante veremos claramente.

Esto lo afirmamos y lo aceptamos.

Enseguida, las señales inequívocas han cumplido su cometido. Nos han obligado a preguntamos "¿por qué?": ¿Cuál es la causa de mi depresión, de mis síntomas psicosomáticos, de mi sentimiento de rectitud o rigidez exagerada? Y ¿"en dónde", en qué zona de mi "yo" reside la causa? *Ahora dejamos por entero estos síntomas a un lado. No los hemos de llevar a nuestra oración.*

La razón es obvia. El dolor causado por un brazo roto es una señal inequívoca de que hay algo que no está bien. Si concentramos nuestra atención en el dolor en lugar de localizar la fractura no vamos a arreglar el hueso roto. En este caso el dolor no puede menos que permanecer con nosotros.

Nuestras señales inequívocas están en el nivel del dolor. Una vez que ya hemos recibido su aviso, una vez que nos hemos preguntado "por qué" y "en dónde", y que nos hemos puesto a corregir la causa, desaparecerán. El síntoma no tienen ningún poder de causar algo. Esto, claro está, lo reconocemos. Sencillamente, nos despreocupamos del síntoma.

Reedificando un reino armonioso

Esto nos lleva al mundo de las causas actuales como las hemos localizado dentro de nosotros mismos. Hemos mirado hacia atrás. Ahora inundamos nuestro pasado con comprensión y perdón. Nos libramos a nosotros mismos y a otros de cualquier culpa y de cualquier condenación. Hasta que hagamos esto conscientemente. El pasado puede hacernos inconscientemente esclavos de nosotros mismos. La única manera como podemos liberar nuestro pasado es colocándonos a nosotros mismos en este preciso momento bajo la ley del amor, de *resolvernos* a entrar en el círculo del amor y a cumplir con los dos mandamientos de Jesús. Desde este momento el pasado, con sus limitaciones, recuerdos y errores *ya no tiene poder sobre nuestras vidas hoy.*

Ya hemos dejado aquellas ataduras que nos enredaban para seguirlo a Él y observar sus mandamientos. Aquí está el verdadero arrepentimiento.

Ahora, respecto de nuestros demonios. Estos pueden y deben ser desarmados. El proceso será más fácil si los vemos como son realmente: distorsiones de los sentimientos y de las emociones que Dios quiso que el hombre tuviera. Son el reverso de la medalla, lo destructivo frente a lo constructivo, lo negativo frente a lo positivo. Si confrontamos esta distorsión humana con la bondad divina podemos ver esto muy claramente.

Culpabilidad	*Perdón*
Odio	Amor
Sentimientos de inferioridad	Confianza
Temor	Fe
Víctima	Victorioso

El cristiano, el hombre de Cristo es el *victorioso*, no la *víctima*. Y así el cristiano puede volverse confiadamente hacia la oración para disipar lo que lo haya tenido en esclavitud. Un deseo semejante está de acuerdo con la ley del amor y, por lo tanto, con la voluntad divina.

Entonces, ¿dónde exactamente y cómo debemos comenzar?

Lo primero, primero. Aplicamos la terapia específica de la oración en donde sintamos nuestra mayor necesidad. Al considerar la tarea de reconstruir la conciencia como un todo podemos quedar abrumados pero debemos tener en cuenta lo que cualquier jardinero, o ama de casa, o arquitecto conocen bien. No se pueden quitar las hierbas, plantar flores y regar "todo" un jardín. No se puede limpiar "toda" una casa. No se puede construir "toda" una ciudad. El "todo" es el objetivo que tenemos en nuestra mente.

Hacerlo, sin embargo, es una cuestión de quitarle las yerbas primero al rosal, de regar el prado. Se limpia primero la cocina y luego se pasa a cada una de las recámaras. O bien se pone un ladrillo sobre otro para luego pasar a construir el palacio del ayuntamiento. El resultado será un bello jardín, una casa limpia, toda una ciudad. La tarea es una cuestión de aplicación cotidiana, de inteligencia y de amor.

Nosotros mismos lograremos nuestra salvación a base de una progresión ordenada, lo que es otra manera de decir que la paciencia hará su obra perfecta en nosotros. Insistir en milagros es invitar a la derrota por el desaliento. Los milagros a veces ocurren pero por lo que nos concierne están más allá del campo de expectación positiva. En el pasado no se ha podido depender de ellos ni son repetibles. Pero la terapia de la oración sí.

El método de la terapia de oración comienza con un aspecto, trabaja en él durante una semana y luego pasa a otro. Seguimos las indicaciones de nuestro plan individual tal como aparecen en nuestra evaluación personal. Sea cual fuere la falta de armonía que queremos cambiar, la técnica será la misma:

1. Reconocemos al Dios de amor *dentro de nosotros mismos* como el poder curativo y director de nuestras vidas.
2. Conscientemente nos despojamos de cualquier cualidad negativa (motivo, impulso, pensamiento, sentimiento) que no queremos.
3. Invitamos a este poder divino para que llene el vacío que nuestro despojo ha creado.
4. En los tiempos específicos de oración y durante el día tendremos delante de nosotros mismos pensamientos e imágenes positivas, sanas, plenas, estando ciertos que solamente estos están de acuerdo con la voluntad de Dios acerca de sus creaturas.
5. Cuando oramos creemos que hemos recibido aquella ayuda especial que hemos pedido y actuamos como si la hubiéramos recibido.
6. Meditamos en Dios como *amor*, en el mandamiento de Jesús de *amar* y buscamos la entrada a ese círculo de perfección... el amor de Dios, del yo como hijo de Dios, del prójimo como a mí mismo.
7. *Escuchamos* y aguardamos cierto sentido de victoria, cierta sensación de presencia, que nos dice: "Yo estoy aquí. Todo está bien."
8. Ya se ha cumplido. Gloria a Dios en las alturas. *¡Te damos gracias!*

Si seguimos esta técnica lealmente no podemos fallar a fin de cuentas. ¿Por qué? Porque Dios no puede fallar. Si nosotros nos *despojamos* de todo lo negativo, de lo destructivo, de todo lo que esté distorsionado, y *aceptamos* lo positivo, nuestra victoria está asegurada. Y no puede ser de otra manera. Dios no puede retener el bien. Va contra su naturaleza. Entonces lo que se requiere es que nosotros quitemos el impedimento y recibamos. El perdón, el amor, la confianza, la fe brotarán en nosotros como de una fuente inextinguible y siempre presente, si nosotros podemos hacernos a un lado.

Ruptura de viejos hábitos

"Si nosotros podemos hacernos a un lado."

La primera vez que discutimos esto en la terapia de oración un pelirrojo dijo con disgusto: "Si, siempre hay un 'si'. Aun en un experimento académico se puede dejar una escapatoria, un agujero en caso de que la cosa no funcione".

He aquí una objeción perfectamente lógica. Pero "la cosa" sí funciona y los 'si' dependen de trampas que perfectamente pueden evitarse. Ya que existen los riesgos haremos bien en tenerlos bien presentes para no caer en ellos.

Es verdad que no llevamos nuestros síntomas a la oración ni fijamos nuestra atención sobre ellos. Más bien lo que buscamos es la causa y aplicamos nuestra técnica de oración durante una semana, "creyendo que hemos recibido".

Y entonces algún jueves soleado de la semana siguiente o un mes después del domingo nos encontramos padeciendo los mismos síntomas. Estamos deprimidos, nos abruma la ansiedad. O bien queremos huir de todo y escondernos. O bien llegamos a casa perturbados por habernos dado cuenta de que hemos conducido por entre el tráfico del domingo con resentimiento en el acelerador y agresión en el volante. El odio, la culpabilidad, el temor, nuestros sentimientos de inferioridad no solamente han amenazado sino que han vencido totalmente.

¿Entonces somos un fracaso? ¿Ha fracasado Dios? ¿Es acaso la terapia de oración una filosofía sentimental, agradable al ojo y al oído, pero no muy eficaz? A menos que entendamos y sepamos qué hacer con el peligro, lo menos que puede pasar es que nos desalentemos y dudemos de este principio. Si somos displicentes, dándonos cuenta de que hemos hecho muchos esfuerzos, quizá nos sintamos como Job que simplemente no podía entender por qué a él, que había sido un "hombre bueno" toda su vida, le habían sobrevenido tantas aflicciones. Su primera idea fue sencillamente "maldecir a Dios y morir".

Job era un extremista y también lo somos muchos de nosotros. Así que es mejor que entendamos lo que nos ha pasado. En realidad se trata de una vieja historia del progreso cristiano. Acordémonos de la queja de San Pablo: "Porque no sé lo que hago; pues no pongo por obra lo que quiero, pero lo que aborrezco, eso hago."

Él señala que "me deleito en la ley de Dios, según el hombre interior (tratando de vivir según los mandamientos del amor); pero siento otra ley en mis miembros, que repugna a la ley de mi mente".

Ahora bien, ¿qué ley posible podría luchar en nuestros miembros una vez que hemos tratado de establecer el reino de Dios en nuestras mentes?

La respuesta es el hábito. El yo que debe de hacerse a un lado es el yo condicionado, el "viejo" yo habitual.

San Pablo mismo contestó a esto cuando añadió: "Pero si hago lo que no quiero, *ya no soy yo quien lo hace...*"

La semilla ha caído en la tierra, nuestra voluntad se ha abierto al poder curativo divino, pero los viejos reflejos y las pautas de pensamientos que ya no somos más, insisten en afirmarse. Hablamos de la "fuerza del hábito". Aquí estamos tratando precisamente con esta fuerza. Un hábito es "una aptitud o inclinación para alguna acción (o reacción) que se adquiere con la repetición y que se demuestra en la facilidad de realizarse o en una resistencia cada vez menor". Se vuelve involuntario. Una acción refleja.

Si ha sido adquirido por repetición, aun cuando nuevas pautas de conducta hayan sido sembradas, requerirá que se le despida una y otra vez antes de que pierda toda su fuerza. Le dimos fuerza y se la podemos quitar. Pero esto no lo hacemos suprimiéndola. Sino que la reemplazamos.

De tal manera que la primera pregunta que nos hacemos es esta: *¿Estamos todavía tratando de cambiar el factor externo?* Para muchos de nosotros ese es el "hábito" arraigado de que debemos despojarnos antes de otra cosa. Si estamos tratando de cambiar tales "malos hábitos" como reñir, quejarse, tener mal carácter, beber (y con nuestros hijos que se chupen el dedo, que mojen la cama), diciendo "tengamos un poco más de fuerza de voluntad, no nos comportemos como niños", no necesitamos buscar más el yo que debemos de hacer a un lado. Estamos tratando todavía de suprimir un síntoma en vez de modificar la causa.

Una vez más seamos claros al respecto. La gente infeliz se crea tensiones y el "hábito" es un alivio, un síntoma. Lo que requiere corrección es la misma necesidad. Un nuevo alivio. En el momento en que el síntoma se reafirma a sí mismo debemos inmediatamente reconocer la causa. Este es el nuevo hábito que se necesita. Dejar de considerar únicamente el factor externo.

Entonces ya el remedio está a la mano. Entonces podemos decir con San Pablo: "Ya no soy yo quien lo hace… porque me deleito en la ley de Dios, según el hombre interior". He escogido un nuevo alivio. Me identifico a mí mismo con el espíritu permanente del universo y todos mis remedios son expresiones de esto.

Este es el primer auxilio cuando los síntomas indeseables tratan de reafirmarse. No tener que ver nada con los síntomas, sino dejar que el amor dicte cuáles han de ser esos alivios. Esto se aplica cuando se trata de ayudar a nuestros hijos. Puesto que el amor los ha puesto bajo nuestro cuidado, se puede pedir confiadamente que se nos dé luz sobre la causa de cualquier tensión y que seamos inspirados para enseñar al niño una nueva liberación. El mismo hecho de que más amor y mayor armonía habrá en el hogar a medida que se progrese espiritualmente, causará maravillas para liberar las tensiones del niño. Las tensiones no perduran donde el poder curativo del amor fluye libremente.

Suponiendo que hayamos dado marcha atrás a nuestra tendencia para tratar de cambiar el factor externo, y que todavía el síntoma indeseable persista, hay que formularse otra pregunta: *¿No estaré más bien viviendo los problemas en vez de vivir las respuestas?*

No es tan disparatado como parece. Puede ser muy sutil además, porque a menudo nos percatamos de lo que realmente estamos haciendo. El problema pertenece al pasado. La respuesta pertenece al aquí y ahora. No tendríamos dificultad en vivir la respuesta si nos hubiéramos liberado completamente del pasado.

Tomemos el caso de una mujer que ha descubierto que su esposo le ha sido infiel. Él lo ha admitido, se ha arrepentido y le ha asegurado que desea verdaderamente comenzar a vivir inmeditamente una vida más feliz, mejor ajustada y perfectamente fiel a ella y a sus hijos. Esta fue su respuesta a una situación difícil, este fue su deseo verdadero, y estaba preparado para comenzar a vivir esa respuesta inmediatamente. Ella, como "la parte ofendida" tenía que elegir. Buscando su propia respuesta y su verdadero deseo decidió permanecer con él. Pero le costó trabajo resolverse a esto. Y durante este tiempo el problema había llegado a ser un hábito. Quería ciertamente un matrimonio feliz pero no quería vivir la respuesta. Continuaba viviendo el problema sin perdonar y sin dejar de recordarle a él todos los días su pecado.

Ella quería "que todo fuera como había sido antes" y ahí precisamente la mujer se engañaba por su deshonestidad. No podemos volver al pasado y cambiarlo. Lo único que podemos hacer es mirarlo con comprensión y con perdón, y liberarlo. Ella tenía el perfecto derecho de hacer la elección de vivir sola o de seguir con su marido: Pero una vez que la elección fuera hecha la única manera en que el amor curaría la herida sería dejando ambos pasar el día de ayer, rompiendo la atadura del problema al aceptar esta respuesta y vivirla.

Su hogar tenía todos los síntomas de un reino dividido contra sí mismo —peleas, recriminaciones, tensiones y llanto— y Dios mismo no podía hacer nada al respecto hasta que ella no reconociera que una respuesta elimina el problema, pero que nosotros tenemos que aceptar y vivir la respuesta si es que queremos que nos sea de algún beneficio.

Consideramos como gente anormal a aquellos que han vivido y mueren en la pobreza y los harapos teniendo muchos miles de dólares ocultos en latas de conservas en sus miserables moradas. La riqueza y la abundancia estuvieron a la mano pero de alguna manera se habían hecho el hábito de la miseria, y el síntoma persistió.

Nosotros construimos nuestras propias dificultades, hacemos de nuestra vida algo demasiado fatigoso, incluso hacemos imposible nuestra felicidad cuando rehusamos nuestras respuestas y continuamos esclavizados a nuestros problemas.

Si nosotros deseamos conscientemente dejar de estar tratando de cambiar el factor externo, y comenzar a vivir hoy mismo nuestra actual respuesta, tenemos que romper con el determinismo del pasado y despojar a los hábitos anacrónicos de su fuerza. Este es el único modo de dejar morir de hambre a aquellos síntomas que parecen tener sus raíces en fuertes y reiteradas pautas de pensamiento que ya no son "nuestras", sino fotografías antiguas del hombre "viejo" del cual hemos debido ya despojarnos con la oración.

Hacia la instauración de nuevas pautas de conducta

Habrá muchas horas durante el día en las que no estemos en oración actual. Pero estaremos pensando, imaginando, planeando, reaccionando y hablando con nosotros mismos.

Antes de que empezáramos a aplicar la terapia de oración esto pudo parecer algo sin importancia. Ahora sabemos que no es así. Si el estado de ánimo que hemos estado buscando en la oración no se mantiene, quizá más tarde nos percatemos de que acaso le hayamos concedido al amor un catorceavo de nuestro tiempo despierto y consciente, y fácilmente hayamos empleado el resto del tiempo (sin duda una gran proporción) obedeciendo los dictados de nuestros sentimientos "habituales".

Nuestra seguridad radica en estructurar nuevas y saludables pautas de conducta. Contaremos con la ayuda de Dios, pero nosotros tenemos que cooperar. Esto no implica estar jadeantes, tensos y haciendo un gran esfuerzo. Significa una seguridad y una convicción tranquila de que el amor nos espera en todos los caminos.

Esto puede llegar a convertirse en un estado habitual de la mente, en una especie de reacción nuestra espontánea. Hasta que esto no se logre tenemos que estar alerta. *Tenemos que demorar nuestras habituales y antiguas actitudes e insistir en las nuevas reacciones que queremos para ese momento.* No esperamos para orar acerca de ellas más tarde. Obraremos así instantáneamente cada vez que las pautas antiguas pretendan afirmarse.

Exige práctica ciertamente. La repetición persistente ha formado nuestros hábitos indeseables. Ahora es preciso que seamos persistentes en la tarea de reformarlos y de reeducar nuestro inconsciente.

El antiguo consejo de contar hasta diez antes de reaccionar con mal humor constituye un método perfecto de demorar las reacciones. Pero si no se insiste en la reacción deseada, se utilizarán aquellos segundos simplemente para pensar algo menos hiriente, pero no habrá pasado de allí su utilidad.

Es perfectamente legítimo contar hasta diez o utilizar cualquier otra pequeña estratagema que nos pueda ayudar a instaurar todos aquellos hábitos nuevos que son tan importantes. Una pareja que participó en la terapia de oración tuvo mucha dificultad en superar las discusiones y reproches mutuos que se habían convertido en algo habitual durante los veinte años de matrimonio que llevaban. En su oración se propusieron alcanzar una comprensión del amor, se percataron de que las discusiones eran un síntoma de algo mal orientado, y descubrieron un método para demorar sus respuestas e insistir en un nuevo tipo de reacciones.

"Sabemos que nos amamos mutuamente —decía el esposo con mucha sensatez— ¿por qué tenemos que pelear?"

Se dieron cuenta de que ambos sufrían mucho por innumerables tensiones y de que cuando discutían no podían verbalizar alguna cosa precisa. De hecho en este proceso perdían completamente el control de sí mismos y la relación objetiva con la otra persona, de modo que a menudo se encontraban discutiendo sobre "nada" y esto sencillamente se había convertido en la manera usual aunque desagradable de descargar sus tensiones personales.

"Nos pusimos de acuerdo en no retener 'el libre fluir de opiniones y de ideas —contaba el esposo—, ni reprimir cualquier argumento válido que sirviera para ventilar nuestra dificultad. Pero debíamos demorar nuestras respuestas también e insistir en que nuestras razones tuviesen algún sentido, y para esto, formulábamos verbalmente cada cosa que había dicho el otro, antes de replicarle."

En otras palabras, su esposa tenía que repetir lo que él le había dicho tratando de precisar: "Si entiendo bien lo que dices, lo que afirmas es que..." Entonces ella le replicaba y él diría: "Si te entendí bien, lo que dices es que..." Al demorar sus respuestas se dieron cuenta de que ninguno de los dos entendía exactamente lo que quería decir el otro y terminaron riéndose mucho al aclarar esto. En realidad ninguno de los dos decía *nada*.

Permítasenos señalar aquí que precisamente la risa es una de las mejores reacciones a las que podemos recurrir cuando estamos tratando con nosotros mismos. Si podemos llegar hasta el punto de sentirnos francamente divertidos ante la tentación de una reacción negativa, la única posible explicación es que hemos podido considerarla tal cual es, una distorsión. Entonces nos damos cuenta de que hemos vislumbrado la realidad y recuperado nuestro sentido de las proporciones.

La única razón por la que nuestra imagen, tal como aparece en los espejos cóncavos o convexos de los parques de diversiones, no llega a aterrorizarnos es porque nosotros sabemos cuál es nuestra verdadera apariencia y ni por un momento creemos que esas creaturas con un estómago de elefante y una cabeza de alfiler seamos *nosotros*.

Aquellas cosas definidas sobre las cuales hemos estado trabajando al aplicar la terapia de oración deben ser protegidas durante el día mediante una insistencia acerca de la reacción que hemos pedido y se nos ha otorgado. Pero hay algunas cosas pequeñas sobre las cuales quizá no queramos insistir directamente y que a menudo se verán superadas por el simple hecho de la instauración que hayamos logrado de nuevas pautas de pensamiento y de conducta. Conducir nuestro automóvil es un campo muy interesante de experimentación al respecto. Lo mismo lavar los platos después de las comidas, levantar a los hijos por la mañana para que vayan a la escuela, y aun gruñirle al perro del vecino.

Bien sabemos cuáles eran nuestras maneras habituales de hacer estas cosas anteriormente. Muy bien. La próxima vez que surja la situación, acepte este desafío. Deténgase un momento y, en vez de dejar que el hábito lo controle y domine, afirme decididamente que usted no está molesto, ni malhumorado, ni confuso. Usted está controlado y usted está tranquilo, sereno, y se siente dueño de sí mismo. Incluso puede insistir en que está divertido o alegre. Y esta respuesta se convertirá en algo automático, espontáneo, genuino.

No es cuestión de poder de voluntad. Únicamente puede llevarse a cabo si se basa en la convicción de que un Dios de amor ha querido este estado del ánimo y de la mente desde siempre y nosotros estamos finalmente cooperando con esa voluntad. Es una manera suave y tranquila de penetrar en la armonía y ley del amor que rigen el universo, al cumplir nosotros la acción correcta y adecuada, al reaccionar en la forma perfecta. Es una simple cuestión de saber elegir. Pero puesto que la elección falsa e inadecuada se ha convertido en algo habitual, debemos persistir hasta que esa pauta de conducta se haya modificado y todo su poder de sugestión haya sido destruido.

Estas nuevas actitudes por parte de usted pueden curar y modificar toda la situación. Si esto no se puede lograr, modificar su modo de reaccionar ante la situación, le permitirá disfrutar de una vida más feliz y hará de usted una persona mucho más sana.

Capítulo XIV. Adelante y hacia arriba

Al tratar a los cuatro demonios hemos estado reeducando al yo emocional. Un periodo de la oración debe tomarse diariamente con este objetivo específico. Si seguimos los pasos señalados, cuando hagamos la siguiente evaluación de nosotros mismos y miremos hacia adentro hallaremos un gran cambio beneficioso.

Diez peldaños hacia una vida plena y más rica

Sin embargo, hay otras cosas que podemos hacer para mejorar el modo como encaramos las exigencias de la vida, para aumentar nuestra alegría, y para mantener nuestro crecimiento constante y equilibrado. Cada una de ellas tiene su función especial en nuestro desarrollo y si vamos a ensayar una, lo mejor es que las ensayemos todas.

1. Haga oración cuando por la noche se vaya a dormir

El inconsciente no duerme. Dios tampoco duerme. Si nos volvemos hacia Él con amor y confianza cuando nuestros ojos se cierren, dormiremos y lograremos un descanso mayor a cualquier otro que hayamos alcanzado. El hermano Lorenzo, un monje delicado y santo del siglo XVII escribió: "Aquellos cuyos espíritus son movidos por el soplo del Espíritu Santo progresan incluso en el sueño". Esto es verdadero y a la vez constituye para nosotros una posibilidad si nuestro último pensamiento de la vigilia lo dirigimos hacia Él e invitamos al Espíritu Santo para que nos asista durante la noche. Si Dios se preocupa de nuestra vida, ¿podrá acaso estar en mejores manos? Si el amor está alimentando nuestro inconsciente mientras nuestro cuerpo y nuestra mente consciente descansan, hallaremos que el tiempo que empleamos en dormir puede convertirse en un periodo de crecimiento y en una fuente de verdadero reposo.

2. La oración debe ser la primera cosa al despertar en la mañana

Podemos entrenarnos para que tan pronto como adquirimos conciencia en la mañana al despertarnos podamos ofrecerle a Dios nuestro primer momento aun antes de que hayamos abierto los ojos. No temeremos al día que comienza, ni nos sentiremos como perros gruñidores, si cada día al despertamos decimos tratando de sentirlo: "Este es el día que hizo el Señor. Regocijémonos y alegrémonos en él". Conscientemente restablecemos de esta manera nuestra amistad con el Todopoderoso. Entonces podemos levantamos esperando confiadamente muchas cosas buenas durante el día.

3. Haga oración por el mundo

El crecimiento de nuestro yo social depende de nuestras relaciones con el mundo en que vivimos y de cómo compartimos nuestras responsabilidades. Algunos asumen el aspecto material de esta responsabilidad casi en forma febril y se sienten ineficaces debido a que nuestra esfera de utilidad no va mucho más allá. Otros se sienten desamparados, apáticos y no hacen nada. ¿Qué podemos hacer —dicen— acerca de los problemas nacionales, de los problemas del mundo, de las guerras y rumores de guerra, de los *ismos* y las *ologías*, excepto dar nuestro pequeño voto y trabajar en nuestro propio jardín?

Olvidamos que tenemos una responsabilidad espiritual y que para el poder de la oración, siendo infinito, nada es pequeño o grande, nada está cerca o distante.

Debemos ayudar a nuestros jefes con nuestras oraciones. Podemos afirmar que Dios reina y que "lleva su imperio sobre los hombros". Podemos orar por toda la gente del mundo y decir "Padre nuestro". Entonces comenzaremos a darnos cuenta de lo que significa la fraternidad. Diez hombres justos, dice la Biblia, pueden salvar a una ciudad. No podremos saber cuántas cosas podemos realizar si cada uno de nosotros ofrece sus mejores oraciones diariamente por el mundo.

4. Ore por los demás

Nuestras relaciones con la gente es una de las partes más importantes de nuestra vida diaria, tal como lo encontramos cuando hicimos nuestra evaluación y mirábamos hacia afuera. Así como nosotros no podemos ni debemos de tratar cambiar a los otros, o de hacerlos conforme a nuestra voluntad, hay una cosa que sí podemos hacer y que le deja a cada hombre la libertad de elección.

Se cuenta una historia acerca de dos psiquiatras cuyos consultorios estaban en el mismo edificio. Cada mañana subían ambos en el mismo elevador, el psiquiatra pequeño al cuarto piso y el psiquiatra alto al noveno piso. No se conocían y, sin embargo, cada mañana que subían juntos el psiquiatra pequeño volteaba la cabeza y escupía como en un gesto de desprecio hacia el otro, el cual no se había dado cuenta de ello. En una ocasión la señorita que manejaba el elevador no pudo resistir más y, después de haber dejado al psiquiatra pequeño en el cuarto piso, se dirigió al otro diciéndole: "Ese señor lo desprecia a usted todos los días. ¿Por qué no hace usted algo para poner remedio?" Y el interpelado replicó: "¿Por qué tendría yo que hacer algo? Ese es su problema, no el *mío*".

Esta es solamente la mitad de la verdad. Si el psiquiatra alto hubiera sabido algo acerca del poder curativo de la oración, habría comprendido que nosotros tenemos siempre el derecho y el privilegio de orar por nuestros prójimos. No se trata de una tentativa para ejercer sobre el otro alguna coerción o para hacerlo conforme a nuestro beneplácito, sino de verlo conforme a la voluntad de Dios, sin problemas, hijo de Dios, sano y perfecto. Es entonces cuando liberamos el poder de la oración en beneficio de otro y amamos a nuestro semejante como a nosotros mismos. Este arte, perfeccionado por Jesús, expulsa los demonios, cura a los inválidos y perdona los pecados.

5. Orar por nuestros enemigos

Este fue un mandamiento especial del maestro de la oración y Jesús dijo que era preciso que nosotros perdonásemos a nuestro prójimo antes de ir a llevar ofrendas al altar. Sería una mentira decir que podemos amar a todas las personas igualmente. Algunas en verdad no son muy amables. Lo que se debe hacer cuando se ora por aquellos que nos ofenden es separar el pecado del pecador. Podemos y debemos odiar el pecado. Podemos y debemos perdonar al pecador.

Cuando la mujer que había sido sorprendida en adulterio fue llevada ante Jesús no disculpó su acto. De hecho le dijo claramente que no lo volviese a cometer. Pero perdonó a la mujer. Él no la "condenó"; su perdón la curó. No una sino muchas veces es esto lo que hace Jesús. Todos necesitamos el poder curativo del perdón. Hasta que no seamos capaces de perdonar, no podremos recibir tampoco el perdón. ¿Por qué? Porque sabemos que lo que es cierto para uno, debe ser cierto para todos. Nosotros pedimos la bendición de Dios, para nosotros y para aquellos a quienes amamos, porque sabemos que Él es "nuestro Padre". Si somos capaces de esperar el perdón podremos también desear y esperar el perdón para todo hijo de Dios.

Solo el amor es lo suficientemente fuerte como para perdonar y si nosotros le negamos nuestro perdón a alguien, ¿acaso no estamos con esto mismo negando la presencia del amor dentro de nosotros mismos? ¿En dónde está, pues, nuestro poder curativo? No funciona porque precisamente nosotros lo estamos bloqueando. Por consiguiente si deseamos realmente progresar debemos comenzar inmediatamente perdonando. Las exigencias de la vida incluyen una relación sana con los demás.

El acto de perdonar no comienza con una manifestación externa. No tenemos por qué tratar a todos de la misma manera. Jesús no hizo de la adúltera una discípula suya después de perdonarla. Silenciosamente, dentro de nuestro propio corazón, nosotros presentamos a Dios ese individuo al que llamamos "enemigo". Lo liberamos y nos liberamos de toda emoción destructiva y nos entregamos a la ley del amor. Si la otra persona no acepta esa libertad, no hay otra cosa que podamos hacer. Pero al cumplir nosotros mismos con el mandamiento del amor nos situamos por encima de una situación muy peligrosa y podemos acercarnos al altar con un corazón más puro.

6. Preguntémonos diariamente qué es lo que sinceramente queremos

Las palabras le dan un impulso al pensamiento. El pensamiento le da un impulso a la oración. Siempre ha sido muy difícil y doloroso aceptar el hecho de que en cualquiera situación que nos hallemos, hemos sido nosotros quienes de alguna forma la hemos elegido. Una vez que nos topamos con el hecho de que aquello que obtiene nuestra atención nos capta o nos domina a nosotros mismos. Por consiguiente, si deseamos algo diferente, debemos ser muy definidos y consistentes en este punto. ¿Deseamos sinceramente abundantes provisiones? ¿Confianza? ¿Seguridad? ¿Armonía? ¿Salud? Está muy bien. Elíjalas. Cultívelas. Piense en ellas. Identifíquese con ellas. Esos serán nuestros verdaderos deseos actualmente. Miramos hacia adelante y solo cuando analizamos nuestros deseos y enfocamos aquellos que realmente deseamos, nuestra oración se vuelve positiva. Este paso determinará la dirección de nuestro futuro crecimiento.

7. Cada día trate de encontrar un momento en que pueda estar verdaderamente solo con usted mismo y con Dios

Estar verdadera y sinceramente solo significa mucho más que dejar a un lado el libro que está leyendo, aunque sea un buen libro, dejar la costura o apagar la televisión. Significa dejar de lado la agitación del pensamiento. Durante el tiempo de esta meditación no traerá ningún problema ni ningún demonio o cualquier otra cosa de "este mundo". Es aquí y solamente aquí donde usted puede avanzar en su entendimiento de Dios y su relación con Él. Aquí trata usted verdaderamente de sentir la presencia de Dios dentro de sí mismo. Podemos comenzar con una oración que nos guste o con una frase de la Biblia y luego meditarla y sentir su significado. Si no somos capaces de subir este peldaño continuaremos siendo siempre "oradores voraces e interesados" que solo recurrimos a Dios cuando tenemos problemas. En el momento de la meditación buscamos solo la presencia misma de Dios y una mejor relación con Él.

8. Cada día trate por lo menos una vez de tomar conciencia de la gente (o de alguna persona en particular)

Esto significa tomar conciencia de otra persona y de sus necesidades. Significa un salir de nosotros y despojamos en cierta manera de nosotros mismos. En esos momentos usted no se preocupará por usted mismo: no pensará qué piensan los otros acerca de usted ni cómo reaccionan ante usted, cómo les parece usted, de si se dan cuenta de su inteligencia, de su afecto, de su espiritualidad . Cuando por primera vez ensayamos esto sinceramente descubrimos que en gran parte nuestras relaciones con los demás tienen muy poco que ver con ellos, excepto el modo como reaccionan ante nosotros. Esto es lo que se llama egocentrismo. Entregarnos o despojarnos de nosotros mismos significa estar centrados en el *amor.*

9. Diariamente determine una zona específica en que usted pueda modificar su medio ambiente y no tan solo reflejarlo

Una persona realmente madura, integrada, segura en sus relaciones con Dios, no se sienta y, como el camaleón, refleja las elecciones que han hecho otros, sus pensamientos o las tensiones y confusiones de su alrededor. Fue E. Stanley Jones quien dijo que si nosotros nos concentramos en lo que dicen y piensan los demás no seremos una voz sino un eco.

Cada uno de nosotros tiene la experiencia de esas reuniones sociales que parecen un congreso de gente aburrida o un campo feroz de batalla verbal. De repente alguien llega. Su buen carácter y su espíritu genuinamente brillante puede cambiar la reunión y darle una nueva nota o modalidad (y no nos referimos a un bufón que comienza su actuación, sino a la calidad o estado de ánimo del recién llegado), o una persona autorizada, tranquila y dotada de sensibilidad, apaciguará la batalla verbal y, cuando menos lo pensemos, nos encontraremos todos hablando felizmente de nuestros intereses comunes. Se ha vertido un poco de aceite sobre las aguas turbulentas.

¿Cómo pueden ellos hacer esto? Tan solo ejercen una influencia positiva y constructiva a su alrededor y no se sientan y siguen inmediatamente la pauta ya establecida. Cada uno de nosotros tiene el poder de hacer esto en mayor o menor grado. Lo que es preciso es, sencillamente, que dejemos de ser un simple eco y, por consiguiente que encontremos nuestros verdaderos deseos y luego los traduzcamos en obras.

Uno de los participantes en el grupo de terapia de oración tenía muchas dificultades con su suegra. Cada tarde que llegaba a su casa después de su trabajo, la encontraba quisquillosa, furiosa, quejosa y acusadora. Este hombre joven no soportaba esto con manso silencio (lo cual habría sido reprimir algo sin manifestarlo, y habría sido a la vez una cosa muy nociva) sino que reflejaba el mal humor de su suegra como en un espejo. Esto era igualmente inútil. Si ella se quejaba de la cantidad de trabajo que le correspondía a ella y a su hija con todos los niños que tenían y con toda la ropa por lavar, entonces él contratacaba indicando cómo le tocaba trabajar arduamente en su oficina. Si ella se mostraba sarcástica y lo acusaba de que no era capaz de ganar suficiente dinero, entonces él le gritaba diciéndole que ganaba mucho más que el común de los empleados, pero que ella y su hija habrían sido capaces de arruinar hasta a Rockefeller. Cada grado de furia de ella hallaba su exacta correspondencia en él, que se convertía en un eco, no en una voz. La esposa, atrapada en medio de ellos, oscilaba unas veces a un lado, otras al otro. Algo semejante ocurría con los hijos.

"Verdaderamente deseo un poco de paz", les dijo él a sus compañeros de grupo.

Ellos examinaron la situación para ver quién era en realidad el que daba la tónica en el hogar y él admitió que era su suegra. Él simplemente lo que hacía era reflejar el estado de ánimo que ella imponía.

"La próxima vez que ella se queje, dígale que usted lo siente", sugirió uno.

"Pero no lo siento", replicó él.

"Sin embargo, usted desea paz, armonía. Tiene que ser usted quien inicie el cambio. Usted asuma el control de la situación y continúe insistiendo en sus respuestas cómo quiere usted que sea el ambiente... Usted quiere que sea cortés. Pues bien, sea usted cortés. La mitad del ambiente cambia instantáneamente."

La primera vez que él dijo: "Lo siento, discúlpeme", su suegra se quedó muda. La escena había cambiado de director. Él logró después establecer la tónica del hogar y las pautas de conducta que él quería, rehusándose a reflejar simplemente su ambiente y tomando la determinación de modificarlo él mismo con su conducta.

10. Cada día dé un "no" definitivo a alguna actividad y un "sí" definitivo a otra

Casi todos los participantes en la terapia de oración manifestaron en una u otra ocasión el deseo de simplificar su vida. Sin duda alguna tenemos que simplificar la vida si deseamos la salud física y la paz de la mente. Se viven tiempos tan vertiginosos que nos matan. La simplificación, sin embargo, no es necesariamente una cuestión de actuar menos, de tener más holganza o incluso de descansar más. Los avances técnicos han logrado ahorrarnos mucho tiempo y muchas dificultades en el trabajo, como no lo disfrutó ninguna generación anterior; sin embargo, un número cada día más creciente de nosotros sufre de agotamiento nervioso.

No es que trabajemos mucho. Se trata más bien de que derrochamos nuestras fuerzas. Nos sentimos inconscientemente culpables si decimos "no" a una exigencia que vale la pena, aunque, muy a menudo, nuestros "sí" carecen de la suficiente consideración y discriminación. Tendemos a no realizar mucha actividad, pero sí a emprender muchas actividades, y corremos febrilmente de una a otra apoyados por buenas intenciones y por nuestros nervios, pero en ninguna parte dando lo mejor de nosotros. Nos sentimos frustrados, abrumados, y no es de maravillar. Cada vez más y más se trata de una cuestión de mucha holganza o de ocupamos de muchas cosas inconsideradamente.

Durante la guerra los civiles que conducían automóviles encontraban por todas partes el reto de un aviso que decía: ¿Este viaje o recorrido es necesario? Muchos de ellos insistían en que se habían quedado sorprendidos al descubrir cuántas veces la verdadera respuesta era "no" y cómo se sentían aliviados cuando una sencilla pregunta como esta terminaba una agitación innecesaria. "Por supuesto que teníamos que pensar y planear para que se hicieran las cosas necesarias —decía una señora—, pero una vez que esto se había realizado, era sorprendente cómo se sentía uno mucho mejor al no tener que estar siempre en movimiento."

Ya no tenemos que preguntarnos si tales cosas son absolutamente necesarias. Nos veremos inmediatamente libres de la confusión si aprendemos a preguntarnos: ¿Esto me concierne?, ¿y mi talento y mi gusto? ¿Tengo acaso el tiempo suficiente? Puesto que ha nacido nuestro cuarto hijo hace unos meses y mi esposo trabaja de noche, ¿será acaso necesario comprar nuevas cortinas para la estancia? Muchos esposos se quejan, no del costo o de la inconveniencia de alguna cosa, sino de que la madre se está fatigando exageradamente con la consiguiente molestia para él y para los hijos. Puede acaso un hombre que ya forma parte del comité de su iglesia y que asesora una liga juvenil deportiva, participar también en la competencia de golf de su compañía o empresa los fines de semana, ¿sin que se vuelva nervioso y empiece a sentirse irritable en todas partes?

En nuestras elecciones debe haber toda una jerarquía de prioaidades. Nuestros momentos de oración deben ser sagrados no por un temor supersticioso, sino porque no podemos dar lo que no hemos recibido, y porque necesitamos tanto de periodos de enriquecimiento personal y de crecimiento como de una serena fundamentación de nuestras actividades.

Todo a su tiempo. Debemos aprender a mirar nuestra vida como un todo y decir "no" a aquellas cosas que sinceramente no podemos encajar dentro de esta imagen, por más agradables e interesantes que puedan ser como actividades aisladas. Tenemos que darnos un descanso. Y esto no es egoísmo. Esto no niega la necesidad que tenemos de entregarnos y de hacernos a un lado, pero sí la locura de estar desparramando nuestras energías. Es ser realistas reconocer que cometemos una injusticia con los demás cuando hacemos las cosas a medias o cuando hacemos algo bajo presión y en tensión.

Acerca de lo que decidamos decir un "no" debe estar gobernado y regido por el sentido de los valores. Conozco a una joven madre que estaba al borde de una crisis porque sentía que con tres niños, un presupuesto económico que no alcanzaba totalmente, siendo miembro de una asociación de su iglesia, con un esposo que trabajaba horas extras, no les consagraba el tiempo necesario a sus hijos. La tenía fuera de sí el hecho de que no podía sentarse en forma tranquila para leer o para jugar con ellos.

Ella vivía en Hartford, Connecticut, y una tarde su propia madre la llamó por teléfono desde Nueva York y la sorprendió llorando. "Aquí estoy

—dijo ella sollozando—, son las cinco y media de la tarde y todavía no he podido ni hacer el aseo de la casa ni pasar la aspiradora."

"¿Te acuerdas que cuando eras pequeña este solía ser nuestro tiempo de lectura?" le preguntó su madre.

La joven sollozando aun más fuertemente, exclamó: "Sí, claro que sí. ¡Cuánto diera por estar contigo ahora!"

"Pero lo que tú no recuerdas, porque ni siquiera te diste cuenta, es que yo barría y metía el polvo debajo de la alfombra y lo dejaba allí algunas noches, de modo que pudiésemos tener nuestro tiempo de lectura. ¿Qué piensas que pueda ser más importante para ti y para los niños?"

Este es el problema. ¿Qué es lo más importante? Si usted sabe que el tiempo de lectura significa mucho para su familia, es preciso sacar el tiempo necesario aun a expensas de un poco de polvo. Se debe simplemente decir "no" a la aspiradora y luego, con todo buen humor, echar el polvo debajo de la alfombra. Quizá haya críticas de parte de aquellas amas de casa que prefieren tener tan limpio el suelo que casi se puede comer en él. Pero si no es esto lo que usted prefiere, ¿querrá ser usted una voz o un eco?

Incluso en los casos en que la exigencia puede ser de índole religiosa o cristiana debemos también examinarla. Como señalaba el sabio cuáquero, Thomas Kelly, no podemos morir en todas las cruces. Ni debemos intentarlo. Si nosotros creemos honestamente que no podemos hacernos responsables de una cosa y hacerla como se debe, sería preferible que dijésemos que "no". Esto no pone a Dios en aprietos. La obra de Dios no dejará de realizarse simplemente porque ya nos hayamos comprometido a hacer todo lo que lealmente podemos cumplir hoy. Quizá tu vecino no ha asumido toda la parte que le corresponde, y tampoco se le pedirá si la buena Juana la hace en su lugar. No tienes derecho de privarla de su oportunidad de servir o de dudar de su habilidad para hacerlo. Si es la obra de Dios, alguien se encontrará, puedes estar seguro.

Podemos comenzar diciéndole "no" a todas las cosas triviales que todos reconoceremos como completamente innecesarias si nos detenemos a pensar en ellas. Iremos avanzando en juicio y en confianza, pero si usted desea vivir una vida más sencilla, debe comenzar hoy mismo.

Cuando hemos sido capaces de comenzar a decir un "no" sensato, por el mismo hecho podremos también decir un "sí" sensato. Por lo menos una vez cada día podemos comenzar a darle nuestro pleno consentimiento a alguna actividad. Esto es muy diferente de nuestra manera usual de estar de acuerdo y asentir, la cual es a menudo automática o dada de mala gana, con resentimiento y muchas reservas. Se nos hace una invitación a comer o a pronunciar un discurso un día del mes próximo. Despreocupadamente, puesto que se trata de algo agradable y fácil, y también porque parece un tanto distante y entretanto pueden suceder muchas cosas, aceptamos la invitación. A medida que el tiempo pasa y cuando se aproxima el momento nos preguntamos qué nos pasó y por qué accedimos. Puede también suceder que algún amigo nos llama y nos pregunta: ¿Qué vas a hacer el próximo domingo?" e inocentemente le respondemos: "Nada." Quizá entonces nos comprometa para que colaboremos en un comité para arreglar el sitio donde toca un conjunto musical los domingos, en un parque público, y nos ha sorprendido con un "nada" en que no podemos apoyar un "no". Una escritora amiga que solía estar bastante ocupada y que había aprendido lo que significa asentir y el valor que tiene su propio consentimiento, adoptó la costumbre de preguntar a su vez lisa y llanamente: "¿Qué es lo que usted está planeando en su mente?" Nosotros tenemos el mismo derecho de formular una pregunta análoga antes de vemos atrapados en un "sí" forzado.

Decir conscientemente un "sí" es, por otra parte, comprometerse a fondo y orientar hacia la actividad elegida todos nuestros poderes, talentos y concentración. Es el preludio positivo de la realización y nos unifica interiormente con el Espíritu desde un comienzo, ya sea que se trate de limpiar la casa, de escribir un poema, de llevar a los hijos a un día de campo o de construir un estante en la cocina. Si se hace un pastel de mala gana o se pronuncia un discurso de cualquier manera, hubiera sido mejor, tanto para nosotros como para los demás, que no se hubiera hecho. Pero si damos nuestro consentimiento positivo a determinado proyecto nos veremos sorprendidos de la rapidez, perfección y alegría con que lo realizamos. Nada de "peros". Ningún sentimiento de que podríamos estar haciendo alguna otra cosa más noble aunque fuese más difícil. No. "Pensé en esto y elegí hacerlo con todo mi corazón." Cada uno de nosotros encontrará verdaderamente una reserva oculta de poder que fluirá perfectamente si limpiamos los canales al dar nosotros una anuencia y un consentimiento plenos.

El hombre perfecto

Casi sentimos vergüenza de pensar en la perfección. Nada es perfecto, decimos. O, nada en este mundo es perfecto. Sin embargo este nada o esta cosa que jamás hemos encontrado es algo acerca de lo cual todos sabemos. Debe existir en alguna parte, naturalmente debe ser algo. Es imposible pensar o hablar acerca de esto y, sin embargo, tender hacia la nada. ¡Pruébelo y se convencerá!

Dios, podemos decir, es perfecto. Este reconocimiento de que existe aquello que llamamos perfección debe ser una convicción que Dios nos otorga dentro de nosotros mismos. Todos nuestros movimientos y actividades son como las manifestaciones de un anhelo de perfección. La salud es para nosotros más perfecta que la enfermedad. La inteligencia es más perfecta que la estupidez. El amor (a pesar de nuestra nebulosa comprensión de esta palabra) es más perfecto que el odio. La abundancia es más perfecta que la necesidad. Por eso podemos decir y afirmar que hay más imágenes y semejanzas de Dios. Y cada uno de nosotros, dentro de los límites de nuestra actual comprensión, luchamos por algo mejor, más semejante a Dios, en una palabra, más perfecto que cuanto hemos conocido.

Continuamente los maestros espirituales han afirmado que, si pudiéramos olvidamos de nosotros mismos, podríamos llegar a ser un reflejo cada día mejor de la perfección de Dios.

La dificultad radica aquí en que no podemos olvidarnos de nosotros mismos por un simple *acto de voluntad*. Podemos lanzar nuestra voz, elevar nuestras manos, poner una X en un cuadrado preciso, pero por un acto de la voluntad no podemos de repente escapar de nosotros mismos. Cuanto más tratemos de olvidar nuestro yo, quizá tanto más tendremos nuestro yo en la mente.

En nuestra evaluación y en nuestra aplicación de la terapia de oración a nuestro reino interior podemos muy bien temer el peligro de desarrollar un egocentrismo. Si concentramos nuestra atención en ese yo más bien que en hacer una sencilla evaluación de él, corremos el riesgo de caer en la autocondenación y en el odio de sí mismo.

Existe un medio con el cual podemos, a pesar de todos los peligros, defendernos contra el egocentrismo y el odio de nosotros mismos. Es un paso muy importante en nuestra anhelante marcha hacia la perfección.

Debemos tratar de ver en nosotros mismos la persona que Jesús ve en nosotros.

No la persona que los demás ven en nosotros. No la persona que hemos visto en nosotros mismos. Sino la persona que somos capaces de llegar a ser cuando reconozcamos el potencial con el cual Dios nos ha dotado a cada uno de nosotros, y comencemos a liberar esa persona.

Cuando dirigimos nuestra atención a lo que Jesús ve en nosotros, comenzamos a estructurar el modelo de nuestra vida conforme teníamos la intención de vivirla. Como esta nueva persona que estamos *llegando a ser* (no una figura ilusoria ni un hubiera podido ser) nos encontraremos realizando cosas que superan nuestra previa capacidad, sencillamente porque nos hemos comunicado con las riquezas y recursos del Infinito que ahora tenemos a nuestra disposición. Entonces nuestra fe no es pasiva. Nuestra dirección no será ya hacia dentro. La vida se vivirá con el riesgo de aceptar el reto de llegar a ser esta nueva persona. Una aventura semejante no nos dejará convertirnos en introspectivos. Si nosotros tratamos diariamente de ver en nosotros la persona que Jesús ve en nosotros mismos, nos hallaremos mirando hacia adelante y hacia arriba y marchando en esta dirección. Esta es nuestra perspectiva. No podemos perderla de vista.

¿Qué es lo que Jesús ve en nosotros? ¿Cómo podemos estar seguros de que no nos mira como a miserables pecadores? Gran parte de su misión fue la de darnos una enseñanza sobre el arrepentimiento (o cambio de mentalidad) y el perdón de los pecados. Nuestra terapia de oración nos ha ayudado a comprender esto, a aceptarlo y a convertirnos en sus seguidores. Al esforzarnos por vivir conforme a sus mandamientos de amor nos acercamos aun más a Él. Pero otros aspectos muy importantes de su enseñanza incluyen la manifestación de la verdad acerca del perfecto Padre que es Dios. Y naturalmente la verdad acerca del verdadero Hijo del Hombre.

Él quiso comunicar esa inmensa visión de sí mismo a todos los que estaban a su alrededor durante su vida en la tierra y continúa comunicándola a aquellos que están dispuestos a aceptarla después de su ascensión.

Miremos a Mateo, el publicano, recaudador de impuestos. La palabra "publicano" estuvo siempre asociada con otra palabra peyorativa. "Publicanos y pecadores", "publicanos y meretrices". Jesús vio en Mateo algo más de lo que veían sus vecinos, algo más de lo que el mismo Mateo veía en sí mismo. Lo vio como una de las piedras fundamentales de aquel gran movimiento nuevo que habría de cambiar el curso de la historia. Cuando Mateo comenzó a penetrar y comprender lo que Jesús veía en él, se abrieron nuevas puertas, cayeron las antiguas barreras, y fue avanzando hacia un nuevo mundo lleno de emoción y de aventura, una forma de vida mucho más perfecta que la de un publicano que está sentado recaudando injustos impuestos. Cuando Jesús lo invitó a ser uno de sus discípulos, Mateo no recurrió a ninguna excusa ni a ningún pero, no puso objeciones, ni siquiera aquella que podríamos todos utilizar de que era miserable y pecador. "Se levantó y lo siguió." Estuvo dispuesto a dejarlo todo incluso el sentido o conciencia de ser pecador, y de sí mismo, para llegar a ser el hombre que Jesús veía en él.

Quizá Pedro pueda servir como un mejor ejemplo para muchos de nosotros, puesto que en este caso podemos ver muy claramente que las victorias en la vida personal no se logran en un momento y que el carácter no se cambia de la noche a la mañana. Se narran y registran de Pedro muchas más debilidades que de cualquier otro discípulo. Pedro, en un principio, probablemente se odiaba a sí mismo mucho más que los demás, precisamente porque se conocía muy bien. Indudablemente él pensaba que no había esperanza y, como la mayoría de nosotros, no quería dejar la forma de vida que había llegado a amar, incluso si se aborrecía a sí mismo por amarla. El subiría y resbalaría, seguiría y amaría a Jesús y a la imagen que Jesús tenía de él, y luego renegaría de todo eso. Sin embargo, con todas sus debilidades e inestabilidades, sus audacias y sus cobardías, Pedro llegó a ser el hombre que Jesús vio: ¡Pedro, la piedra firme!

Pedro es un ejemplo resplandeciente de esperanza para todos nosotros que nos desalentamos por nuestras insuficiencias y nuestras fallas. Este discípulo constituye para nosotros como una garantía y un aliento para que sigamos esforzándonos aunque vemos la gran distancia que media entre la perfección de un verdadero hijo y nuestras propias vidas.

Después de su ascensión, Jesús se le presentó a Saulo en el camino de Damasco, y el efecto de este encuentro le dio a Saulo, el perseguidor, cuyas manos estaban literalmente teñidas con sangre cristiana, la primera visión del hombre que él podría llegar a ser, el gran apóstol Pablo. Trece siglos más tarde, Francesco de Pietro Bernardone, el enamoradizo hijo de un rico comerciante de Asís, se encontró con un leproso cuando cabalgaba por un camino polvoriento. El temor y la repugnancia se apoderaron del joven tan pronto como contempló las llagas abiertas y el aterrador deterioro del hombre que se hallaba frente a él. Esta era una reacción normal. Pero una imagen surgió en su interior, la imagen de sí mismo tal como Jesús lo veía a él. ¡Antes de que esta imagen desapareciera, el joven Francesco actuó! Descendiendo de su cabalgadura le entregó al leproso todo el dinero que traía consigo y le besó su mano llagada. Con esta acción Francesco de Pietro Bernardone, tal como se vio a sí mismo, alegre joven de la ciudad, antiguo soldado, seguramente pecador en alguna medida, cedió el paso al hombre que él llegaría a ser y San Francisco de Asís, el hombre que Jesús vio en él, nacía entonces.

Estos no son antiguos ejemplos aislados. Cuando leemos las vidas de grandes personalidades no podemos menos de ver que en un determinado momento se liberaron de las ataduras de un yo pecador y comenzaron a obedecer una más alta y noble inspiración. No hay límites para esto. Cuando el Espíritu del Padre mueve, como siempre lo hace, para realizar algo a través de su Hijo, y el hombre deja que el Espíritu trabaje en él, entonces es cuando tenemos a Cristo en la cruz perdonando a sus enemigos, a Rafael pintando la Madona de la Sixtina, a Albert Schweitzer trabajando por los enfermos y pobres en Africa, a Gandhi libertando a una nación de la esclavitud con una revolución de amor.

Esto no significa que nosotros tengamos que esforzarnos por llegar a ser religiosos piadosamente. Esto a menudo es algo puramente imitativo. No podemos vivir las demostraciones de otro. No se trata de que algunas personas sean religiosas y otras no lo sean, sino de que se requiere un inmenso amor para poder ver en los demás, así como en nosotros mismos, el mejor yo que nuestro Señor Jesús ve en nosotros y acerca del cual profetizó que haría mayores cosas que las que Él mismo hacía. Hay que observar que no dijo las mismas cosas. Esta es una de las cosas admirables de la religión cristiana cuando se la entiende bien, y es que hay un sitio para cada personalidad, para todos los temperamentos, para todo hombre, mujer o niño. Nadie está excluido a menos que él mismo se excluya.

En la precisa medida en que tratemos de llegar a ser aquellas personas que Jesús ve en nosotros, descubriremos que lo estamos siguiendo a Él y que nunca estaremos solos. Podemos decir con Pablo: "Todo lo puedo en Aquel que me conforta". Si nosotros somos verdaderamente fieles a lo que Jesús ve y espera de nosotros podremos decir como Pablo: "Ya no vivo yo, es Cristo quien vive en mí. Y aunque al presente vivo en carne (aquí mismo y no en el futuro), vivo en la fe del Hijo de Dios, que me amó y se entregó por *mí*".

Esto implica llegar lo más cerca que podemos al Hombre Perfecto, tal como ahora lo entendemos. Entonces tendremos una completa paz del cuerpo, de la mente y del espíritu como nunca lo hemos ni siquiera soñado. Y esto está al alcance de cada uno de nosotros, ya que la gracia de Dios nos acompaña en esta travesía.

Capítulo XV.
Sabiduría antigua y moderna

La terapia de oración no es nueva. Es probablemente el arte más antiguo de curar conocido por el hombre. Por otra parte, no puede ser algo viejo. En la medida en que cada individuo tiene una experiencia verdadera de la oración dentro de sí mismo pone en movimiento una fuerza tan extraordinaria y tan moderna como la energía nuclear.

En nuestros estudios aprovechamos la inmensa riqueza literaria acerca de la oración que nos proporcionaba inspiración, confirmación e ilustración. La Biblia, por supuesto, literalmente está repleta de grandes y positivas afirmaciones acerca de la verdad, del amor y de la oración. Encontramos también otras fuentes y, en las páginas siguientes, las presentamos como una valiosa selección que nos fue particularmente útil. Una lista bibliográfica viene luego, con el título y referencias de las obras de las cuales extrajimos las citas que transcribimos en este capítulo, que puede servir para aquellos que deseen profundizar y ampliar más sus horizontes.

Los trozos selectos representan la sabiduría de muchas teologías diferentes, de educadores, científicos, físicos. Hemos encontrado que tratándose de temas espirituales la verdad no tiene tiempos, es universal y la comparten muchas creencias. Para seguir la ruta por nosotros recorrida en la terapia de oración, hemos dispuesto el material de acuerdo con los títulos de cada uno de los capítulos específicos de este libro. Pero he aquí algunas benévolas palabras de fray Giovanni (1435-1515), del año de 1513, que constituyen una bienvenida para el lector:

No hay cielo que pueda venir a nosotros
si nuestros corazones no encuentran sosiego en el presente.

¡Toma el cielo!
No hay paz en el futuro que no se escanda
en el breve instante presente.
¡Toma el cielo!
… La vida tiene tanto sentido y significado,
está tan llena de hermosura, pero está encubierta,
y así podrás hallar la tierra pero oscurecer el cielo.
Hay que tener valor para decirlo: *¡es todo!*

El reino interior

"El hombre está dentro de su mente y no puede escapar de ella."

"Como sean los mismos hombres, así Dios mismo les parecerá a ellos."

John Smith, el Platónico

El mundo de las causas

"Hay un mundo entero dentro de ti.
Allí habitan dragones, allí echa raíces el pecado.
Pero tu voluntad es la ley de ese pequeño imperio."

Gerald Manley Hopkins (1844-1889). Jesuita inglés, poeta

"La gente debe pensar mucho menos acerca de lo que debe hacer y mucho más acerca de lo que debe ser. Si su ser es bueno, sus acciones brillarán por su bondad."

Maestro Johannes Eckhart (1260-1327). Místico alemán

Conócete a ti mismo

"Uno debe ser capaz de despojarse de toda decepción de sí mismo, de conocerse en toda su desnudez ante sus propios ojos para poder comprenderse a sí mismo y saber quién, es realmente."

Frances G. Wickes (1875-1967). Psicoterapeuta americano

No hay decepción tan grande como la decepción de sí mismo

"En otros seres vivientes la ignorancia de sí mismos es su naturaleza; en el hombre es un vicio."

Boecio (480?-524?). Filósofo romano

Hacer de la oración una práctica de honestidad

"El hombre tiene muchas pieles en sí mismo, que cubren las profundidades de su corazón. El hombre que conoce tantas cosas; se desconoce a sí mismo. Treinta o cuarenta pieles, como si se tratara de un ojo tan tupidas y tan fuertes, encubren el alma. Marcha hacia tu interior y conócete a ti mismo."

Maestro Johanes Eckhart (1260-1327).

Los cuatro demonios

El círculo vicioso

"Debe tenerse en cuenta que aunque el Yo sea la inadecuada concepción que el individuo tiene de sí mismo, le parece a él que él es así. Y de ahí se sigue que todos los pensamientos y todos los esfuerzos de la persona egocéntrica se orientan fundamentalmente a evitar cualquier cosa que pudiera perjudicar a ese querido yo, a ese pretendido yo. Constantemente luchará contra lo que pueda quebrantar su yo pues le parece a él que aquello significaría la destrucción de su verdadero yo, pero aun con esos esfuerzos defensivos provocará inevitablemente el agotamiento nervioso que tanto teme. Este es el resultado del denominado círculo vicioso."

Fritz Kunkel, psicoterapeuta alemán y Roy E. Dickerson, escritor americano

"¡Haz que cesen en mí estas guerras civiles!"

Sir Philip Sidney (1554-1586). Poeta, estadista y militar inglés

"Desconfiad de las emociones que albergan la violencia."

M.A.W.

Cuando las fuerzas negativas dominan el interior

"Algo ha enlodado su diáfano espíritu... Y en tales casos la naturaleza del hombre riñe con cosas bajas, por más de que las grandes y nobles sean su objetivo."

William Shakespeare (1564-1616). Poeta y dramaturgo inglés (Otelo)

"Si se purificasen las puertas de la percepción,
cada cosa aparecería como lo que es, infinita.
Porque el hombre se ha encerrado dentro de sí mismo
y solo percibe las cosas a través de las grietas de su caverna."

William Blake (1757-1827). Poeta, artista y místico inglés

Esclavitud

"Con falsos deseos y falsos pensamientos el hombre se ha construido un falso universo: como un molusco, mediante la deliberada y persistente absorción de cal y la eliminación de lo demás, puede construir para sí una dura concha en la que se encierra y separa del mundo externo, y solo representa en forma distorsionada e irreconocible el océano del cual se obtuvo. Esta costra dura y carente de vida, esta secreción parcial de la superficie de la conciencia se convierte en una como pequeña caverna de ilusión para cada espíritu."

Evelyn Underhill (1815-1944). Escritora y mística inglesa

Temor

"Es de primordial importancia al tratar el temor sacar a la luz el objeto de nuestros terrores y encararlo francamente. La vida humana está llena de secretos temores que se esconden en los desvanes y rincones oscuros de la personalidad."

Harry Emerson Fosdick (1878-1969). Clérigo americano

Culpabilidad normal

"Ella estaba dolorosamente turbada por lo que, con enorme descortesía, se llama mala conciencia, siendo que en realidad se trata de una conciencia que cumple tan bien con su deber que torna incómoda toda la casa."

George Macdonald (1824-1905).

Sentimientos de inferioridad

"Un sentido de inferioridad e impotencia interfiere con el logro de sus esperanzas, pero una confianza en sí mismo conduce a una realización personal y un exitoso resultado... Es terrible pensar cuán elevado es el número de personas que se frustran y se sienten miserables debido a la enfermedad que popularmente se llama complejo de inferioridad."

Norman Vincent Peale (1898-1993).
Clérigo norteamericano

Amor desorientado (Odio)

"Toda persona razonable que considere con detenimiento el asunto se percatará de que los médicos están en lo cierto cuando dicen que el resentimiento, el odio, el rencor, la mala voluntad, los celos, el ser vengativo, son actitudes que producen la enfermedad. Cuando usted tiene un ataque de ira, siente aquella aguda sensación en su estómago. Las reacciones químicas que se desencadenan en el organismo debido a los estallidos emocionales afectarán nocivamente la salud del individuo. Si este estado de cosas perdura bien sea en forma violenta o bien en forma constante, se dará un deterioro en las condiciones generales del organismo."

Norman Vincent Peale (1898-1993).

El poder curativo

Dios

"Yo soy tu santo Espíritu de inspiración dentro de ti mismo. Yo soy tu poder para poderla realizar."

Anónimo

"Dios es, por lo menos para nosotros los cristianos, la expresión natural de la suprema realidad, y por eso llamaré a esta parte sublime del universo con el nombre de Dios. Nosotros y Dios tenemos una tarea en común y, cuando nos abrimos a su influencia, se realiza nuestro destino más profundo. El universo, en aquella parte que es nuestro propio ser, se orienta realmente hacia lo peor o hacia lo mejor según que cada uno de nosotros cumpla o eluda las exigencias de Dios."

William James (1842-1910). Filósomo norteamericano

"Con el amor podemos alcanzar a Dios y retenerlo, nunca con el pensamiento."

La nube de lo desconocido

Necesidad de entender a Dios como amor

"Si un hijo del Padre experimenta terror ante Él y halla que el pensamiento de Dios lo incomoda, apresúrese, no se detenga a ponerse un vestido, sino corra rápidamente en su desnudez, como un verdadero niño, buscando un refugio para sus males y para sus terrores en los brazos salvadores de su Padre."

George Macdonald (1824-1905).

El amor es el poder curativo

"El amor es infalible; no comete errores pues todos los errores son indigencia de amor."

William Law (1668-1761). Clérigo y místico inglés

"Todas las cosas externas deben supeditarse al amor; pues ellas están ordenadas a la búsqueda del amor y no el amor a la búsqueda de ellas."

Hans Denk (1495-1526). Místico y reformador espiritual alemán

"Cuando Dios ama, solo desea ser amado, pues sabe que el amor hará feliz a todos los que lo amen a Él."

San Bernardo (1091-1153). Abad de Clairvaux (Francia)

¿Dónde está Dios?

"Es insensato buscar a Dios fuera de sí mismo. Esto desemboca o en idolatría o en escepticismo."

Kagawa (1888-1960). Reformador social y evangelista japonés

"Nunca esperes tener el tiempo y el lugar más adaptado para hablar con Él. Esperar hasta que llegues a la iglesia o a tu casa es hacerlo esperar a Él. Recuerda que Él te escucha mientras tu caminas."

George Macdonald (1824-1905).

Necesidad de experimentar a Dios dentro de sí mismo

"Todas las grandes obras y maravillas que Dios ha realizado... o incluso el mismo Dios con toda su bondad, nunca podrán ser lo suficientemente bendecidos sino en la precisa medida en que existen, se realizan, son amados, conocidos, gustados y experimentados dentro de mí."

Theologia Germanica (1497).

¿Por qué debemos elegir conscientemente?

"Dios no violenta a nadie pues el amor no puede obligar a la fuerza, por eso el servicio de Dios implica una libertad perfecta."

Hans Denk (1495-1527). Reformador espiritual y místico alemán

La misión de Cristo

"Según mi modo de pensar, la principal razón que llevó a Dios invisible a hacerse visible corporalmente y a hablar con los hombres fue la de llevar a los hombres carnales, que solo pueden amar carnalmente, al saludable amor de su cuerpo para llevarlos luego, poco a poco, al amor espiritual."

San Bernardo (1091-1153).

El arte de amar a Dios

"Amar a Dios con todo nuestro corazón y con toda nuestra alma y con toda nuestra mente significa que toda hendidura de la existencia humana ha sido sanada y superada."

Reinhold Niebuhr (1892-1971). Teólogo, educador y escritor norteamericano

"Algunos quieren ver a Dios con sus ojos como ven a una vaca y amarlo como aman a su vaca; aman la vaca por su leche, por el queso y por el provecho que les reporta."

Maestro Johannes Eckhart (1260-1327).

"Usted podrá preguntarme, ¿cómo es posible que un hombre se entregue a algo que no ha sentido y especialmente cuando se trata de un objeto que no ve y con el cual no tiene ninguna familiaridad? Pues bien, todos los días de su vida usted ama cosas que no ve. Por ejemplo, ¿acaso ve usted el ingenio de sus amigos? ¿Ve acaso usted su sinceridad, su desinterés, su virtud? Usted no puede ver estas cosas con los ojos del cuerpo y, sin embargo, usted las valora y aprecia hasta el grado de que prefiere verlas en sus amigos antes que las riquezas o la hermosura externa o cualquier otra cosa que sea muy llamativa a la vista. Ame pues la sabiduría y la suprema bondad de Dios, así como es capaz de amar el ingenio y la imperfecta bondad de sus amigos. Y si no puede actualmente experimentar el sentimiento del amor por lo menos puede tener un deseo y una voluntad de amar, lo cual constituye el punto esencial."

François Fénelon (1651-1715). Arzobispo de Cambray (Francia)

"La temperancia es un amor que se entrega íntegramente a aquel que es su objeto; la fortaleza es un amor que soporta todas las cosas de buena gana con tal de alcanzar a aquel que es su objeto; la justicia es un amor que le da lo que merece a aquel que es su objeto, y por consiguiente regula todo correctamente; la prudencia es un amor que sabe distinguir sabiamente entre lo que obstruye y lo que ayuda."

San Agustín (354-430). Padre de la Iglesia Latina

El amor del prójimo

"Yo no entiendo el amor como una ternura natural que la tiene más o menos toda la gente según su constitución o temperamento, sino la tendencia más profunda del espíritu que, fundada en la razón y en la piedad, nos hace delicados, bondadosos y amables para con todas las creaturas de Dios, por amor a Él."

William Law (1686-1761). Clérico y místico inglés

"El hombre no debe seleccionar a su prójimo: debe aceptar el prójimo que Dios le envía... El amor a nuestro prójimo es la sola salida de la prisión de nuestro yo, en donde nos abatimos y sufrimos, en donde nos sorprende un destello de luz o la escasa fosforescencia de los muros, en donde respiramos dificultosamente en lugar de salir al aire libre en que brilla la luz de Dios y soplan los suaves vientos del universo."

George Macdonald (1824-1905).

Usted debe amarse sanamente

"Uno de los grandes descubrimientos de la psicología moderna es el de que nuestras actitudes hacia nosotros mismos son tan complicadas como nuestras actitudes hacia los demás, y algunas veces incluso más complicadas. El gran mandamiento religioso de 'amar a nuestro prójimo como a nosotros mismos' se puede ahora interpretar mejor: 'Debes amarte sanamente y entonces podrás amar a tu prójimo.'

"Esta condenación del egoísmo y exaltación del altruismo constituye la actitud tradicional de la religión. Sin duda esconde una gran riqueza pero pueden darse muchos errores acerca de lo que es realmente la naturaleza humana. ¿Es acaso cierto que espontáneamente somos buenos con nosotros mismos? Las evidencias señalan lo opuesto. Los hombres pueden desear ser buenos consigo mismos, pero ¡cuán desorientados y torpes son sus esfuerzos por alcanzar este objetivo! Lo cierto es que a menudo nos tratamos a nosotros mismos mucho más rígida, fanática y vengativamente que a los demás. El suicidio, la mutilación personal y las formas más sutiles de autodegradación como el alcoholismo, la inclinación a las drogas, la promiscuidad, constituyen pruebas lamentables de esto. Este odio a sí mismo no es exclusivo de los enfermos y de los locos. En la vida cotidiana de hombres y mujeres se dan muchas formas violentas de autoagresión aunque quizá en formas menos dramáticas.

"Aquel que se odia a sí mismo, que no reconoce sus propias capacidades, poderes y limitaciones, es incapaz de respetar a los demás. Dentro de sí mismo odiará profundamente en sus hermanos la propia imagen distorsionada que proyecta en ellos. El amor a sí mismo es el fundamento de una sociedad fraternal y de una paz personal de la mente. Amarse a sí mismo no quiere decir mimarse a sí mismo, caer en la vanidad, en la presunción, en la idolatría de sí mismo. Sin embargo, es preciso insistir en la necesidad de un adecuado conocimiento y amor de sí mismo como requisito indispensable de una vida sana y moral. La psicología revela las causas subyacentes del falso amor propio y del destructivo odio de sí mismo. La religión, junto con la psicología, puede demostrar cuál es el verdadero conocimiento de sí mismo."

Joshua Loth Liebman (1907-1948). Rabino y educador judío

"Eres una porción distinta de la esencia de Dios y contienes una parte de Él en ti mismo. ¿Por qué, pues, eres tan ignorante acerca de tu noble origen? ¿Por qué no consideras de dónde vienes? ¿Por qué no recuerdas, cuando estás comiendo, a quién estás alimentando? ¿No sabes acaso que estás alimentando lo divino? ¿Lo divino que tú representas? Llevas a un Dios contigo y tú, pobre infeliz, no lo sabes."

Epicteto (60 A. D. 50-135 d.C.). Filósofo griego

Cómo expulsar los demonios

Necesidad de la oración

"Lector, si acaso estás en alguna dificultad, prueba si Dios te ayudará: si no necesitas nada, ¿por qué preguntarías acerca de la oración? En verdad, se conoce muy poco a sí mismo aquel que ignora cuán infeliz, miserable, pobre, ciego y desnudo está.

"Pero hasta que no llegue por lo menos a sospechar que necesita algo, ¿cómo podría orar él?"

George Macdonald (1824-1905).

Orar constantemente

"Pregunta. ¿Qué es creer en la luz?

"Respuesta. Es recibir el testimonio de esta para discernir el bien y el mal, acercarse o alejarse de ella, con la voluntad y el poder que la luz suscita en el corazón."

"Pregunta. ¿Cómo me salvará esto?

"Respuesta. Con sus propios medios; lo que en ti te destruye y te separa del Dios vivo se saca a la luz diariamente y el corazón va cambiando a imagen de aquel que es la luz, uniéndose y entrando en amistad con la luz, poseyéndola y siendo poseído por ella; y esto es la salvación.

"Produce paz, alegría y gozo. La fe en la luz derrumba el muro de oscuridad, el muro de la división, aquello que nos separa de la paz, que produce en el alma angustia y turbación, y de esta manera nos trae la paz."

Isaac Pennington (1616-1679). Jefe cuáquero

"El que interrumpe el curso de sus ejercicios espirituales y de la oración se asemeja al hombre que deja escapar un pájaro de sus manos; difícilmente podrá atraparlo de nuevo."

San Juan de la Cruz (1542-1591).
Místico español

"Si el corazón vaga y se distrae, es preciso volverlo cuidadosamente y colocarlo con suavidad en la presencia del Maestro. Y aunque usted no haga otra cosa durante toda la hora que volver el corazón y colocarlo en la presencia del Señor, seguramente usted habrá empleado muy bien esa hora."

San Francisco de Sales (1567-1622). Arzobispo de Ginebra

"Nuestra seguridad no radica en la perfección actual de nuestro conocimiento de la voluntad de Dios, sino en nuestra sinceridad para seguir la luz que tenemos y buscarla más abundantemente."

Edward Worsdell (1853-1908). Profesor inglés

La oración como un acto de entrega

"Dios actúa y se derrama dentro de ti tan pronto como te encuentra dispuesto."

Maestro Johannes Eckhart (1260-1327).

"Dios solo desea una sola cosa en todo el universo, la cosa que se necesita… hallar la parte más íntima del noble espíritu del hombre que esté limpia y dispuesta para que Él realice en ella su propósito divino. Él tiene todo el poder en los cielos y en la tierra, pero el poder de realizar su obra en el hombre contra la voluntad del hombre, no lo tiene."

Johann Taulero (1304-1361). Dominico alemán

"Nosotros pensamos que debemos llegar a determinada altura de bondad antes de que podamos alcanzar a Dios. Pero Él no dice 'al final del camino me encontraréis', sino 'yo soy el camino; soy el sendero que se halla bajo vuestros pies, el camino que comienza tan bajo como os halléis vosotros mismos'. Si estamos en un hoyo, el camino comienza en el hoyo. Desde el momento en que orientemos nuestra cara en la misma dirección que la de Dios, estaremos marchando con Él."

Helen Wodehouse (1880-). Educadora

"No hay escapatoria posible. No existe un cielo con un poquito de infierno, ni podemos esperar esconder esta o aquella cosa mala en nuestros corazones o en nuestros bolsillos. ¡Nuestro demonio debe irse con todos sus pelos o sus plumas!"

George Macdonald (1824-1905).

Orar positivamente
"Abrid los ojos y veréis el mundo lleno de Dios."

Jacob Boehme (1575-1624). Místico alemán

"Cuando nosotros miramos el mundo con los ojos de la mente, purificados con la luz e intuición de Cristo, veremos las cosas más bien en forma positiva que negativa. Pensemos en cualquier comunidad local. Un hombre vive en esa ciudad con una actitud negativa y crítica, verá la mezquindad de la gente, la pesadez del lugar, todos los aspectos chillones que Sinclair Lewis describe en *Calle Mayor*. Otro hombre vive en la ciudad y ve la cordialidad de los vecinos, las oportunidades que ofrecen las escuelas e iglesias, todas las cosas atrayentes que William Allen White podría ver en su comunidad. Es la misma ciudad; la diferencia radica en la actitud mental y en la profundidad de la mirada."

Ralph W. Sockman (1889-1970). Clérigo norteamericano

Oraciones y acciones positivas
"La verdadera relación entre la oración y la conducta no consiste en que la conducta sea lo supremamente importante y la oración tan solo sirva como ayuda, sino en que la oración es lo más importante y la conducta sirve de comprobación."

William Temple (1881-1944). Arzobispo de Canterbury (Inglaterra)

Elección de nuestros verdaderos deseos
"Usted será tan santo como se proponga serlo."

Jan van Ruysbroeck (1293-1381). Teólogo y místico flamenco

"Dios no te priva de la operación de su amor, pero tú le niegas a Él tu cooperación."

San Francisco de Sales (1567-1622).

Receptividad
"Su dar es mi recibir."

Maestro Johannes Eckhart (1260-1327).

Por qué podemos recibir "inmediatamente"
"Él saca luz de las tinieblas y no de una luz menor; Él puede hacer un verano de tu invierno, aunque no tengas primavera; aunque en los caminos de la fortuna, de la comprensión y de la conciencia hayas estado ensombreci-

do, helado como en invierno, nebuloso y eclipsado, húmedo y entumecido, asfixiado y estupefacto hasta el presente, Dios viene a ti no en la alborada sino como en el brotar de la primavera, como el sol en el atardecer."

John Donne (1573-1631). Poeta inglés

La aceptación del perdón

"Los santos son aquellos hombres que han permitido que el perdón de Dios descienda sobre ellos tan plenamente que no solo lava sus pecados sino su verdadero yo y las raíces de su propia voluntad."

Anónimo

Aceptar la inspiración y orientación

"Es preciso oír a Dios en silencio una vez que nosotros le hemos hablado, pues Él suele responder en la oración."

Jean Pierre de Caussade (1675-1751).

Cómo hacer la evaluación de sí mismo

Preludio a la oración

"A medida que la iluminación crece nos vemos a nosotros mismos y descubrimos que somos peor de lo que pensábamos. Nos sorprendemos de nuestra ceguera anterior en la medida en que vemos surgir de las profundidades de nuestro corazón un pulular de vergonzosos sentimientos como repugnantes reptiles que fuesen saliendo de una cueva oscura. Nunca habríamos podido pensar que albergásemos tales cosas, y nos inquietamos cuando presenciamos su aparición gradual. Pero no debemos ni sorprendernos ni descorazonarnos. No somos peores de lo que fuimos; por el contrario, somos mejores. Pero, mientras nuestras fallas disminuyen, la luz con que las mirábamos se hace más brillante, y nos invade el temor. Hay que tener presente, para nuestro gran consuelo, que solo percibimos nuestra enfermedad cuando la curación ha comenzado."

François Fénelon (1651-1715).

Nuestra conciencia no se reconstruye en una noche

"Así como el mundo debe ser redimido por unos pocos hombres al comienzo, así el alma se redime comenzando con unos pocos pensamientos y esfuerzos. Pero se requiere un tiempo largo para terminar la nueva creación de esta redención."

George Macdonald (1824-1905).

"El amor propio no puede soportar mirarse a sí mismo; ¡moriría de vergüenza y de enojo! Si por casualidad echa una mirada, inmediatamente se sitúa en alguna luz artificial, de manera que suavice lo odioso y encuentre algún alivio. Y por esto siempre habrá restos de mentira y engaño de nosotros mismos en la precisa medida en que nos aferremos a nuestro yo y sus imperfecciones. Antes de que nosotros podamos vernos tal cual somos, es preciso arrancar de raíz el amor propio y dejarnos mover por el amor de Dios; entonces la misma luz que nos hizo ver nuestras faltas, las curará."

François Fénelon (1651-1715).

Reglas para nuestro viaje interior

"Debemos comenzar sin demora por el doloroso, escarpado y humillante sendero de desenmascarar deliberadamente nuestro propio yo. Solo así el reino vendrá, a donde debe venir plenamente y en donde nosotros podemos decidir si ha de venir: dentro de nosotros mismos. ¡El reino de los cielos está dentro de nosotros mismos!, pero solo si estamos preparados para dejar crecer ese germen de vida eterna que rompa y consuma esa cáscara que es nuestro propio yo...

"Este es, pues, el primer paso, conocido con el horrible término técnico de purgación. Debo comenzar conmigo mismo y continuar hasta que alguna intención aparezca en mis acciones, una cierta consistencia entre lo que digo y lo que hago. No debo escapar recurriendo a acusaciones, violencias ni siquiera a preocuparme por alguna otra persona. Si soy capaz debo hacer esto, pues el yo invariablemente recurre a este subterfugio para escapar y eludir su muerte necesaria."

Gerald Heard (1889-1971). Escritor y filósofo religioso inglés

Mecanismos de defensa

"Son muchos los recursos y las maravillosas elaboraciones que el hombre en todas partes ha ideado para evitar la condenación ante ese tribunal interno conocido con el nombre de conciencia. Estar en paz con aquello que constituye el valor supremo en nuestra jerarquía de lealtades, con aquello que los hombres generalmente designan con el nombre de Dios, es algo esencial para nuestra salud mental; estar aislado o el sentirse extraño al tener conciencia de que hay algo interior que no podemos reconocer sin sentirnos condenados, es caer en la enfermedad mental y en la muerte espiritual."

Anton T. Boisen (1876-1965). Educador y teólogo norteamericano

Mirar hacia atrás

"Nadie ha nacido totalmente como un ser nuevo. Lleva en su psiquismo la impronta de generaciones pasadas. Es una combinación de unidades ancestrales que deben fundirse en un nuevo ser que tendrá dentro de sí mismo un germen esencial, un potencial de único e individual valor. El descubrimiento de esta esencia única y su desarrollo constituyen la búsqueda y la conquista de la conciencia."

Frances G. Wickes (1882-1967).

Mirar hacia adentro

"Experimentamos una espléndida libertad cuando nos damos cuenta de que no es necesario que nos sintamos como leprosos morales o parias emocionales por el hecho de que tengamos pensamientos y sentimientos agresivos y hostiles hacia nosotros mismos y hacia los demás. Cuando reconocemos estos sentimientos no tenemos ya por qué pretender ser lo que no somos."

Joshua Loth Liebman (1907-1948).

Mirar hacia afuera

"Un cristiano puede creer en todas las imágenes sagradas y sin embargo no experimentar ningún desarrollo ni ningún cambio en lo más profundo de su espíritu, ya que él busca a Dios afuera y no lo siente dentro de sí mismo. Sus motivos, intereses e impulsos decisivos no provienen de la esfera del cristianismo sino del alma inconsciente y no desarrollada, la cual es precisamente tan pagana y arcaica como siempre lo ha sido. La verdad de esta afirmación es no solo evidente en la vida individual sino en la suma total de vidas individuales, en el pueblo. Los grandes acontecimientos del mundo que los hombres planean y llevan a cabo no están animados por el espíritu del cristianismo sino por un craso paganismo."

Carl G. Jung (1875-1961). Psiquiatra suizo

Mirar hacia adelante

"El verdadero sacrificio de sí mismo es aquel que sacrifica las cosas que tenemos ocultas adentro y que causarán daño a nosotros mismos y a los demás. Es un esfuerzo por llegar a ser cada día más y más consciente de todas las fuerzas de nuestro inconsciente, de los indignos motivos personales que trabajan subterráneamente, así como de las fuerzas que hemos heredado, de manera que nuestras vidas lleguen cada día más a una comprensión más plena y a una elección realmente consciente. De esta manera 'descendemos a los infiernos', a las profundidades del inconsciente en donde está todo aquello que amenaza con destruir nuestra actitud consciente y que más tememos encarar y reconocer. De este descenso puede surgir una nueva vida si el individuo acepta esta nueva comprensión".

Frances G. Wickes (1875-1967).

Encarando las exigencias de la vida

"Cada persona puede elegir entre tres niveles o formas de vida. Puede ser infantil, egocéntrica, endeble, inclinada a imaginar que el mundo tiene que solucionarle y cumplirle sus más pequeños deseos... Este es el nivel más bajo. Contra esta inocencia superficial se rebelan enérgicamente los que están en el segundo nivel. Algunos se vuelven fascistas; otros se hacen comunistas o fariseos. Seamos violentos ahora para poder alcanzar en lo futuro el orden y la fraternidad. El reino de los cielos vendrá de acuerdo con mis especificaciones y rechazaremos a cualquiera que pueda adoptar un método diferente al de mi partido... En el tercer nivel se hallan aquellos atletas del espíritu que son fundamentalmente efectivos y conscientes... El tercer nivel es siempre calificado por el segundo nivel como si fuese el primer nivel. Los nacionalistas de tendencia militar despreciaban a Gandhi como a un sentimental que solo sabía poner la otra mejilla; algunos intelectuales inmaduros consideraban a Schweitzer como a un loco por dejar la popular aula de conferencias, para irse a sepultar en África. Sin embargo, Gandhi y Schweitzer eran más conscientes acerca de la realidad última que cualquier ateo. Abrigaban un afecto más profundo a su tierra nativa que el que podían sentir los arrogantes nacionalistas. Ellos habían alcanzado una captación mucho más amplia de la filosofía, al ser fraternales, que la que unos intelectuales inhibidos creían poseer por estar en sus torres de marfil...

"No en cada momento pero sí mucho más frecuentemente que nosotros, esos hombres anhelaban y soñaban en conformidad con la ley más profunda de la vida humana. Es una ley que Jesús proclamó una y más veces y que personificó en su propia vida: si un hombre trata de defenderse a sí mismo se perderá, pero si entrega todo a la causa de Dios, encontrará su alma." (Condensado.)

Allan A. Hunter (1893-1982). Escritor y ministro norteamericano

La terapia de oración como actividad cotidiana

Síntomas y sufrimiento

"Nuestra más grande esperanza radica en el hecho de que existe el sufrimiento. Es el lenguaje de la imperfección. Su verdadera expresión lleva en sí la confianza en lo perfecto, como el llanto del niño que sería inútil si él no tuviera fe en la madre."

Rabindranath Tagore (1861-1941). Poeta, dramaturgo y novelista hindú

"Sufrimos y, sin embargo, no permitimos que la función del sufrimiento se cumpla en nosotros. Ruego al Señor para que ninguno de nosotros llegue a caer en ese estado de entorpecimiento en que las cruces ya no producen ningún bien en nosotros."

François Fénelon (1651-1715).

"Aun aquellos síntomas que parecían malos y nocivos, principalmente la angustia y la culpabilidad, pueden en realidad cumplir una función benéfica y amistosa ya que su aparición indica la necesidad de curación y de tomar conciencia que tiene la persona. Son la voz de una vida que no se vive plenamente, y su fuerza es el poder mismo de la vida. Son como los mensajeros y los representantes del poder de la vida, aun dentro de la mente egocéntrica."

Fritz Kunkel (1889).

El camino de la terapia de oración

"Limpia tu propio corazón, arroja de tu mente el dolor, el temor, la envidia, la mala voluntad, la avaricia, la cobardía, la pasión incontrolada. Estas cosas no podrás echarlas fuera si no miras solo a Dios; pon en Él tan solo tus pensamientos y conságrate al cumplimiento de sus mandamientos. Si deseas otra cosa, perseguirás con gemidos y dolor lo inalcanzable, pues buscarás la paz fuera de ti y nunca podrás estar en paz; es que la has buscado donde no está y te has negado a verla allí donde está."

Epicteto (50-135 d.C.).

Meditación y amor

"La contemplación es una percepción de Dios o de las cosas divinas; simple, libre, penetrante, certera, procede del amor y tiende hacia el amor."

Louis Lallemant (1587-1635).

Cómo proceder con el temor

"Revisamos nuestros temores completamente. Los consignamos en una hoja de papel aunque no tengamos resentimientos en conexión con ellos. Nos preguntamos por qué los tenemos. ¿No fue acaso porque nos faltó confianza en nosotros mismos? Nuestra seguridad pudo quizá ser buena pero no la tuvimos en grado suficiente. Algunos de nosotros tuvimos alguna vez mucha confianza en nosotros mismos pero no eliminó completamente el problema del temor, o cualquier otro problema. Cuando nos envalentonó como un gallo, fue peor.

"Quizá haya otro camino mejor, pensamos ahora. Tenemos un nuevo fundamento; el fundamento de la confianza y la comunicación con Dios. Confiamos en un Dios infinito mucho más que en nuestros yos finitos. Estamos en el mundo para desempeñar la función que Él nos ha asignado. En la precisa medida en que actuemos como pensamos Él estará con nosotros, humildemente confiaremos en Él pues nos capacitará para enfrentarnos a la calamidad con serenidad."

Alcohólicos Anónimos

Cómo proceder con el odio

"Si el deseo de ser honesto es mayor que el deseo de ser 'bueno' o 'malo', entonces el tremendo poder del vicio se hará manifiesto. Y detrás del vicio aparecerá el antiguo y olvidado temor (el temor de verse excluido de la vida) y detrás del temor el dolor (el dolor de no ser amado) y detrás de este dolor de la soledad, el más profundo y oculto de todos los deseos humanos: el deseo de amar y de entregarse al amor y de formar parte de esa corriente viva que llamamos fraternidad. Desde el momento en que descubrimos el amor detrás del odio, todo el odio desaparece."

Fritz Kunkel (1889-1956).

Dejar el camino libre

"La diferencia entre un hombre bueno y un hombre malo no radica en el hecho de que uno quiera el bien y el otro no, sino únicamente en el hecho de que uno de ellos colabora con la viva inspiración del espíritu de Dios que se ejerce dentro de él, y el otro se resiste y se le puede imputar el mal por esta actitud de rechazo y resistencia."

William Law (1686-1761).

Insistencia en el tipo de reacción

"A medida que el día transcurre, nos detenemos cuando nos sentimos agitados y dudosos, y buscamos el pensamiento y la acción adecuada. Recordamos constantemente que ya no estamos llevando el espectáculo y nos decimos humildemente muchas veces cada día 'hágase tu voluntad'. Entonces sentimos mucho menos el peligro de caer en la excitación, el temor, la ira, la preocupación, la autoconmiseración y las decisiones alocadas. Entonces somos mucho más eficientes. No nos cansamos tan fácilmente pues no consumimos ya tanta energía torpemente como cuando tratábamos de arreglar nuestras vidas conforme a nuestros caprichos. Esto es efectivo, realmente funciona."

Alcohólicos Anónimos

Vivir una vida más rica y más plena mediante la oración de la mañana y de la noche

"Inmediatamente que usted se despierte concentre su primer pensamiento en Dios. Conserve su mente orientada hacia Él durante unos segundos. No piense en Él subjetivamente, es decir, en cuanto a sus relaciones con Él, en sus fallas y pecados, o en sus necesidades, sino más bien en forma objetiva. Deje que todo su ser llegue a ser consciente de Él. Piense en Él como en una hermosura radiante, una inmensa alegría, un poder creativo, un amor que todo lo penetra, un entendimiento perfecto, una pureza y serenidad. Esto necesita al comienzo repetirse algunas veces hasta que el hábito se adquiera, pero es de una importancia inestimable. Esto le da el tono a todo el día...

"Nunca se acueste con la mente recargada o pesada; bien sea que se trate de una vaga opresión o de un temor bien definido, bien sea el remordimiento o la vergüenza, la rabia o el odio, libérese de esto antes de que se duerma. La noche es un tiempo sagrado, un tiempo para renovarse y refrescarse. Él se comunica con los que ama mientras ellos duermen; nuestra mente inconsciente permanece activa mientras nosotros dormitamos. Acuéstese tranquilamente y deje que su mente se aclare y su espíritu se libere."

Muriel Lester (1885-1968). Escritora y trabajadora social inglesa

Orar por el mundo

"En la medida en que un hombre llega a ser más consciente de sí mismo mediante el conocimiento de sí y los efectos correspondientes en la acción, tiende a crecer aquel estrato del inconsciente personal que cubre al inconsciente colectivo. En este sentido nace una nueva función consciente que ya no se halla aprisionada en el mezquino, hipersensitivo y personal mundo del yo, sino que participa libremente del amplio mundo de los intereses objetivos. Esta extensa conciencia deja de ser el manojo de deseos, de temores, de esperanzas y de ambiciones que siempre ha sido y que ha tenido que ser compensado y corregido por el inconsciente. Por el contrario, se convierte ahora en una función de relación que se halla en comunicación con el mundo de los objetos, y mediante la cual el individuo se empeña en un intercambio incondicional responsable e indisoluble con el universo. Las complicaciones que se presentan en esta etapa no son ya conflictos de deseos egoístas sino dificultades que conciernen tanto a los demás como a nosotros mismos."

Carl G. Jung (1875-1961). Psiquiatra suizo

Orar por los demás

"La intercesión es una parte muy grande y necesaria de la devoción cristiana. Los primeros seguidores de Cristo alimentaban su amor y mantenían su intercambio y reciprocidad mediante la oración mutua de los unos por los otros. Fue la antigua amistad cristiana la que unió y fortaleció sus corazones.

"Una intercesión frecuente ante Dios pidiéndole insistentemente que perdone los pecados de la humanidad, que la bendiga y proteja con su providencia, que la ilumine con su espíritu y la lleve a la eterna felicidad, constituye el ejercicio más divino que pueda ocupar el corazón del hombre."

William Law (1686-1761).

"Nuestra oración por los demás nunca debe ser: ¡Dios! ¡Dadles a ellos la luz que me has dado a mí!, sino: Dadles a ellos la luz y la verdad que necesitan para su desarrollo más elevado."

Mahatma Gandhi (1869-1948). Estadista y jefe nacional hindú

Orar por nuestros enemigos

"Y así por toda la eternidad
yo lo perdono a usted, usted me perdona;
como nuestro amado Redentor dijo,
este es el vino, este es el pan."

William Blake (1757-1827).

"Si yo odio o desprecio a cualquier hombre en el mundo, odio algo que Dios no puede odiar y desprecio lo que Él ama. Y aunque mucha gente pueda parecernos pecadora, odiosa o extravagante en su conducta, no debemos fijarnos en esto como si fuese el último motivo de nuestro desprecio o de nuestro rechazo, sino que debemos considerarlos con gran compasión ya que se encuentran en la condición más lamentable."

William Law (1686-1761).

Examinar los verdaderos deseos
"¿Qué es el hombre? Un ángel, un animal, un vacío, un mundo, una nada rodeada de Dios, indigente de Dios, capaz de Dios, llena de Dios, si lo desea."

Pierre de Berulle (1575-1629). Cardenal francés

"La semilla de Dios está en nosotros. Un agricultor inteligente y trabajador hará crecer y fructificar esta semilla de Dios, y los frutos corresponderán a la naturaleza de Dios."

Maestro Johannes Eckhart (1260-1327).

Estar solo con Dios y consigo mismo
"Por todos los medios trate algunas veces de estar solo,
salúdese a sí mismo; vea cuál es el vestido de su alma.
Trate de ver en el pecho: pues es también suyo;
vuelque hacia arriba y hacia abajo lo que allí encuentre.
El que no puede estar tranquilo hasta que no encuentra un buen amigo,
busca en toda la casa y escudriña en todos los rincones de la mente."

George Herbert (1593-1632). Poeta religioso y escritor inglés

Decir un "no" definitivo y un "sí" definitivo
"En vez de preguntarse a sí mismo si cree o no, pregúntese si hoy ha hecho algo porque Él dijo 'hágalo' o se ha abstenido porque Él dijo 'no lo haga'. Es sencillamente absurdo decir que se cree o que se quiere creer en Él y no hacer lo que Él dice."

George Macdonald (1842-1905).

El hombre perfecto
"El hombre dirigido por su natural previsión tiende hacia su propia perfección ."

Dante Alighieri (1265-1321). Poeta italiano

"El conocimiento de nosotros mismos nos revela de dónde venimos, en dónde estamos y hacia dónde vamos. Venimos de Dios y estamos en un exilio, y debido a que nuestra capacidad de afecto tiende hacia Dios nos percatamos de que vivimos en un exilio."

Jan van Ruysbroeck (1293-1381).

Agradecimientos y sugerencias bibliográficas

Nos hemos referido a las lecturas que hacían los integrantes de la terapia de oración para desarrollar conceptos más elevados y positivos. El capítulo 15. "Sabiduría antigua y moderna", tan solo puede proporcionarle al lector una muestra de la inmensa riqueza de lecturas estimulantes.

Quizá la manera más fácil de irse familiarizando con la sabiduría de los tiempos pasados será la de aprovechar los trabajos especializados que se han hecho a este respecto y que nos proporcionan excelentes antologías. Dentro de estas fuentes, los autores tienen un agradecimiento especial para Dorothy Berkley Phillips, editora de *The Choice Is Always Ours*, publicado por Richard R. Smith, New Hampshire, Rindge, 1954, y para Aldous Huxley, *The Perennial Philosophy*, Nueva York, Harper & Brothers, 1945. C.S. Lewis ha hecho un pequeño volumen con extractos de los escritos y sermones de George Macdonald: *George Macdonald: An Anthology*, Basingstoke, Macmillan, 1948, y Mary Strong editó *Letters of the Scattered Brotherhood*, Nueva York, Harper & Brothers, 1948, e hizo una interesante selección de textos tomados de estas cartas.

Queremos también expresar nuestro reconocimiento y gratitud a los siguientes autores y editores que nos han permitido transcribir algunos trozos selectos de sus obras.

Alcohólicos Anónimos, Nueva York, Works Publishing Inc., 1951.

Axling, William, *Kagawa*, Nueva York, Harper & Brothers, 1932.

Boiscn, Anton T., *The Exploration of the Inner World*, Nueva York, Harper & Brothers, 1936.

Carrel, Alexis, *Man the Unknown*, Nueva York, Harper & Brothers, 1935.

DeFrees, Madeline, The Spring of Silence, Nueva York, Pantheon Books, 1953.

Fosdick, Harry Emerson, *On Being a Real Person*, Nueva York, Harper & Brothers, 1943.

Heard, Herald, *The Creed of Christ*, Nueva York, Harper & Brothers, 1940.

Hunter, Allan A., *Three Trumpets Sound*, Nueva York, Association Press.

James, William, *Varieties of Religious Experience*, Londres, Longmans, Green and Co., 1902.

Jawaharlal Nehru, *The Discovery of India*, Nueva York, John Day Company, Inc., 1946.

Jung, Carl G., *Psychology and Alchemy*, Londres, Trubner, 1955

Jung, Carl G., *Two Essays on Analytical Psychology*, Londres, Baillere, Tindall and Cox, 1967.

Kunkel, Fritz, *In Search of Maturity*, Nueva York, Charles Scribner's and Sons, 1943.

Lester, Muriel, *Ways of Praying*, Abingdon, Cokesbury Press, , 1932.

Liebman, Joshua Loth, *Peace of Mind*, Nueva York, Simon and Shuster, 1946.

Niebuhr, Reinhold, *An Interpretation of Christian Ethics*, Nueva York, Harper & Brothers, 1935.

Sockman, Ralph W., *The Higer Happiness*, Abingdon-Cokesbury Press, 1950.

Tagore, Rabindranath, *Personality*, Londres, The MacMillan Company.

Underhill, Evelyn, *Mysticism*, Londres, Methuen and Co.

Wickcs, Frances G., *The Inner World of Man*, Nueva York, Rinehart, 1936.

La oración en la psicoterapia
se terminó de imprimir en la Ciudad de México
en octubre de 2020 en los talleres de Impresora
Peña Santa S.A. de C.V., Sur 27 núm. 475, Col. Leyes
de Reforma, 09310, Ciudad de México.
En su composición se utilizaron tipos
Bembo Regular y Bembo Italic.